EDUCAÇÃO & PSICOLOGIA
DIVULGANDO O CONHECIMENTO CIENTÍFICO

Editora Appris Ltda.
1.ª Edição - Copyright© 2024 dos autores
Direitos de Edição Reservados à Editora Appris Ltda.

Nenhuma parte desta obra poderá ser utilizada indevidamente, sem estar de acordo com a Lei nº 9.610/98. Se incorreções forem encontradas, serão de exclusiva responsabilidade de seus organizadores. Foi realizado o Depósito Legal na Fundação Biblioteca Nacional, de acordo com as Leis nos 10.994, de 14/12/2004, e 12.192, de 14/01/2010.

Catalogação na Fonte
Elaborado por: Josefina A. S. Guedes
Bibliotecária CRB 9/870

E244 e 2024	Educação & psicologia: divulgando o conhecimento científico / Ronaldo Alexandrino, Sonia da Cunha Urt (orgs.). – 1. ed. – Curitiba : Appris, 2024.
	228 p. ; 23 cm. – (Educação tecnologias e transdisciplinaridade).
	Inclui referências. ISBN 978-65-250-5570-1
	1. Educação.2. Psicologia. 3. Ciência. I. Alexandrino, Ronaldo. II. Urt, Sonia da Cunha. III. Título. IV. Série.
	CDD – 028.5

Livro de acordo com a normalização técnica da ABNT

Appris
editora

Editora e Livraria Appris Ltda.
Av. Manoel Ribas, 2265 – Mercês
Curitiba/PR – CEP: 80810-002
Tel. (41) 3156 - 4731
www.editoraappris.com.br

Printed in Brazil
Impresso no Brasil

Ronaldo Alexandrino
Sonia da Cunha Urt
(Orgs.)

EDUCAÇÃO & PSICOLOGIA
DIVULGANDO O CONHECIMENTO CIENTÍFICO

FICHA TÉCNICA

EDITORIAL	Augusto Coelho
	Sara C. de Andrade Coelho
COMITÊ EDITORIAL	Marli Caetano
	Andréa Barbosa Gouveia - UFPR
	Edmeire C. Pereira - UFPR
	Iraneide da Silva - UFC
	Jacques de Lima Ferreira - UP
SUPERVISOR DA PRODUÇÃO	Renata Cristina Lopes Miccelli
PRODUÇÃO EDITORIAL	Bruna Holmen
REVISÃO	Isabel Tomaselli Borba
DIAGRAMAÇÃO	Luciano Popadiuk
CAPA	Daniela Baumgarten

COMITÊ CIENTÍFICO DA COLEÇÃO EDUCAÇÃO, TECNOLOGIAS E TRANSDISCIPLINARIDADE

DIREÇÃO CIENTÍFICA	Dr.ª Marilda A. Behrens (PUCPR)	Dr.ª Patrícia L. Torres (PUCPR)
CONSULTORES	Dr.ª Ademilde Silveira Sartori (Udesc)	Dr.ª Iara Cordeiro de Melo Franco (PUC Minas)
	Dr. Ángel H. Facundo (Univ. Externado de Colômbia)	Dr. João Augusto Mattar Neto (PUC-SP)
	Dr.ª Ariana Maria de Almeida Matos Cosme (Universidade do Porto/Portugal)	Dr. José Manuel Moran Costas (Universidade Anhembi Morumbi)
	Dr. Artieres Estevão Romeiro (Universidade Técnica Particular de Loja-Equador)	Dr.ª Lúcia Amante (Univ. Aberta-Portugal)
	Dr. Bento Duarte da Silva (Universidade do Minho/Portugal)	Dr.ª Lucia Maria Martins Giraffa (PUCRS)
	Dr. Claudio Rama (Univ. de la Empresa-Uruguai)	Dr. Marco Antonio da Silva (Uerj)
	Dr.ª Cristiane de Oliveira Busato Smith (Arizona State University /EUA)	Dr.ª Maria Altina da Silva Ramos (Universidade do Minho-Portugal)
	Dr.ª Dulce Márcia Cruz (Ufsc)	Dr.ª Maria Joana Mader Joaquim (HC-UFPR)
	Dr.ª Edméa Santos (Uerj)	Dr. Reginaldo Rodrigues da Costa (PUCPR)
	Dr.ª Eliane Schlemmer (Unisinos)	Dr. Ricardo Antunes de Sá (UFPR)
	Dr.ª Ercilia Maria Angeli Teixeira de Paula (UEM)	Dr.ª Romilda Teodora Ens (PUCPR)
	Dr.ª Evelise Maria Labatut Portilho (PUCPR)	Dr. Rui Trindade (Univ. do Porto-Portugal)
	Dr.ª Evelyn de Almeida Orlando (PUCPR)	Dr.ª Sonia Ana Charchut Leszczynski (UTFPR)
	Dr. Francisco Antonio Pereira Fialho (Ufsc)	Dr.ª Vani Moreira Kenski (USP)
	Dr.ª Fabiane Oliveira (PUCPR)	

APRESENTAÇÃO

Conheci Sonia em 2007, em Brasília, em um congresso. Foi um encontro despretensioso. A memória que tenho é de nós caminhando por uma feirinha, olhando souveneres. Um tempo depois, em 2012, nos reencontramos, também em um congresso, dessa vez em Maringá. Jantamos juntos, e ali comecei a me aproximar de suas pesquisas no campo da Psicologia Escolar e Educacional.

Foi então que comecei a compreender que a amiga de congressos era uma referência nacional para este campo de estudos, além de uma intensa militante pela área.

Participei de algumas atividades na Universidade Estadual de Campinas (Unicamp) em que Sonia foi banca. Aos poucos, fui me apropriando, por meio de suas proposições, da profundidade teórica que ela fazia uso em suas análises com a Teoria Histórico-Cultural.

Em 2018, Sonia participou da minha banca de defesa de doutorado. Foi, então, a primeira vez que tivemos um vínculo de trabalho. Recordo que estava extremamente ansioso por sua arguição, que, por sua vez, me encheu de alegria e conforto acadêmico.

Durante a pandemia, fizemos uma *live* juntos. Ao término, Sonia me provocou. Anunciando ali o que seria o meu pós-doutorado na Universidade Federal do Mato Grosso do Sul (UFMS), sob sua supervisão.

Organizar esta obra com ela vai além do cumprimento da formalidade do término de um percurso de pós-doutoramento. Além da oportunidade de produzir um material para a Psicologia Escolar e Educacional com uma pesquisadora referendada na área, é sobre um daqueles presentes que a vida nos dá. É sobre parceria, cumplicidade, confiança, admiração, respeito, e talvez, o mais importante, amizade!

Obrigado por tudo, Sonia!

Ronaldo Alexandrino

Ronaldo chegou um dia... com Ângela.

E desde então sabia que aquela chegada não seria breve e muito menos passageira. E assim foi acontecendo, acompanhando de longe sua trajetória acadêmica de mestrado e doutorado, participando do momento mágico de sua defesa! Até que um dia, não por acaso, a dimensão humana qualificada em amizade e respeito se fez presente ao anunciar a materialização de fazer o pós-doutorado em Psicologia na UFMS comigo.

E assim se fez esse caminho ao lado (na pandemia e on-line) do Ronaldo, essa pessoa incrível, criativa, competente, inspiradora, instigante, afetiva e carinhosa! Esteve em Mato Grosso do Sul e mobilizou e conquistou a todos com quem esteve!

E estamos neste momento concretizando seu projeto inovador de pós-doutorado de divulgação de conhecimento científico, um sonho de colocar nas palavras impressas aquilo que foi planejado e acontecido durante um intenso período de pós-doutorado.

Gratidão por fazer parte dessa caminhada com você!

Sonia da Cunha Urt

PREFÁCIO

A alegria que recebo e carrego comigo em escrever as linhas que prefaciam a obra *Educação & Psicologia: divulgando o conhecimento científico* não cabe em mim. Por não caber, tento aqui traduzir em algumas argumentações frente ao objetivo e valor científico e social dessa produção tão fértil no debate de problemáticas contemporâneas. Trata-se de um livro com muitas autorias, diferentes coletivos que se fazem presentes também nos capítulos, e é organizado pelo engajado sociopoliticamente e incansável, professor Ronaldo Alexandrino, e pela professora Sonia da Cunha Urt, referência para mim e para muitas pessoas que estudam e pesquisam a interface Psicologia e Educação.

O contexto de produção da obra vem da própria historicidade dos organizadores, em meio às práticas formativas que oportunizaram a profissionais da educação de várias regiões do país em plataformas da internet — formato de *lives* disponibilizados em canais do YouTube e do Spotify — desde o contexto inicial de surgimento da pandemia global do Coronavírus (Covid-19), ocasionada devido à proliferação do vírus SARS-CoV-2; e seguiu por mais de dois anos, mesmo posteriormente ao período de atenuação da pandemia, mediante o aprimoramento de medidas sanitárias e a criação de primeiras versões de vacinas disponibilizadas para a população brasileira. Nesse ínterim, com o distanciamento social, a vida foi se produzindo em muitas vezes nos espaços remotos, virtuais, e com a crescente demanda de exigências à escola e aos/às professores e professoras da rede pública e privada, expectando que pudessem atuar — mesmo em momento tão adverso — com o cumprimento do papel social da educação: formação cidadã e transformação da sociedade, democratização do conhecimento historicamente produzido pela humanidade, com objetivo maior de emancipação e enfrentamento das adversidades sociais.

Enquanto parcela de composição do estágio pós-doutoral em Psicologia, na Universidade Federal de Mato Grosso do Sul (UFMS), o Prof. Ronaldo Alexandrino, sob a supervisão da Prof.ª Sonia Urt, produziu e mediou *lives* formativas que se desdobraram como atividades de inovação educativa, transitando por temas diversos e necessários. Não obstante, é importante destacar que o esmero e cuidado metodológico na condução das atividades foram uma constante, sobretudo por conjugar dois grupos de pesquisa, se articulando e produzindo diálogos entre diferentes estados brasileiros. Assim, *Educação & Psicologia: divulgando o conhecimento científico* é o registro físico da produção de conhecimento via temáticas abordadas pelos pesquisadores a partir das *lives*.

À vista disso, sob o plano analítico da obra, ao transitar pelos temas abordados, os organizadores buscaram garantir as parcerias que compuseram as discussões realizadas nos espaços virtuais. Desse modo, o livro está composto por capítulos que discorrem com relação a: formação de professoras na atualidade; movimento das políticas educacionais e sua relação com os adoecimentos docentes; políticas de melhoria da educação e expectativas sociais; processos de mulheres em construção; olhares sobre a escola contemporânea e suas relações; produções de saberes na interface Psicologia e Educação; perspectivas de atuação da Psicologia em contextos escolares; experiência de professor(a) e estudante universitário no Brasil hoje; reflexões e olhares sobre a necessidade das humanidades para a formação dos profissionais de saúde; análises críticas sobre a educação e a escola; docência no contexto do neoliberalismo; considerações sobre singularidades e diversidade na escola; racismo, branquitude e violências; trajetórias inspiradoras de pesquisadoras da educação.

Em síntese, *Educação & Psicologia: divulgando o conhecimento científico* é uma obra que extrapola os muros da academia e as distâncias que limitam/impedem/dificultam oportunidades de acesso ao conhecimento em um país com tanta desigualdade e exclusão social. Além disso, acredito e defendo que é uma coletânea que pode inspirar profissionais da educação acerca da necessidade de construirmos novos coletivos em meio às adversidades e mazelas sociais. Coletivos que produzem formação inicial, continuada. Coletivos de apoio, cuidado. Coletivos de enfrentamento, de resistência! Coletivos que lutem por uma educação socialmente referenciada, que funcione de forma cooperativa e inclusiva.

Ademais, o livro pode subsidiar reflexões, inspirar novas práticas e pesquisas aos estudantes e docentes da graduação e da pós-graduação nas áreas da Psicologia e da Educação, e a quem se interessa pelas ciências humanas. Mas em especial, inspirar pessoas que se sentem comprometidas com a concretização de uma escola brasileira transformadora e com compromisso social. Afinal, um chão da escola democrático é aquele que tem uma comunidade escolar participativa e respeitada.

Brasília/ DF, abril de 2023, dia chuvoso em que estudantes da rede pública de ensino se unem em manifestações contra o Novo Ensino Médio.

Prof. Dr. Fauston Negreiros
Universidade de Brasília/UnB
fnegreiros@unb.br

SUMÁRIO

INTRODUÇÃO
EDUCAÇÃO & PSICOLOGIA: DIVULGANDO O CONHECIMENTO CIENTÍFICO – UMA SÉRIE DE LIVES INOVANDO NA PROBLEMATIZAÇÃO DAS PRODUÇÕES DE DOIS GRUPOS DE PESQUISA.........................13
Ronaldo Alexandrino

LIVE 1
CAMINHOS DA FORMAÇÃO DE PROFESSORAS..........................29
Soraya Cunha Couto Vital & Tamyris Proença Bonilha Garnica

LIVE 2
IDAS E VINDAS NAS POLÍTICAS DE EDUCAÇÃO: O QUE ADOECE OS PROFESSORES?...43
Isabel Passos de Oliveira Santos & Silvia Segovia Araujo Freire

LIVE 3
ENTRE EXPERIÊNCIAS E EXPECTATIVAS: É POSSÍVEL MELHORAR A ESCOLA!...51
Eder Ahmad Charaf Eddine

LIVE 4
MULHERES EM CONSTRUÇÃO: (RE)CONSTITUIÇÕES EM MOVIMENTO – DO MOCAMBO À REGIÃO PANTANEIRA..............65
Celia Beatriz Piatti & Ivonete Aparecida Alves

LIVE 5
OLHARES SOBRE A ESCOLA: OUTRAS RELAÇÕES SÃO POSSÍVEIS...77
Fernanda de Lourdes de Freitas & Paola Nogueira Lopes

LIVE 6
PRODUÇÃO DE SABERES PARA A PSICOLOGIA E A EDUCAÇÃO: ENTRE O DITO E O NÃO DITO..91
Thalita Ortiz Neves Dagher

LIVE 7
PERSPECTIVA DE ATUAÇÃO DA PSICOLOGIA NA E PARA A ESCOLA: É CHEGADA A HORA! 101
Eloisa Hilsdorf Rocha Gimenez, Raquel Pondian Tizzei & Thiago de Brito Ribeiro

LIVE 8
SER PROFESSOR(A) E ESTUDANTE UNIVERSITÁRIO NO BRASIL HOJE 117
Alcione Ribeiro Dias & Maisa Elena Ribeiro

LIVE 9
DOIS OLHARES SOBRE A NECESSIDADE DAS HUMANIDADES PARA A FORMAÇÃO DOS PROFISSIONAIS DE SAÚDE 131
Adaline Franco Rodrigues & Mauro Machado Vieira

LIVE 10
OLHARES CRÍTICOS SOBRE A EDUCAÇÃO E A ESCOLA 149
Ruth Meyre M. Rodrigues

LIVE 11
SER PROFESSOR(A) NO CONTEXTO DO NEOLIBERALISMO 161
Mara Rosana Pedrinho & Vivina Dias Sól Queiróz

LIVE 12
ENTRE AS SINGULARIDADES E A DIVERSIDADE: OUTRA ESCOLA É POSSÍVEL? 173
Marilda Gonçalves Dias Facci

LIVE 13
RACISMO, BRANQUITUDE, VIOLÊNCIAS – QUE RELAÇÃO É ESSA? ... 189
Maria Isabel Donnabella Orrico & Valquiria Rédua da Silva

LIVE 14
CAMINHOS QUE CONTAM HISTÓRIAS: CONTRIBUIÇÕES DE PESQUISADORAS DA EDUCAÇÃO 201
Ângela Fátima Soligo & Sonia da Cunha Urt

SOBRE AS AUTORAS... SOBRE OS AUTORES... 217

INTRODUÇÃO

EDUCAÇÃO & PSICOLOGIA: DIVULGANDO O CONHECIMENTO CIENTÍFICO – UMA SÉRIE DE *LIVES* INOVANDO NA PROBLEMATIZAÇÃO DAS PRODUÇÕES DE DOIS GRUPOS DE PESQUISA

Ronaldo Alexandrino

CONTEXTUALIZANDO CENÁRIOS...

A partir do final de 2019, a pandemia global do Coronavírus (Covid-19), ocasionada devido à proliferação do vírus SARS-CoV-2, começa a atingir números alarmantes. Inicialmente na China, e se espalhando rapidamente pela Ásia e Europa, em fevereiro de 2020, a Itália se torna o epicentro global da doença, com um número de contaminados e mortos deflagrando uma situação emergencial de calamidade pública mundial (HARARI, 2020).

É nesse mesmo período que o vírus chega ao Brasil e os primeiros casos começam a ser noticiados pela mídia nacional. Aceleradamente, as ocorrências começam a aumentar no território brasileiro e a partir da segunda quinzena de março, passa a ser decretada a necessidade de *lockdown* na maioria dos estados e municípios brasileiros.

As instituições de ensino interrompem seu funcionamento presencial e aguardam o desenrolar da situação para retomar suas atividades, porém a pandemia não deu indícios de melhora na situação, e as práticas escolares precisaram se reinventar dentro desse novo contexto.

Aos professores e professoras, coube a necessidade da reconstrução do seu ofício, devido a não existência do ensino presencial em detrimento das incertezas das políticas públicas educacionais em relação ao ensino remoto/híbrido (ELIEZER; RIBEIRO; SCHÜTZ; 2020; LIBERALI *et al.*, 2020; CHAVES, BARRA; OLIVEIRA, 2021).

É, portanto, a partir do advento da pandemia global do Coronavírus, em 2020, que a reinvenção das práticas de trabalho se tornou uma necessidade na vida de todos, inclusive de pesquisadores. A obrigatoriedade do isolamento social fez também com que a possibilidade da realização de eventos científicos fosse dificultada, devido à impossibilidade da presença física.

Com isso, as atividades de trabalho remoto passaram a se configurar como única maneira de dar continuidade às atividades já iniciadas antes do início do período pandêmico, bem como uma forma de reelaboração de práticas dialógicas considerando a produção de conhecimento na universidade.

> Desse modo, as *lives* ganham sentido formativo de importância no contexto atual, na medida em que se transformam em momentos propícios para a reflexão e a discussão de conhecimentos e práticas que fortaleçam uma práxis mais crítica e consciente, pois permitem compreender melhor não apenas o estado pandêmico e os cuidados requeridos para combater a propagação do vírus, mas também a indissociabilidade desse contexto com a educação, reinventando modelos formativos e incorporando novos processos educacionais viáveis e pertinentes. (NEVES *et al.*, 2021, p. 4).

As *lives* protagonizaram, e ainda protagonizam, além de uma forma de ininterrupção das atividades de pesquisa, uma possibilidade de ação pedagógica de divulgação do trabalho realizado por pesquisadores e pesquisadoras, contribuindo assim para a diminuição da distância entre o conhecimento que é produzido na academia com a sociedade, uma vez que seu alcance rompe fronteiras físicas devido ao seu caráter virtual. E ainda, facilita a criação de espaços de interlocução entre pesquisadores de diferentes grupos de pesquisa de todo o Brasil.

DESDOBRAMENTOS DE UMA IDEIA INICIAL...

Foi nesse contexto que, em julho de 2020, recebi uma proposta de realizar uma *live* no Instagram, para uma instituição de ensino superior, intitulada "Ser professor(a) em tempos de pandemia". O alcance da discussão superou as expectativas, atingindo profissionais da educação de várias regiões do país, que, consequentemente, começaram a me solicitar pelas redes sociais por outras *lives*, afirmando que não havia discussões educacionais disponíveis, naquele momento, que pudessem orientar a problematização do trabalho docente.

A partir de tais pedidos, foram realizadas 22 *lives*, no mesmo aplicativo, às 20h00, nas quartas-feiras, durante todo o segundo semestre de

2020, com pesquisadores em Educação de diversas áreas, sobre os temas que advinham das necessidades apontadas pelos próprios educadores nas minhas redes sociais. Foi também criado um canal no YouTube com todas as *lives* organizadas em uma série intitulada "A Educação em tempos de pandemia"[1], para facilitar o acesso dos docentes ao material produzido.

A vigésima *live* da referida série, foi protagonizada pela Prof.ª Dr.ª Sonia da Cunha Urt, no dia 25/11/2020, intitulada "Psicologia Educacional e a pandemia: atuações possíveis". Sonia problematizou a discussão a partir do olhar da Psicologia na escola, rompendo com a concepção clínica, comumente proposta, apontando para maneiras de reinventarmos os projetos de vida, considerando a humanização dos sujeitos. Ao realizar sua explanação sobre o tema, explicitou a possibilidade da criação de redes de afeto para o cuidado com o outro, ao considerar as possibilidades de ação no ensino remoto.

Ao término da *live*, fora do ar, conversei com Sonia sobre a importância da discussão por ela trazida, no campo da Psicologia Escolar e Educacional, considerando o momento pandêmico que vivíamos, com suas dificuldades impostas pelo ensino remoto, no âmbito da constituição das subjetividades docentes na relação com sua nova forma de trabalhar. Foi quando Sonia me lançou a ideia de problematizar algumas das questões já trazidas nas *lives* de 2020 em forma de um projeto de pesquisa e buscar compreender tais relações num estágio de pós-doutoramento em Psicologia.

Apesar de já conhecer Sonia desde 2007, em Brasília, quando da V Jornada Internacional e 3ª Conferência Brasileira sobre Representações Sociais, que aconteceu em Brasília, e além de acompanhar seu trabalho a distância e tê-la como membro titular em minha banca de defesa de doutorado, posso afirmar que foi no dia de sua *live* que começamos a trilhar uma parceria de diálogo sobre a temática, bem como de trabalho conjunto, que culminou com ela como supervisora do meu estágio pós-doutoral na Universidade Federal do Mato Grosso do Sul (UFMS).

E foi assim que no primeiro semestre de 2021 elaborei um projeto de pesquisa sob a temática "Educação, Psicologia e pandemia: a (re)constituição do ser docente" e o submeti ao Programa de Pós-Graduação em Psicologia da UFMS para concorrer a uma vaga no Estágio de Pós-doutorado na modalidade

---

[1] A série "A Educação em tempos de pandemia" está disponível no canal do YouTube "Prof. Ronaldo Alexandrino" a partir do link: www.youtube.com/c/ProfRonaldoAlexandrino.

voluntária e em sistema de fluxo contínuo, na linha de pesquisa "Processos psicológicos e suas dimensões socioculturais", para o segundo semestre de 2021.

Naquele momento, considerando as interações realizadas, de maneira virtual com profissionais da educação de todo o Brasil por meio das *lives* produzidas em 2020, foi percebido que ao reorganizar suas práticas, a subjetividade dos professores e professoras foi sendo reconstruída, reelaborada, revisitada, reconstituindo-se, assim, numa nova compreensão do sujeito professor no período pandêmico.

O projeto inicial de pós-doutoramento visava, principalmente, iniciar uma problematização sobre as relações entre as representações sociais dos especialistas em educação e a (re)constituição do ser docente, a partir da série "A Educação em tempos de pandemia", considerando a compreensão de como professores e professoras vão se reconstituindo no seu ofício na pandemia.

Por sua vez, no contato com o outro coletivo, a ideia inicial foi afetada por novas possibilidades e desdobramentos.

UMA NOVA SÉRIE DE *LIVES* SURGE EM 2021...

Semanalmente, às quintas-feiras, o Grupo de Estudos e Pesquisa em Psicologia e Educação (Geppe), coordenado pela Prof.ª Dr.ª Sonia da Cunha Urt, se reúne, a fim de problematizar e discutir temáticas convergentes com as pesquisas em andamento por ela orientadas, além disso, se configura como um espaço de estudo, diálogo e produção de conhecimento no âmbito da Psicologia Escolar e Educacional.

Podemos afirmar, portanto, que o trabalho desenvolvido pelo Geppe está "norteado por um pressuposto básico de que a relação da Psicologia com a Educação deve ser permeada por uma leitura crítica da sociedade e expressa em uma concepção de sujeito concreto – social e histórico" (URT, 2017, p. 22), corroborando, assim, com as intenções de pesquisa aqui apresentadas.

Em um desses encontros, quando do meu ingresso nas atividades do grupo, ao discutirmos sobre a minha ideia inicial para as atividades de inovação que versava sobre "Ministrar curso/seminário aberto à comunidade científica da instituição sobre o tema: Pesquisa em Educação e Psicologia: diálogos da Teoria das Representações Sociais com a Teoria Histórico-Cultural" surgiu a possibilidade de se retomar a ideia do meu ingresso — uma série de *lives* — porém, reorganizada, visando atingir os propósitos, tanto de pesquisa quanto das atividades de inovação.

Foi a partir do diálogo entre os pares, nas atividades do Geppe, que se vislumbrou a possibilidade de uma nova série, um tanto inovadora, uma vez que não temos conhecimento até então, de dois grupos de pesquisa dialogando semanalmente sobre as suas produções.

Considerando o fato de que participo ativamente do grupo de pesquisa Diferenças e Subjetividades em Educação (DiS) na Unicamp, uma vez que neste grupo desenvolvi minhas pesquisas de mestrado e doutorado sob orientação da Prof.ª Dr.ª Ângela Soligo, a aproximação de um grande rol de pesquisadores de dois estados diferentes, São Paulo e Mato Grosso do Sul, foi facilitado, visto que minha participação nessa série de *lives* também me colocava num papel de elo entre ambos os grupos em que participo.

Surgia assim a série "Divulgando o conhecimento científico: Psicologia e Educação", e dessa maneira novos objetivos específicos para o projeto de pesquisa foram redesenhados, considerando a ideia inovadora que começava a ganhar forma, e foram assim sistematizados:

- Divulgar a produção acadêmica em Psicologia e Educação, tornando acessível o conhecimento produzido na universidade à sociedade.
- Criar um espaço de interlocução entre pesquisadores da UFMS e Unicamp.
- Compartilhar e dar visibilidade às pesquisas realizadas sob a orientação das professoras Sonia da Cunha Urt (Geppe) e Ângela Soligo (DiS).

A partir do delineamento dos objetivos, iniciei um diálogo com ambas as professoras, Sonia e Ângela, e solicitei que elas me enviassem uma lista com o nome de orientandos que pudessem contribuir com essa atividade. Enquanto elas elaboraram o rol de possíveis participantes, sistematizei a proposta das *lives* e elaborei uma carta convite que seria enviada a cada um dos nomes sugeridos.

A seguir, explicito os principais excertos apresentados para os referidos pesquisadores e pesquisadoras, a fim de compreensão da proposta sistematizada:

CARTA CONVITE ENVIADA AOS PESQUISADORES CONVIDADOS PARA A SÉRIE

Campinas/Campo Grande, junho de 2021.

Prezado(a) professor(a) pesquisador(a):

É com imensa satisfação que os grupos de pesquisa Geppe (UFMS) e DiS (Unicamp) convidam você para participar de uma *live* da série "Divulgando o conhecimento científico: Psicologia e Educação".

A proposta

A realização das *lives* compõe parte do estágio pós-doutoral em Psicologia, na UFMS, do Prof. Ronaldo Alexandrino, referentes às atividades de Inovação.

É prevista a realização de 10 a 15 *lives* (a depender da quantidade de participantes) durante as sextas-feiras a partir do mês de agosto de 2021, às 20h00 (horário de Brasília) em duplas compostas por um pesquisador(a) do Geppe e outro(a) do DiS, com a mediação do estagiário de pós-doutoramento. As *lives* terão duração prevista de 1 hora, contemplando 20 minutos de explanação para cada participante, seguida de diálogo entre os participantes e expectadores. A transmissão será realizada no canal do YouTube Prof. Ronaldo Alexandrino.

Após o aceite dos participantes e o levantamento das pesquisas a serem apresentadas, será realizada a organização das duplas, considerando a proximidade das discussões, a partir dos seguintes critérios:

Pesquisas concluídas (pós-doutorado, doutorado, mestrado)

Pesquisas em andamento (doutorado, mestrado)

A última *live* da série será realizada com a participação das professoras Sonia da Cunha Urt (Geppe/UFMS) e Ângela Soligo (Unicamp/DiS), que além de comentarem sobre as produções apresentadas sob suas orientações, versarão sobre a importância das *lives* para o compartilhamento da produção acadêmica. Será estendido o convite à coordenadora da pós-graduação em Psicologia da UFMS para participação na última *live*.

Encaminhamento:

Após o recebimento desta carta convite, encaminhar o seu tema de apresentação na *live*, uma foto de rosto em boa resolução e, caso houver, a sexta-feira entre os meses de agosto a outubro de 2021 que você NÃO poderá realizar a *live*. Além da colaboração na divulgação das *lives*, solicita-se que no dia da sua participação você esteja disponível com 30 minutos de antecedência para o recebimento do link de acesso à plataforma e ajustes de áudio e vídeo.

Foram encaminhadas 35 cartas convite. Destas, 26 tiveram retorno positivo, com o aceite em participar da série de *lives*; seis pesquisadores não aceitaram a proposta e três pesquisadores não responderam a carta convite.

Considerando o total de 26 pesquisadores (13 da UFMS e 13 da Unicamp), iniciou-se a parte mais difícil do trabalho, o agrupamento das temáticas de pesquisa, em duplas, realizada a partir do título da dissertação de mestrado, tese de doutorado ou relatório de pós-doutoramento, considerando dois eixos: um primeiro relativo à proximidade temática e um segundo referente à disponibilidade de agenda sinalizada pelo convidado/convidada. A partir de cada agrupamento, foi criado um tema para a *live* a ser realizada, que contemplava a discussão de ambos os trabalhos discutidos.

O cronograma desenvolvido, bem como a organização realizada, pode ser mais bem apreciado na tabela a seguir:

Live	Data	Pesquisadores	Pesquisa	Título do trabalho	Título da *live*
01	18/08	Tamyris Bonilha Garnica	DOUTORADO (FINALIZADA)	Representações sociais de professores sobre as "Dificuldades de aprendizagem": efeitos de um processo de intervenção	Caminhos da formação de professoras

Live	Data	Pesquisadores	Pesquisa	Título do trabalho	Título da *live*
01	18/08	Soraya Cunha Couto Vital	DOUTORADO (FINALIZADA)	Formação continuada de professores: uma análise a partir das bases teórico-metodológicas das propostas formativas	Caminhos da formação de professoras
02	20/08	Silvia Segovia Araujo Freire	DOUTORADO (EM ANDAMENTO)	Saúde psíquica e docência: um mapeamento da percepção do adoecimento para profissionais da Educação em região de fronteira – Corumbá MS	Idas e vindas nas políticas de educação: o que adoece os professores?
		Isabel Passos de Oliveira Santos	MESTRADO (FINALIZADA)	A implementação da lei n.º 10.639/03 no município de Campinas	
03	27/08	Luciane Ribeiro Dias Gonçalves	DOUTORADO (FINALIZADA)	Ações afirmativas: uma análise a partir de experiências exitosas	Entre experiências e expectativas: É possível melhorar a escola!
		Eder Ahmad Charaf Eddine	MESTRADO (FINALIZADA)	Desenvolvimento e aprendizagem em manuais didáticos da Psicologia Educacional	
04	03/09	Celia Beatriz Piatti	DOUTORADO (FINALIZADA)	A constituição das professoras em escolas da região pantaneira: uma análise histórico-cultural	Mulheres em construção: (re) constituições em movimento – do mocambo a região pantaneira

Live	Data	Pesquisadores	Pesquisa	Título do trabalho	Título da *live*
04	03/09	Ivonete Aparecida Alves	DOUTORADO (EM ANDAMENTO)	Educando a negritude em três ou mais gerações nas famílias negras em um mocambo: as mulheres negras e seu protagonismo na educação familiar e social	Mulheres em construção: (re) constituições em movimento – do mocambo a região pantaneira
05	10/09	Fernanda de Lourdes de Freitas	DOUTORADO (FINALIZADA)	A relação escola e família: análise de uma política em construção	Olhares sobre a escola: outras relações são possíveis
		Paola Nogueira Lopes	MESTRADO (FINALIZADA)	O aprender e o não aprender de adolescentes em um projeto de distorção idade-série: perspectivas e desafios	
06	17/09	Thalita Ortiz Neves Dagher	MESTRADO (FINALIZADA)	Trabalho docente e expressões do sofrimento psíquico: uma análise a partir da psicologia Histórico-Cultural	Produção de saberes para a Psicologia e a Educação: entre o dito e o não dito
		Tatiana Gomez Espinha	DOUTORADO (FINALIZADA)	A temática racial na formação em psicologia a partir da análise de projetos político-pedagógicos: silêncio e ocultação	

Live	Data	Pesquisadores	Pesquisa	Título do trabalho	Título da *live*
07	24/09	Eloisa Hilsdorf Rocha Gimenez	DOUTORADO (FINALIZADA)	Intervenções da Psicologia em um Núcleo Educacional	Perspectivas de atuação da Psicologia na e para a escola: é chegada a hora!
		Thiago de Brito Ribeiro	MESTRADO (EM ANDAMENTO)	A atuação do psicólogo escolar/educacional nos processos educativos de adolescentes com distorção idade-série: contribuições da psicologia histórico-cultural	
08	01/10	Alcione Ribeiro Dias	DOUTORADO (EM ANDAMENTO)	O adoecimento docente no Ensino Superior na perspectiva Histórico-Cultural	Ser professor(a) e estudante universitário no Brasil hoje
		Maisa Elena Ribeiro	DOUTORADO (EM ANDAMENTO)	A classe trabalhadora vai à faculdade: a vivência de estudantes pobres e negros nos cursos de Psicologia do Brasil	
09	08/10	Adaline Franco Rodrigues	DOUTORADO (EM ANDAMENTO)	Sofrimento psíquico do aluno de medicina: uma análise à luz da Psicologia Histórico-Cultural	Pensando a relação entre as Ciências Humanas e as profissões de Saúde
		Mauro Machado Vieira	MESTRADO (FINALIZADA)	As representações sociais da disciplina de Ciências Sociais para estudantes de Odontologia	

Live	Data	Pesquisadores	Pesquisa	Título do trabalho	Título da *live*
10	15/10 Remanejada para 30/10	Ruth Meyre M. Rodrigues	DOUTORADO (FINALIZADA)	Educação para as relações étnico-raciais no Brasil: um termômetro	Olhares críticos sobre a educação e a escola
		Norma Celiane Cosmo	MESTRADO (FINALIZADA)	As contribuições da psicologia da educação para a escola: uma análise da produção científica da Anped e da Abrapae	
11	22/10	Mara Rosana Pedrinho	DOUTORADO (FINALIZADA)	O professor no novo capitalismo: representações sociais de professores do ensino fundamental, formadores e alunos de pedagogia	Ser professor(a) no contexto do neoliberalismo
		Vivina Dias Sol Queiroz	DOUTORADO (FINALIZADA)	Sentidos e significados da docência na sala de tecnologia educacional	
12	29/10	Marilda Gonçalves Dias Facci	PÓS – DOC (FINALIZADA)	As contribuições da psicologia histórico-cultural para a compreensão do adoecimento do professor no ensino superior	Entre as singularidades e a diversidade: Outra escola é possível?
12	29/10	Caroline Felipe Jango da Silva	DOUTORADO (FINALIZADA)	Extensão e diversidade étnico-racial no IFSP: caminhos para construção de uma educação antirracista	Entre as singularidades e a diversidade: Outra escola é possível?

Live	Data	Pesquisadores	Pesquisa	Título do trabalho	Título da *live*
13	05/11	Maria Isabel Donnabella Orrico	DOUTORADO (FINALIZADA)	Branquitude crítica dissimulada: (des)caminhos da educação para as relações étnico-raciais	Racismo, branquitude, violências – que relação é essa?
		Valquiria Rédua da Silva	MESTRADO (EM ANDAMENTO)	Atuação do psicólogo escolar frente as demandas da escola: foco nas situações de violência	
14	12/11	Sonia da Cunha Urt	LIVE DE ENCERRAMENTO		Caminhos que contam histórias: contribuições de pesquisadoras da Educação
		Ângela Soligo			

A interlocução entre dois grupos de pesquisa, foi realizada com 14 *lives* durante as sextas-feiras a partir do dia 20 de agosto de 2021, às 20h00 (horário de Brasília), em duplas compostas por um pesquisador(a) do Geppe (UFMS) e outro(a) do DiS (Unicamp), com a mediação do estagiário de pós-doutoramento. Foi realizada uma *live* inaugural no dia 18/8/21 para dar início à sequência de atividades online.

As *lives* tiveram duração prevista de uma hora, excedendo o limite do horário algumas vezes para não comprometer o andamento das discussões realizadas, contemplando 20 minutos de explanação para cada convidado, seguida de diálogo entre os participantes e expectadores por meio de chat. Todas as *lives* estão disponíveis no YouTube desde o dia de sua exibição[2].

A série de *lives* transcorreu de maneira tranquila e compromissada por todos os envolvidos. Tivemos apenas dois imprevistos durante as transmissões: na *live* oito houve uma queda de energia por parte do mediador da *live*, o que fez com que uma das pesquisadoras conduzisse a discussão até que a situação se estabelecesse e a atividade fosse retomada; e na *live* 10,

---

[2] A transmissão foi realizada no canal do YouTube Prof. Ronaldo Alexandrino, disponível no link: www.youtube.com/c/ProfRonaldoAlexandrino.

por conta de uma intempérie na região do Mato Grosso do Sul, deixou a convidada em questão sem energia elétrica e acesso à internet. Foi feito um pronunciamento público no canal, para aqueles que aguardavam a atividade e a *live* foi remanejada para uma data posterior, sem nenhum prejuízo ao projeto, nem aos expectadores.

Atualmente, a série de *lives* está em processo de disponibilização, em outra plataforma digital, Spotify, na conta do Prof. Ronaldo Alexandrino, em formato de podcast[3], na tentativa de ampliar o público e, assim, fazer jus ao objetivo principal desse projeto, que é o de divulgar o conhecimento científico.

Vale ressaltar que todo o material visual da série foi criado e produzido por profissional da área de publicidade e propaganda e foi composto por: *cards* com a programação completa, *card* semanal de divulgação e capa para canal do YouTube.

PERCURSO METODOLÓGICO DE CONDUÇÃO DAS *LIVES*

Para a condução das *lives*, também houve um cuidado com o caminho metodológico que as discussões iriam ser conduzidas, uma vez que a proposta era de que dois grupos de pesquisa, em diferentes estados brasileiros, dialogassem.

Além disso, a aproximação temática da composição das duplas não era uma garantia de que houvesse sucesso na problematização da discussão, e o fato da impossibilidade de se ler todos os trabalhos antes da *live* era outro fator que poderia dificultar a qualidade e profundidade das discussões. Além disso, os pesquisadores, em sua maioria, não se conheciam, ou seja, as temáticas foram cruzadas apenas no planejamento da atividade e, junto dos os pesquisadores, apenas 10 minutos antes da *live*.

Os convidados da noite e eu nos encontrávamos em ambiente virtual, 15 minutos antes do início da *live*, fora do ar e todos os combinados para a condução das discussões, bem como de condução tecnológica e familiarização com o aplicativo Streamyard, eram realizados ali.

Assim, a estrutura de condução das *lives* foi organizada da seguinte maneira:

---

[3] Link do podcast no Spotify: https://open.spotify.com/show/2X2LbcaMyKHcp3kzOfUCSH.

a. apresentação da temática da noite nos cinco minutos iniciais, esse era o momento reservado para que o público acessasse a *live*, sem prejuízo de seu conteúdo;
b. explanação teórica da primeira pesquisa em 20 minutos, o controle do tempo era realizado em chat, durante a própria exibição, sem que o público tivesse acesso a esse diálogo. Durante a explanação do convidado(a), eu realizava anotações que poderiam servir de perguntas para discussão futura;
c. após a primeira fala, o convidado era retirado do "ao vivo" e dava lugar ao segundo participante, que também tinha 20 minutos para sua exposição. Essa segunda apresentação era o momento mais importante para a condução das discussões, uma vez que os pontos em comuns e as questões a serem discutidas, eram elaborados por mim nesse momento, no ao vivo, durante a *live*;
d. os últimos vinte minutos, e em alguns casos o tempo foi extrapolado para não comprometer a qualidade da discussão, eram referentes a discussão realizada a partir das questões problematizadas por mim, durante a transmissão. Geralmente, três questões eram suficientes para motivar o debate. Além disso, o público que acompanhava ao vivo a *live* também poderia contribuir com as discussões, enviando questões e comentários por meio do chat que eram exibidas na tela, garantindo uma interação direta entre os convidados da noite e as pessoas que participavam da atividade;
e. para finalizar a *live*, era realizada uma questão comum de encerramento, para ambos os participantes, relativa a toda a discussão realizada na noite, e que deveria ser respondida de maneira breve, no sentido de explicitar qual a contribuição da *live* naquela noite.

Após o término da *live*, ainda em ambiente virtual e fora do ar, brevemente os envolvidos naquela noite se despediam, as vezes ainda conversavam sobre o tema, outras avaliavam o percurso da discussão durante a exibição, e enfim, a atividade da noite se encerrava.

MATERIALIZANDO UM PERCURSO VIRTUAL

Com o término da série de *lives*, e mesmo considerando o fato de que todo o material produzido encontra-se disponibilizado nos canais do YouTube e Spotify, a necessidade de uma materialização das produções realizadas se fez presente.

O registro físico, em formato de livro, considerando os recortes temáticos produzidos pelos pesquisadores a partir das *lives*, explicitaria novas possibilidades de leitura e produção de conhecimentos das temáticas abordadas. Mesmo considerando o fato de que as pessoas produziram seus artigos a partir daquilo que foi discutido e apresentado durante as *lives*, percebe-se que esse conteúdo, quando escrito, materializa-se de outra forma, para além da repetição, há criação no registro da experiência, bem como no detalhamento de um trabalho realizado.

Assim, esta obra vem cumprir com esse propósito, uma vez que além de materializar o percurso tecnológico vivenciado, contribui para que os conhecimentos produzidos durante a série "Educação & Psicologia: divulgando o conhecimento científico" circulem socialmente também em formato impresso.

Neste livro, cada capítulo é representativo de uma *live* exibida. Na grande maioria dos textos, foi possível ter garantida a escrita nas mesmas duplas que potencializaram as discussões virtuais. Porém, cada autor teve autonomia intelectual para problematizar suas escritas a partir da sua relação com a experiência vivida no contexto das *lives*, mesmo que em alguns casos, individualmente, ou com a colaboração de quem não participou da *live*.

Todas as 14 *lives* estão contempladas nesta obra.

É sobre a beleza de um percurso!

Boa leitura!

REFERÊNCIAS

CHAVES, Flávio Muniz; BARRA, Tiago Bruno Areal; OLIVEIRA, Renata Tavares de (org.). *Reflexões e perspectivas na pandemia*. Curitiba: CRV, 2021.

ELIEZER, Cristina Rezende; RIBEIRO, Elivan Aparecida; SCHÜTZ, Jenerton Arlan (org.). *A Educação em tempos de pandemia*: desafios e possibilidades. Belo Horizonte: Dialética, 2020.

HARARI, Yuval Noah. *Notas sobre a pandemia*: e breve lições para o mundo pós-coronavírus. São Paulo: Companhia das Letras, 2020.

LIBERALI, Fernanda Coelho *et al.* (org.). *Educação em tempos de pandemia*: brincando com um mundo possível. Campinas: Pontes, 2020.

NEVES, Vanusa Nascimento Sabino *et al.* Utilização de lives como ferramenta de educação em saúde durante a pandemia pela Covid-19. *Educação & Sociedade*, Campinas, v. 42, e240176, 2021.

URT, Sonia da Cunha. A produção científica e a constituição de grupos de pesquisa em educação e psicologia na universidade – um sonho possível. *In:* URT, Sonia da Cunha (org.). *Retratos do pesquisar em MS*: Educação e Psicologia. Campo Grande: Oeste, 2017.

LIVE 1

CAMINHOS DA FORMAÇÃO DE PROFESSORAS[4]

Soraya Cunha Couto Vital
Tamyris Proença Bonilha Garnica

INTRODUÇÃO

O presente artigo é resultante da apresentação de um delineamento de pesquisas doutorais realizadas pelas professoras doutoras Soraya Cunha Couto Vital (UFMS) e Tamyris Proença Bonilha Garnica (Unicamp). Tal apresentação, com título correlato ao deste texto, ocorreu no dia 18 de agosto de 2021, em abertura à série "Educação & Psicologia: divulgando o conhecimento científico", organizada e promovida em formato digital (*lives*) pelo Prof. Dr. Ronaldo Alexandrino, como parte integrante de seu processo de pós-doutoramento em Psicologia na Universidade Federal de Mato Grosso do Sul (UFMS), sob supervisão da Prof.ª Dr.ª Sonia da Cunha Urt.

Os encontros da série ocorreram semanalmente, entre os meses de agosto e novembro de 2021, com discussões e problematizações conduzidas pelo referido professor doutor, que promoveu a interlocução entre estudos apresentados por duplas de professores/pesquisadores/partícipes da trajetória de dois grupos de pesquisa: o Grupo de Estudos e Pesquisa em Psicologia e Educação (Geppe/UFMS), e o Diferenças e Subjetividades em Educação (DiS/Unicamp), coordenados pelas professoras doutoras Sonia da Cunha Urt e Ângela Soligo, respectivamente.

Sob o entendimento de que a formação continuada de professores é um processo, que ocorre de forma permanente/constante, inter-relacionada à formação inicial, e deve intentar a articulação com a produção de conhecimentos científicos, pedagógicos, éticos e políticos necessários ao desenvolvimento humano, ao exercício da autonomia e à atividade

---

[4] Para assistir a *live* que deu origem a esse capítulo, basta acessar o link: https://youtube.com/live/eddOqAH1Uc8 no canal Prof. Ronaldo Alexandrino no YouTube.

docente, Vital (2021) considerou sua tese, intitulada "Formação continuada de professores: uma análise a partir das bases teórico-metodológicas das propostas formativas".

Ancorada nos pressupostos da Psicologia Histórico-Cultural, a autora afirmou em seus estudos que essa teoria confere sustentação à tessitura de análise a esse respeito, entendendo que tal formação pode representar um processo de reflexão e emancipação humana, ou seja, significar a promoção de condições para que o professor reflita a respeito do modo pela qual se forma, o que pode conduzi-lo à compreensão de que, nesse processo formativo, é necessário apreender o conhecimento historicamente acumulado, não somente "estratégias contínuas de adaptabilidade às depauperadas condições de vida e de trabalho promovidas pela sociedade capitalista neoliberal" (MARTINS, 2009, p. 140).

Garnica (2018), por sua vez, apresentou a tese intitulada "Representações sociais de professores sobre as "dificuldades de aprendizagem": efeitos de um projeto de intervenção", que, por meio de um processo de formação docente reflexiva, objetivou contribuir para a ressignificação de suas representações, a fim de construírem novos olhares e possibilidades para os processos de aprendizagem e para a relação professor-aluno.

À luz da teoria das Representações Sociais, sua pesquisa partiu do pressuposto de que o crescente número de alunos encaminhados para atendimento médico ou psicológico revela a influência da lógica medicalizante na Educação, segundo a qual os diferentes modos de ser e estar no mundo passam a ser compreendidos e explicados na dimensão orgânica e biológica, sendo ignorados os aspectos histórico-sociais mais amplos. De acordo com o modo como são compreendidos e interpretados os problemas escolares, as ações e decisões tomadas no âmbito escolar podem levar ao aprofundamento das desigualdades sociais e pouco contribuírem para o processo de aprendizagem.

Dessa forma, a partir de sua participação na série mencionada anteriormente, neste texto, Vital (2021) e Garnica (2018) apresentam conjuntamente questões que envolvem a formação continuada de professoras — sujeitos participantes de suas pesquisas — com análise crítica baseada em seus pressupostos teórico-metodológicos, que propõem pensar esta formação a partir da articulação com as problemáticas mais amplas da sociedade, sob o entendimento de que é preciso romper com as práticas formativas fragmentadas, mais focadas em resultados (produtos) do que nos processos que os antecedem, bem como de que o conhecimento das representações sociais de docentes sobre as "dificuldades de aprendizagem", tão recorrentes e naturalizadas nos discursos, possa ser problematizado junto aos educadores, de forma a contribuir para sua ressignificação, sendo fundamental para a proposição de novos olhares rumo à construção de uma escola verdadeiramente democrática e justa, na contramão das visões medicalizantes e reducionistas.

FORMAÇÃO CONTINUADA DOCENTE – ANÁLISE CRÍTICA PARA O ENFRENTAMENTO DE UMA LÓGICA FORMATIVA

Compreender o projeto de formação continuada de professores proposto nas redes públicas de ensino de Campo Grande/MS e analisá-lo à luz da Psicologia Histórico-Cultural foi o grande objetivo da tese intitulada "Formação Continuada de Professores: uma análise a partir das bases teórico-metodológicas das propostas formativas" (Vital, 2021), considerando entrevistas semiestruturadas realizadas entre junho de 2020 e maio de 2021, com técnicos que trabalham em setores correspondentes à formação continuada docente e professoras atuantes na educação básica das redes públicas estadual e municipal presentes na capital sul-mato-grossense, especialmente no período que compreendeu os anos 2015 a 2020. Para tanto, foi necessário um intenso debruçamento sobre o complexo processo que envolve o percurso entre a proposição e a materialização da formação continuada de professores em âmbito nacional e municipal, com suas dinâmicas regulatórias, os embates do campo educacional e as influências da relação público-privado.

Para identificar as lutas em prol da formação docente, é preciso considerar que fazem parte de um amplo contexto de defesa da democracia, do direito à educação e, consequentemente, da formação qualificada dos educadores. Em síntese, a trajetória histórica brasileira indica a saída de um regime governamental autoritário e obscuro nos meados da década de 1980 e, como resultado, a organização de movimentos sociais, com a presença de educadores, que resultaram na estruturação de associações/entidades científicas de grande pujança no cenário educacional contemporâneo, como a Associação Nacional de Pós-Graduação e Pesquisa em Educação (Anped), por exemplo.

Realizar tal revisão histórica foi de fundamental importância para a síntese de contextualização e caracterização do campo da formação de professores, além de contribuir para pensar os meandros teórico-epistemológicos, somados às produções científicas, às políticas educacionais de formação e à particularidade da empiria campo-grandense, para que houvesse compreensão de que, diante do que se tem vivido nesse campo, é mais que necessário ter um projeto em disputa, respaldado em uma perspectiva epistemológica que considere a práxis como possibilidade de uma proposta formativa para a emancipação humana.

Nesse sentido, considera-se que houve achados no referido trabalho doutoral que podem contribuir para outro olhar à formação continuada de professores, como alguns elementos da Resolução n.º 02/2015 que devem ser considerados importantes para a contraposição ao hegemônico. Logo, faz-se premente reafirmar algumas de suas concepções.

Primeiro, a que intenta um projeto de formação de professores a partir de princípios e diretrizes assumidas pelo coletivo, sob a clareza de uma proposta também com princípios e diretrizes, e não um controle, que padronize a formação. Pensa-se que os diálogos referenciados na Anfope[5], na Anped[6], na Anpae[7] e em outras instituições do gênero, com seus debates e documentos produzidos coletivamente, podem proporcionar tal projeto de formação continuada para uma perspectiva emancipatória.

Segundo, a que compreende o trabalho docente a contar da perspectiva ontológica, entendido não só a partir da prática professoral em sala de aula, mas como processo de liberdade, coletividade, universalidade e formação da consciência, podendo se constituir numa consciência para si a partir da realidade concreta, produto histórico, e que tenha elementos de uma formação que assuma dimensões amplas de competências, e não só na competência do saber fazer, para uma sociedade capitalista, mas que tenha vasta dimensão da competência na formação e na emancipação humana.

É fato que todos querem ser competentes, mas reputa-se que, sobre o aporte epistemológico materialista histórico-dialético e da Psicologia Histórico-Cultural, não se pode circunscrever a competência a um saber fazer ou no fazer mais com menos. Para além, é preciso pensar o trabalho docente nas dimensões técnicas, afetivas, políticas, éticas e estéticas, logo é preciso uma sólida formação teórica. Essa solidez precisa ser pensada com dimensão de compreensão da realidade, do sujeito e do trabalho. Implica também uma ampla formação didático-pedagógica, ampla formação na práxis, na Filosofia, na Psicologia, na Sociologia e na Antropologia, para citar algumas.

---

[5] Anfope: Associação Nacional pela Formação dos Profissionais de Educação.
[6] Anped: Associação Nacional de Pós-Graduação e Pesquisa em Educação.
[7] Anpae: Associação Nacional de Política e Administração da Educação.

São elementos de um projeto de formação de professores, inicial e continuada, de modo interrelacionado, a partir de princípios e diretrizes, fundamentado na concepção do trabalho docente que constitui uma consciência para si e tem uma dimensão bem mais ampla de competência, e uma sólida formação teórica em que se possa constituir a perspectiva de uma práxis criativa e revolucionária. Esclarece-se, porém, que o intento não é de uma práxis imitativa ou reiterativa, mas uma práxis em que o professor vai se constituindo na perspectiva do próprio trabalho, enquanto transforma a si mesmo. É revolucionária, porque, ao fornecer os elementos para a compreensão da sociedade, assume uma posição de qual sociedade e qual sujeito enseja.

Em termos de achados/contribuições à formação continuada docente, considera-se que essas são concepções necessárias para o enfrentamento de uma lógica formativa que tem sido reverberada nas redes públicas de ensino de Campo Grande/MS, como evidenciado, por exemplo, nas falas de técnicos que, incoerentemente, organizam a formação, mas desvalorizam o professor, desconsiderando a precarização de suas condições de trabalho — "[...] tem professores que se enquadram nessa vulnerabilidade, porém ao mesmo tempo que ele poderia ter um custo hoje com a internet, dele colocar uma internet na casa dele, dele melhorar o telefone celular dele, que é algo pessoal, ele não está tendo gastos com transporte".

Trata-se de uma visão pautada na relação formação-produção, proveniente de uma concepção neoliberal também ancorada em entendimentos organicistas, funcionalistas, estruturalistas e naturalizadores das contradições sociais e de suas mazelas e injustiças. É uma visão economicista do sistema educacional, que condiciona as instâncias de mediação das relações humanas, inclusive as que permeiam a formação continuada de professores. Pela via das secretarias, há a promoção de instrumentalização do conhecimento como estratégia para produção de matéria-prima necessária à não percepção das contradições e superação dos princípios elencados pelo capital.

De acordo com Frigotto (2001, p. 27, 28), nada mais é que

> [...] a ética individualista que no campo pedagógico se manifesta sob as noções de competências, competitividade, habilidades, qualidade total, empregabilidade [...], constitutivas de um "novo paradigma".

São posturas pós-modernas que "reforçam [...] o individualismo, o particularismo, a fragmentação, a descontinuidade [...], negando as dimensões estruturais e a continuidade histórica".

Em contexto conclusivo, a tese também apresenta a ausência de uma base teórico-metodológica que fundamente as propostas formativas das redes públicas de ensino pesquisadas em Campo Grande/MS – Secretaria Escolar Digital (SED)/MS e Semed (Secretaria Municipal de Educação)/CG, respectivamente. Contudo, essa ausência não anula a existência de concepções ecoadas da lógica das políticas formativas que têm sido apresentadas à educação brasileira, como o currículo e o consequente ensino por competências, que objetiva promover o encontro entre formação e emprego. Seu fundamento está na redefinição do sentido dos conteúdos a serem ensinados, a fim de atribuir logicidade prática aos saberes escolarizados e abandono da preeminência dos teóricos, para centrar-se em habilidades supostamente verificáveis em situações específicas e realização de tarefas.

Com base nessa premissa, pode-se pontuar que a inegável influência paradigmática do neoliberalismo tem imposto às propostas de formação continuada de professores das redes públicas de ensino de Campo Grande/MS o papel de opção meramente técnica, voltada para o mundo do trabalho, que propõe atender às demandas do capital, que desconsidera a estrutura societária contraditória, composta por modismos educacionais, que subsidia uma visão acrítica da sociedade capitalista e apresenta-se como instrumental para a não superação da unilateralidade humana.

Pensa-se então em uma formação continuada alicerçada nos fundamentos da Psicologia Histórico-Cultural, formulada à luz do método materialista histórico-dialético, cuja proposta seja caracterizada por procedimentos em que a dimensão ontológica não possa ser desconsiderada; na qual assuma-se dialeticamente a transmissão de conhecimentos científicos como núcleo essencial do método pedagógico; exija-se professores com pleno domínio do objeto do conhecimento a ser ensinado; esteja determinada por uma concepção ampliada de eixo e de dinâmica do ensino pautada na lógica dialética; e reconheça o ensino e a aprendizagem como percursos lógico-metodológicos contraditórios e inversos, no interior de um único e indiviso movimento.

Para além, a Psicologia Histórico-Cultural como arcabouço teórico-metodológico que fundamenta a propositura formativa aqui considerada, entende, entre outros fatores, o trabalho educativo como atividade humana que é realizada na esfera da prática social, logo as ações que o envolvem devem ser intencionais, a fim de que possibilitem o questionamento e a reflexão sobre a importância do que está sendo ensinado, destacando a função social do ensino no âmbito da formação dos sujeitos que estão em processo de aprendizagem.

Desta feita, a função da formação continuada de professores poderá ser a difusão do conhecimento científico, proporcionando a compreensão do significado de seus conceitos e a criação de condições para que as gerações docentes posteriores compreendam a necessidade humana que gerou a criação do conceito e seu processo de desenvolvimento.

Em síntese, sobre essas bases, compreende-se aqui que é possível: mudar a formação continuada de professores de modo a promover uma educação humanizadora; realizar uma formação continuada docente que proporcione a humanização do aluno-professor; superar, pela inserção de educadores e educandos em processos educativos humanizadores, a condição de sujeitos sem reflexão crítica, adaptados aos ditames da indústria cultural; e seguir caminhos para a realização de uma práxis educativa capaz de superar a dicotomia que põe em oposição teoria e prática.

Sob a inspiração do amigo Manoel de Barros, intenta-se que os "aprendimentos" aqui registrados contribuam para olhar humilde e nobre da incompletude desta tese, porque ela é o início de outras muitas discussões, desconstruções e resistências. Deseja-se que as análises empreendidas suscitem outras mais, e que sirvam de base para ações transformadoras das atuais condições que delimitam a implementação de processos de ensino e aprendizagem para professores, que possam contribuir para a superação de dificuldades e problemas enfrentados nesses processos e para a formação de sujeitos docentes capazes de atingir um estado de emancipação humana, de realmente se tornarem seres humanizados.

Em sentido histórico-coletivo, olha-se para a formação continuada de professores conjugando o verbo resistir, porque é um verbo que nos move, mas sob a abstenção da conjugação do desistir, porque é um verbo que não nos pertence!

REPRESENTAÇÕES SOCIAIS SOBRE O ALUNO QUE "NÃO APRENDE": POSSIBILIDADES DE INTERVENÇÃO/ TRANSFORMAÇÃO A PARTIR DA FORMAÇÃO DOCENTE CONTINUADA

Em uma sociedade em que são privilegiadas a competitividade, a produtividade e a adaptabilidade individual a todo tipo de demanda social, sobretudo aquelas sob a lógica de mercado, o indivíduo que não se ajusta ou melhor "adapta-se" a estas e outras exigências é descartado e/ou estigmatizado segundo suas dificuldades e supostas deficiências. Numa lógica em que as fragilidades humanas são concebidas como patologias, aquele que está fora do padrão socialmente estabelecido deve ser submetido a tratamentos — medicamentosos, ou não —, a fim de solucionar/reparar/curar ou apenas manter sob controle tais problemas.

O crescente número de alunos encaminhados para atendimento médico ou psicológico, ocorrido a passos largos nos últimos anos, aponta para a influência desta lógica no âmbito escolar. Frequentemente, os alunos que não correspondem ao padrão de normalidade instituído pela escola são percebidos como "indivíduos problemáticos", detentores de toda ordem de desequilíbrios cognitivo-emocionais e/ou de deficiências, cuja causa, por se acreditar ser de ordem orgânica, justifica a intervenção no plano médico-psicológico. Assim, os mais diversos problemas existentes nos processos de escolarização passam a ser reduzidos às "dificuldades de aprendizagem" — conceito de natureza reducionista atribuído historicamente aos alunos que apresentam rendimento escolar aquém do esperado pela escola. Alunos que, embora não apresentem de forma aparente comprometimentos de ordem biológica, psicológica e cognitiva, têm sido alvo de queixas formuladas a partir de estigmas e preconceitos, que os culpabilizam por não aprenderem como os demais.

De acordo com o modo como são compreendidos e interpretados os problemas escolares, as ações e decisões tomadas no âmbito escolar por professores e gestores podem levar ao aprofundamento das desigualdades sociais e pouco contribuírem para o processo de aprendizagem. Logo, conhecer as representações sociais dos professores sobre as "dificuldades de aprendizagem", tão recorrentes e naturalizadas nos discursos, e problematizá-las junto a eles, de forma a contribuir para sua ressignificação, é fundamental para a proposição de novos olhares rumo à construção de uma escola verdadeiramente democrática e justa, na contramão das visões medicalizantes e reducionistas.

Perseguindo este objetivo, a pesquisa que origina este artigo foi desenvolvida de modo a promover um espaço de diálogo e de crítica sobre essas questões junto a professores do ensino fundamental I, em uma rede de ensino municipal, partindo da análise da historicidade do conceito "dificuldades de aprendizagem" e sobre como, deliberadamente, vem sendo adotado nos discursos escolares. Inicialmente, foram identificados os elementos que compõem tais representações sociais — trabalho este realizado por meio da análise documental, da observação e da instauração de um espaço próprio ao diálogo e à reflexão coletiva, em que as atenções estiveram voltadas para o objeto representado, sem a presença de alunos, pais ou funcionários da escola, isto é, um espaço próprio do coletivo docente, para discussão de aspectos relacionados à prática pedagógica e ao contexto social em que se insere.

Qual é o espaço/tempo existente na escola que permite ao professor refletir criticamente sobre suas representações e práticas, bem como sugerir, a partir dos fundamentos teórico-epistemológicos da ciência educacional, propostas e projetos para intervir e transformar sua realidade?

A formação continuada desenvolvida no âmbito da escola, numa perspectiva crítica, democrática e autorreflexiva, pode ser uma alternativa a esta questão, ao representar uma possibilidade de ação e transformação da realidade escolar. Neste estudo, a formação docente continuada — entendida como aquela que se desenvolve ao longo da trajetória profissional do professor, com ênfase nas problemáticas presentes no cotidiano escolar —, é defendida como um dos caminhos possíveis para a melhoria da educação. Parte-se do pressuposto de que o exercício reflexivo sobre as demandas do contexto escolar, quando realizado em articulação com os conhecimentos científicos da educação e os aspectos psicossociais dos envolvidos, numa perspectiva dialógica e coletiva, contribui para que o professor se perceba como sujeito e ator social, já que ao compreender e ressignificar a própria prática, considerando os impactos dos aspectos políticos, econômicos e sociais no contexto em que atua, tem o potencial de construir novas perspectivas e formas de ação para lidar com as dificuldades encontradas em seu trabalho.

Ao se tomar como objeto de estudo as representações sociais dos professores, tomou-se como pressuposto a constatação de que a realidade vivida por esses sujeitos é uma realidade produzida a partir dos valores, dos interesses e da cultura historicamente construídos pelos grupos sociais a que pertencem, assim como também é produzida e modificada pela ação deles, por intermédio dos processos de elaboração psicológica e social da realidade.

As "dificuldades de aprendizagem" foram historicamente concebidas como um dos principais fatores que contribuem para o fenômeno do "fracasso escolar". Nessa perspectiva, quem fracassa é o indivíduo, não a escola, com o ocultamento das barreiras que dificultam a efetiva aprendizagem de todos os alunos, sobretudo aqueles oriundos dos segmentos menos valorizados socialmente, levando ao agravamento das relações de desigualdade e à isenção da escola diante da responsabilidade pela produção e enfrentamento do fracasso escolar.

A análise do conteúdo dos formulários de encaminhamento dos alunos ao serviço de Psicologia Escolar confirma a manutenção de muitas dessas concepções. Dentre os motivos que levam a seu encaminhamento para atendimento no serviço psicológico, a maioria está referenciada em aspectos de ordem biológica, emocional, comportamental e familiar, o que caracteriza a queixa escolar como fenômeno centrado no indivíduo. O encaminhamento do aluno para serviços especializados, como da área da saúde, justifica-se, já que a hipótese aceita consensualmente afirma que se algo vai mal na aprendizagem é porque existem problemas no aluno e/ou em seu contexto familiar, exclusivamente. Como consequência, as dificuldades são centralizadas no aluno — o que explica o uso deliberado do conceito "dificuldades de aprendizagem", e não "problemas de ensino" ou simplesmente "problemas escolares".

A análise coletiva dos diferentes discursos presentes na escola e nos processos escolares tem fundamental importância para a construção de possibilidades de enfrentamento dos desafios identificados. Mas, como viabilizar esse trabalho? Qual é o espaço/tempo existente na escola para o coletivo docente analisar suas práticas e concepções? Como planejar ações/projetos de natureza coletiva, rompendo com a individualização nos processos de ensino, diante da escassez de oportunidades institucionais destinadas a este fim?

Em resposta a essas questões e para consecução dos objetivos propostos na pesquisa, foi promovido um curso de formação docente continuada, realizado dentro do contexto escolar, com professores em exercício, em uma rede pública de ensino municipal, segundo a perspectiva crítica, democrática e autorreflexiva.

Desse modo, a pesquisa de campo, por meio de um curso de formação docente continuada, buscou, além de investigar e fazer emergir entre os professores suas representações sociais, promover a compreensão sobre os fatores e os motivos que interferem nas decisões e práticas de ensino, levando-os a refletir sobre como comunicam, no contexto coletivo, os processos de aprendizagem dos alunos. Nesse estudo, destaca-se as contribuições da Teoria das Representações Sociais (Moscovici, 1978), tendo em vista não somente a compreensão sobre o que pensam os professores acerca de seus alunos, mas sobre como e por que as percepções, atitudes e expectativas a respeito deles são elaboradas e mantidas.

Seguindo uma abordagem metodológica dialógica e participativa, com a articulação da teoria (fundamentação teórica) com a prática (análise de situações do cotidiano escolar), a formação fez emergir entre os professores conhecimentos que os instrumentalizaram para o exercício reflexivo e o planejamento de ações de intervenção no contexto escolar. Tal processo não seguiu uma direção linear, mas foi marcado por descontinuidades, contradições, resistências e a instauração de dilemas que configuram a realidade vivida por muitos sujeitos no interior das escolas.

A análise das atividades de formação (cartas, acrósticos, pesquisa na escola, narrativas, projetos de intervenção etc.) e dos diálogos, no transcorrer do curso, revela a emergência de novas representações em torno do conceito "aprendizagem" quando comparadas aos conceitos frequentemente anunciados pelos professores no início da formação. Do plano individual, focado em "aluno", "família", "esforço", "dificuldade", "déficit" e "distúrbio", os professores passam a considerar o plano coletivo, utilizando-se de conceitos, como "afetividade", "mediação", "ensino", "mudança/novidade", "estratégias/metodologias de ensino" e "ressignificação".

Ao passo que foram estudando e compreendendo como a sociedade, ao longo da história da educação e de sua consolidação como sistema público de ensino, os professores foram forjando diferentes sentidos e significados para o conceito "dificuldades de aprendizagem", sempre alinhados à cultura, aos interesses de classes e às políticas vigentes. Começaram a refletir sobre suas concepções em torno dos processos de aprendizagem e como percebem o aluno nesse contexto. Nesse exercício (auto)crítico, muitos professores expressaram sentimentos e emoções, que foram desde a surpresa/ânimo diante destas "descobertas" à tristeza/frustração por se perceberem como agentes legitimadores de muitas das críticas feitas por eles próprios.

Produzido no campo da afetividade, esse processo de mudança não se deu em um contexto sem conflitos e contradições. Debates acalorados, falas marcadas pelo viés meritocrático, individualizante e medicalizante evidenciam que as novas formas de compreender a aprendizagem convivem, em um campo de forças, com antigas ancoragens. Assim, as divergências de concepções, valores e representações entre os professores foi se mostrando de forma cada vez mais nítida ao longo dos encontros.

A instauração de um espaço/tempo para estudo e reflexão sobre os processos de ensino e de aprendizagem permitiu com que discursos, antes silenciados e marginalizados no interior das relações escolares, fossem potencializados, atuando como provocadores de futuros processo de mudança, nos coletivos docentes, no sentido de desnaturalizar representações que atribuem ao aluno/família a "culpa" pelos problemas escolares.

O potencial de transformação presente nas ideias emergentes ao longo da formação reside no processo de questionamentos provocados no embate de posições e representações de mundo entre grupos considerados maioritários e minoritários. Vozes de uma minoria ativa, quando articuladas em um coletivo, num contexto de reflexão teórico-crítica da realidade escolar, provocam incômodos, conflitos, indagações (antes silenciados) e, muito possivelmente, a desestabilização de representações dominantes, cristalizadas nas interações sociais, abrindo possibilidades para novos processos de ancoragem e de objetivação sobre o aluno e a aprendizagem escolar.

Isso não permite afirmar que os professores modificarão imediatamente as práticas de ensino, em função das reflexões e ressignificações efetuadas no campo das representações (tal constatação representa um dos limites deste estudo), mas certamente novos processos de ancoragem, por modificarem as estruturas representacionais e, portanto, as formas de percepção de mundo, exercerão influência sobre o modo como interagem no contexto escolar.

Se forem viabilizados espaços/tempos que permitam formação, reflexão e ressignificação de teorias e concepções, o professor poderá assumir a posição de pesquisador de sua ação, podendo modificá-la com propriedade. Isso significa romper com o paradigma do individualismo, que mantém o professor solitário em sua prática, cercado apenas de seus saberes, experiências e representações, que acabam por referenciar suas atitudes e a relação que trava com seus alunos. No sentido oposto, o trabalho coletivo promove a troca de experiências e de saberes, além da instauração do conflito, das diferenças na forma de pensar e agir, reorganizando o pensamento dos envolvidos no processo de reflexão e levando-os a produzir novos conhecimentos e sentidos para as práticas pedagógicas.

As reflexões e análises construídas em torno dos resultados da pesquisa ora apresentados colocam-se como contraponto de concepções e propostas que destituem do professor a autonomia, o respeito, a liberdade e, sobretudo, as possibilidades de emancipação que de sua práxis advêm. Dentre as recentes propostas alinhadas a posições políticas conservadoras, retrógradas e à lógica de mercado, provocadoras do desmonte da educação pública de qualidade, o projeto Escola Sem Partido se destaca pela ofensiva maneira como compreende a atuação do professor, como mero transmissor de conteúdos escolares, sem qualquer autonomia para promover processos de transformação e de crítica da realidade social. Traz em seu bojo a tentativa de silenciar o debate nas escolas, especialmente sobre temas como sexualidade, gênero, racismo, diversidade, preconceitos e violência, dentre outros, além da desmoralização do papel do professor como sujeito crítico e emancipador e, por conseguinte, a abertura para a desprofissionalização do magistério.

Na contramão dessas concepções, conclui-se que é preciso resistir contra essa e outras propostas que deslegitimam a atuação docente e, sobretudo, engajar-se na luta pela defesa da escola pública, laica, gratuita e de qualidade, em que o professor assume lugar de sujeito de sua práxis pedagógica, construindo-se cotidianamente como agente promotor não somente da aprendizagem de seus alunos, mas também de processos de ressignificação e transformação de representações sociais em diferentes contextos de formação, reflexão e intervenção. É, portanto, na perspectiva de contribuição e respeito ao trabalho do professor, que esse diálogo foi construído em torno do tema formação docente.

ALGUMAS PONTUAÇÕES COMO POSSIBILIDADE DE SÍNTESE

A partir da apresentação virtual realizada na série "Educação & Psicologia: divulgando o conhecimento científico", considerada na introdução deste capítulo, Vital (2021) e Garnica (2018) tecem considerações relevantes acerca da formação continuada de professores. Além da síntese descritiva que realizam de suas pesquisas, a análise crítica ancorada na Psicologia Histórico-Cultural e na teoria das Representações Sociais oferece aporte para pensar que essa formação tem sido alvo de forças ideológicas manifestadas nos discursos oficiais, refletidas nos enunciados do senso comum (entre outros diversos fatores que fazem parte das condições objetivas de vida que configuram o não acesso equitativo à cultura, ao conhecimento e à educação), que têm gerado nos sujeitos concepções e condutas alienadas — fatores limitadores à sua capacidade para pensar e agir com autonomia.

Consequentemente, percebe-se que, via de regra, o ensino se faz com base na frágil compreensão de quem é o aluno, na visão parcial e/ou superficial de fatos e fenômenos e na fragmentação dos conteúdos em detrimento de sua compreensão e capacidade de sua utilização em novas e diferentes situações. Uma formação docente fragilizada tende a não desenvolver nos alunos o pensamento teórico, divergente e criativo, a capacidade de crítica e de inserção ativa na sociedade.

Diante das realidades pesquisadas, as autoras consideram então que as proposições formativas ainda parecem carecer da adoção de um método de abordagem crítica dos fenômenos, que permita a análise dos dados presentes no objeto da ação humana — a formação continuada de professores, especificamente considerada por elas, e a compreensão da forma pela qual as propriedades dos objetos, fatos e fenômenos se organizam em um sistema capaz de revelar a sua essência, o que poderá proporcionar a superação da visão parcializada e superficial da realidade.

Pensa-se em um trabalho pedagógico voltado à formação continuada do professor como um ser humanizado, com capacidade de inserção social crítica, que fundamente sua busca autônoma às possibilidades de desalienação que o tornem um sujeito emancipado, que de fato consiga analisar os dados da realidade, compreendê-los de tal forma que possa agir para transformá-la.

REFERÊNCIAS

FRIGOTTO, Gaudêncio. *Educação e a crise do capitalismo real*. São Paulo: Cortez, 2001.

GARNICA, Tamyris Proença Bonilha. *Representações sociais de professores sobre as "dificuldades de aprendizagem"*: efeitos de um projeto de intervenção. 2018. Tese (Doutorado em Educação) – Faculdade de Educação, Universidade Estadual de Campinas, Campinas, 2018. Disponível em: https://repositorio.unicamp.br/Resultado/Listar?guid=1669582721198. Acesso em: 1 out. 2022.

MARTINS, Lígia. Márcia. A personalidade do professor e a atividade educativa. *In:* FACCI, Marilda Gomes Dias; TULESKI, Silvana Calvo; BARROCO, Sonia Mari Shima (org.). *Escola de Vigotski* – Contribuições para a Psicologia da Educação. Maringá, PR: Eduem, 2009.

MOSCOVICI, Serge. *A Representação Social da Psicanálise*. Rio de Janeiro: Jorge Zahar Editores, 1978.

VITAL, Soraya Cunha Couto. *Formação Continuada de Professores*: uma análise a partir das bases teórico-metodológicas das propostas formativas. 2021. Tese (Doutorado em Educação) – Programa de Pós-Graduação em Educação, Universidade Federal de Mato Grosso do Sul, Campo Grande, 2021. Disponível em: https://posgraduacao.ufms.br/portal/trabalho-arquivos/download/9066. Acesso em: 1 jul. 2022.

LIVE 2

IDAS E VINDAS NAS POLÍTICAS DE EDUCAÇÃO: O QUE ADOECE OS PROFESSORES?[8]

Isabel Passos de Oliveira Santos
Silvia Segovia Araujo Freire

INTRODUÇÃO

Na segunda *live* da série "Educação & Psicologia: divulgando o conhecimento científico", exibida em 20 de agosto de 2021, discutimos sobre políticas públicas, com base em nossas pesquisas de pós-graduação. Iniciamos com a explanação sobre o tema da dissertação/ Unicamp que tratou (A implementação da Lei n.º 10.639/03 no município de Campinas) e seguimos com dados da tese de doutorado em andamento/UFMS ("Saúde psíquica e docência: a concepção do sofrimento/adoecimento psíquico de professores da rede municipal de Corumbá/MS, sob o olhar da Psicologia Histórico-cultural").

A dissertação objetivou pesquisar os caminhos percorridos pela administração municipal de Campinas para implementar a Lei n.º 10.639/03, que dispõe sobre a obrigatoriedade do ensino da história e cultura afro-brasileira e africana nos conteúdos das escolas públicas e privadas, e revelar o silêncio sobre a temática racial nos currículos escolares das escolas da rede municipal por um longo período, tendo em vista que anteriormente à lei federal, haviam duas leis municipais de 1990 e 1998 que pautavam a temática racial nos currículos.

A pesquisa foi realizada abrangendo o período de 1990 a 2008, por meio de análise dos atos normativos publicados no Diário Oficial do Município (DOM) e em documentos oficiais, mas não publicados em DOM.

Trabalhar a questão racial nas escolas, evidenciando a história dos povos africanos e da cultura afro-brasileira, desconstruindo discursos

---

[8] Para assistir a *live* que deu origem a este capítulo, basta acessar o link: https://youtube.com/live/D-Eld7v9Qxk no canal Prof. Ronaldo Alexandrino no YouTube.

que reproduzem a história dos povos sem a devida reflexão, é considerado de extrema importância para o futuro das crianças e jovens negros e afrodescendentes.

Em relação a tese de doutoramento que aborda a concepção do professor sobre o sofrimento/adoecimento psíquico, o objetivo geral foi investigar a concepção do sofrimento/adoecimento psíquico de professores da rede municipal de Corumbá/MS, sob o olhar da Psicologia Histórico-Cultural. Como objetivos específicos para alcançar o objetivo geral, definiu se: a) inventariar os afastamentos de docentes — aposentadorias por doença — e no caso doença psíquica; b) mapear a existência de ações ao bem estar e/ou adoecimento do professor no município de Corumbá MS; c) compreender a concepção da saúde e adoecimento dos profissionais responsáveis pelas políticas de formação da Secretaria Municipal de Educação; e d) traçar o perfil sociodemográfico dos professores da Rede Municipal de Ensino. Foram apresentados alguns dados que já haviam sido tabulados, e o trabalho foi compartilhado conforme estava organizado até o momento.

A tese defendida é que, a partir do silenciamento das emoções, sem conseguir se expressar, o trabalhador adoece trabalha de forma mecanizada e sofre enquanto tem consciência desse processo. Por este motivo, foi enfatizado a importância da linguagem e o desenvolvimento das funções psicológicas superiores.

Dois trabalhos, duas temáticas, duas cidades e estados diferentes, inicialmente, nos pareceram temáticas distantes e quase impossíveis de uma boa articulação. Mas não, ao contrário do que pensávamos, os trabalhos possibilitaram uma articulação mais que favorável para reflexões e construção de conhecimento.

Após a concisa apresentação das pesquisas, o mediador abriu para perguntas e interação, e logo iniciou elucidando que inicialmente parecia a todos trabalhos extremamente distintos, mas que ao ouvir as apresentações, percebeu que os trabalhos tratam de temáticas de extrema relevância por discutirem também a exclusão, o preconceito! Pois o primeiro trabalho discute a questão do racismo e o segundo faz um recorte da história da saúde mental do Brasil, identificando esses sujeitos e abordando a necessidade da sociedade em excluir a partir da definição do que é normal e patológico.

Ambas as pesquisas abordaram também a importância do gestor em fazer parte do processo de mudança, de melhora. Não basta os professores discutirem o racismo e/ou a saúde psíquica, mas cabe aos gestores propiciarem essa discussão e fazerem parte de todo o processo. E mais, além de gestores e professores, é necessário pessoas que entendam e queiram trabalhar com a realidade, conscientes para que as ações possam se efetivar. Ampliar a visão independentemente da função que se exerce.

Diante a exposição inicial, o bate papo, assim chamado pelo mediador, proporcionou ampliarmos a discussão e abordarmos sobre a importância da educação na formação do sujeito e a ampliação do conhecimento como forma de instrumentalização contra os preconceitos diversos, as exclusões, as diferenças sociais.

O negacionismo não teria como passar despercebido na discussão, de como a pandemia escancarou as desigualdades, a falta do conhecimento científico gerou conflitos, e os constantes protestos e discursos ante vacina, e os sucateamento dos recursos da educação e saúde.

O debate foi fortemente e prazerosamente expandido e propiciou ampliar os pensamentos, falas, as participações, as análises, e foram ao longo enfatizando a educação como forma de resistência a partir de um saber elaborado e libertário.

ALGUMAS PERCEPÇÕES

Durante a *live* foi, possível perceber que as discussões nos encaminhavam a compreensão de como a educação pode ser um instrumento de resistência, de transformação. Que o adoecer docente ocorre a partir do momento que o professor se depara com as políticas públicas alienantes existentes, diante as formações nada subjetivas e participativas, mas, sim, autoritárias e formalistas. Que o silenciamento docente acarreta o sofrimento, que o leva até certo ponto a suportar a dor e se calar, mas se persistente, o adoece. E quanto à população negra, infelizmente os alunos negros são a maioria nos índices de repetência e evasão, os que ocupam as carteiras do fundo, os que são acusados pela bagunça, os que apresentam mais dificuldades financeiras e familiares, que vivem à margem da sociedade. Os que não recebem elogios, afagos, ou qualquer expressão desta natureza por parte dos professores. E que, a grande maioria, por isto, não desenvolve uma autoestima positiva, uma identidade, apresentam dificuldade em desenvolver todo seu potencial cognitivo e intelectual.

A desigualdade, tão escancarada durante a pandemia, apenas denunciou uma realidade mascarada por uma sociedade que interfere e/ou manipula as políticas públicas para a permanente exclusão ou desvalorização de seres humanos que contribuem significativamente para o crescimento do país

Mais uma vez nos deparamos com similaridades nos temas da *live*, a precariedade, desigualdade, desvalorização, exclusão, subestimação, entre outros fatores, estão relacionadas aos seres humanos protagonistas das pesquisas discutidas, de forma contundente, verificamos como as políticas públicas podem agredir, excluir e adoecer o ser humano. Contudo, é importante compreendermos o surgimento desse tema enquanto mecanismo de diretrizes e decisões para inúmeras ações do governo.

O surgimento ocorreu a partir da Guerra Fria e da valorização da tecnocracia como maneira de enfrentar suas consequências, tendo como introdutor o americano Robert McNamara.

> O trabalho do grupo de matemáticos, cientistas políticos, analistas de sistema, engenheiros, sociólogos etc., influenciados pela teoria dos jogos de Neuman, buscava mostrar como uma guerra poderia ser conduzida como um jogo racional. A proposta de aplicação de métodos científicos às formulações e às decisões do governo sobre problemas públicos se expande depois para outras áreas da produção governamental, inclusive para a política social. (SOUZA, 2006, p. 22).

Apesar de não existir uma única definição para políticas públicas, muitos pesquisadores sugerem tratar-se de um agrupamento de ações e diretrizes que visam nortear o governo e seus atos. Regem normas, recursos e maneiras de estabelecer funcionamento, financiamento, direitos e deveres aos cidadãos.

> O entendimento dos modelos e das teorias acima resumidos pode permitir ao analista melhor compreender o problema para o qual a política pública foi desenhada, seus possíveis conflitos, a trajetória seguida e o papel dos indivíduos, grupos e instituições que estão envolvidos na decisão e que serão afetados pela política pública. (SOUZA, 2006, p. 21).

Então, mesmo diante da ausência de uma única definição do que seja políticas públicas, entendemos tratar-se de um mecanismo capaz de propiciar a garantia de direitos e melhora na vida dos seres humanos. E, na ausência de tais políticas, verificamos que a maneira como a sociedade se organiza resulta nas diferentes formas de exclusão.

A maneira na qual a sociedade capitalista está organizada, objetivando produção e constantes resultados, induz o ser humano a distanciar-se de si próprio e de suas aspirações. Não somente, também contribui para existência do preconceito e suas diferentes formas de exclusão, e, por esse motivo, a importância de discutir e expandir pesquisas que contribuam para essa discussão.

> Embora os estudos envolvendo o conceito de exclusão social e, orientado para a condução de políticas públicas, sejam recentes, contudo, tem muito que contribuir diante do enfrentamento dos processos sociais excludentes do modo capitalista de produção. (POZZO; FURINI, 2010, p. 91).

Apesar de ouvirmos diferentes relatos da não existência do racismo, que não cabem em pleno século 21 os discursos de ódio, que a igualdade racial é uma realidade, sabemos que não é por esse caminho que os fatos ocorrem. Todos os dias nos deparamos com os jornais noticiando situações que envolvem atitudes racistas direcionadas a crianças, jovens e idosos de diferentes e cruéis formas.

> No Brasil, muitas pessoas proclamam a não existência de racismo. Dizem que não pode haver racismo numa sociedade que funda sua identidade na mistura das raças. No entanto, o racismo é insidioso, ele aparece mesmo em discursos que se pretendem contrários aos preconceitos raciais, como nos discursos abolicionistas ou naqueles que condenavam os preconceitos contra os mulatos. (FIORIN, 2016, p. 63).

A cidade de Campinas, que originou a dissertação que está em discussão neste trabalho, é descrita como um lugar onde diferentes situações de racismo e preconceito no cotidiano são registradas na sua história, além da marca de uma escravidão que foi a responsável pelo acúmulo de capital por parte dos donos das fazendas existentes nesta cidade, mas que não permitiu aos escravos desfrutarem das benfeitorias desta riqueza.

> A cultura brasileira euforizou de tal modo a mistura que passou a considerar inexistentes as camadas reais da semiose onde opera o princípio da exclusão: por exemplo, nas relações raciais, de gênero, de orientação sexual etc. A identidade autodescrita do brasileiro é sempre a que é criada pelo princípio da participação, da mistura. Daí se descreve o brasileiro como alguém aberto, acolhedor, cordial, agradável, sempre pronto a dar um 'jeitinho'. ocultam-se o preconceito e a violência que perpassa as relações cotidianas. esconde-se o que opera sob o princípio da triagem. (FIORIN, 2016, p. 74).

Ainda sobre a organização dessa sociedade neoliberal, no que tange ao sofrimento/adoecimento psíquico docente, Neta, Cardoso e Nunes (2020) estabelecem que o capitalismo, sistema econômico predominante em nossa sociedade, sofreu transformações, durante as últimas décadas, que impactaram expressivamente o mundo do trabalho. Também vivenciou inúmeras crises, nas tentativas de organização nos padrões de funcionamento, gerando vários percalços, entre eles, o adoecimento do trabalhador.

Apesar de entendermos que o sofrimento não é uma exclusividade do professor, vemos atualmente um quadro de negligência e desvalorização dessa classe trabalhadora. E não o bastante, nos deparamos com imposições de novas formas de trabalho devido às adversidades imposta pelo mundo, como é o caso da pandemia.

No ano de 2020, fomos todos surpreendidos com um vírus que revolucionou as formas de manter relações interpessoais, entre elas o trabalho.

Em 30 de janeiro de 2020, a Organização Mundial de Saúde (OMS) declarou que o surto do novo coronavírus constituiu uma Emergência de Saúde Pública de Importância Internacional (Espii) — o mais alto nível de alerta da Organização, conforme previsto no Regulamento Sanitário Internacional. Essa decisão objetivou aperfeiçoar a coordenação, a cooperação e a solidariedade global para cessar a proliferação do vírus. O termo "pandemia" refere-se à distribuição geográfica de uma doença, e não à sua gravidade (OMS, 2020).

Diante da necessidade de manter o distanciamento social para evitar a contaminação em massa, a nova forma de trabalho imposta aos professores por meio do trabalho remoto, utilizando recursos tecnológicos, acarretou inúmeros desafios e preocupações. É de conhecimento de todos que a tecnologia é pouco habitual durante o trabalho docente, e essa nova forma de trabalho acarretou inúmeras consequências para os professores.

> O docente ganhou novas atribuições que ultrapassam o domínio de conteúdos e estratégias pedagógicas envolvendo o processo de ensino e de aprendizagem. A ele, em tempo recorde, foi dada a atribuição de inteirar-se a ferramentas online e adequar-se ao ensino remoto, dando-lhe, inclusive, a responsabilidade de despertar o interesse dos estudantes, mesmo diante de todas as incertezas no âmbito das questões sanitárias. Além de precisar adaptar o conteúdo e as rotinas para um modelo diferente do habitual, vivenciando inclusive experiências pedagógicas síncronas e assíncronas e

> estar disponível para participar de conferências virtuais em horários díspares ao seu trabalho presencial, precisou ajustar a sua casa para receber os alunos e os colegas nas diversas reuniões de trabalho. (PONTES; ROSTAS, 2020, p. 279).

Essas questões foram abordadas na *live* de forma concisa, porém, clara e pertinente. Ao falarmos de políticas, do que adoece os professores, de exclusão, estamos falando da falta do conhecimento, do pouco ou nenhum contato com o conhecimento científico. De como as pessoas vão se deparando com um bate volta, sem avançar, como nos desenhos animados, em busca de tentar o fazer, mas ainda assim, sem desistir, mesmo sabendo de todas as limitações.

No tocante ao trabalho docente, o processo de alienação está presente em sua atividade. O professor, cuja função social é ensinar, a partir do momento em que não mais realiza essa função, não encontra o motivo que impulsiona a sua atividade (FACCI, 2019).

Assim, as precariedades do trabalho docente não surgem a partir da pandemia, mas são situações que ao longo dos anos vem acarretando consequências para o professor e para o seu trabalho.

Zaidan e Galvão (2020) observam que essa situação não se instalou com a pandemia. É, antes, consequência da exasperação de forças conservadoras e neoliberais na política brasileira, que fortalece a exploração da mão de obra, uma vez que o trabalho se apossa de todos os momentos e espaços, como do ambiente de descanso e do lar dos docentes, sem qualquer ressarcimento. Essa situação nem é percebida ou valorizada. Ao contrário, muitas vezes, o trabalho docente é subestimado. Ademais, além de serem tomados por uma situação não prevista, muitos docentes não estão preparados para a utilização das ferramentas de aula remota.

Assim, diante a rica discussão durante a *live*, o resgate de possíveis significados de políticas públicas, a compreensão do modo de organização da sociedade, as diferentes formas de exclusão, o projeto "Educação & Psicologia: divulgando o conhecimento científico" propiciou grandes e intensos aprendizados.

Neste episódio constatamos que a Educação é a única e efetiva maneira de resistir frente a inúmeros ataques de desmontes de políticas públicas que visam uma formação crítica, autônoma e libertária do ser humano.

REFERÊNCIAS

DYE, Thomas D. *Understanding Public Policy*. Englewood Cliffs, N.J.: PrenticeHall, 1984.

FACCI, Marilda Gonçalves Dias. O adoecimento do professor frente à violência na escola. *Fractal: Revista de Psicologia*, v. 31, n. 2, p. 130-142, maio-ago. 2019. Disponível em: https://doi.org/10.22409/1984-0292/v31i2/5647. Acesso em: 26 jul. 2021.

FIORIN, José Luiz. *Cadernos de Estudos Linguísticos*, (58.1), Campinas, p. 63-75 - jan./abr. 2016. Disponível em: https://periodicos.sbu.unicamp.br/ojs/index.php/cel/article/view/8646154/13242. Acesso em: 10 jun. 2022.

MEAD, Lawrence. Public Policy: Vision, Potential, Limits. *Policy Currents* (Newsletter of the Public Policy Section, APSA), v. 68, n. 3, 2015.

NETA, Abília Ana de Castro; CARDOSO Berta Leni Costa; NUNES, Claudio Pinto. O adoecimento docente: um produto do capitalismo. *LES – Linguagem, Educação, Sociedade*, Teresina, Ano 25, n. 46, set./dez. 2020. ISSN 2526-8449 (Eletrônico) 1518-0743 (Impresso). Disponível em: https://revistas.ufpi.br/index.php/lingedusoc/article/view/11083/pdf. Acesso em: 19 jul. 2021.

ORGANIZAÇÃO MUNDIAL DA SAÚDE (OMS), Organização Pan-americana da saúde (OPAS). *Folha informativa - Covid-19 (doença causada pelo novo coronavírus)*, 2020 abr. [acessado 2020 Abr 17]. [cerca de 10 p.]. Disponível em: https://www.paho.org/bra/index.php?option=com_content&view=article&id=6101:covid19&Itemid=875. Acesso em: 18 ago. 2021.

PONTES, Fernanda Rodrigues; ROSTAS, Márcia Helena Sauaia Guimarães. Precarização do trabalho do docente e adoecimento: Covid-19 e as transformações no mundo do trabalho, um recorte investigativo. *Revista Thema*, v. 18 Especial 2020. ISSN: 2177-2894 (online), p. 278-300. Disponível em: https://periodicos.ifsul.edu.br/index.php/thema/article/view/1923. Acesso em: 24 ago. 2021.

POZZO, Clayton Ferreira Dal; FURINI, Luciano Antonio. O conceito de exclusão social e sua discussão. *GEOATOS – Revista Geografia em Atos*, Departamento de Geografia da FCT/Unesp, Presidente Prudente, n. 10, v. 1, jan.-jun. 2010, p. 86-92. Disponível em: https://revista.fct.unesp.br/index.php/geografiaematos/article/view/225. Acesso em: 10 jun. 2022.

SOUZA, Celina. Políticas públicas: uma revisão da literatura. *Sociologias*, Porto Alegre, ano 8, n. 16, jul./dez 2006, p. 20-45. Disponível em: https://doi.org/10.1590/S1517-45222006000200003. Acesso em: 10 jun. 2022.

LIVE 3

ENTRE EXPERIÊNCIAS E EXPECTATIVAS: É POSSÍVEL MELHORAR A ESCOLA![9]

Eder Ahmad Charaf Eddine

A qualidade da escola pública brasileira sempre foi uma preocupação e um desafio. No início do século 20, o *Manifesto dos Pioneiros da Educação Nova*, de 1932 (Manifesto dos pioneiros da Educação Nova [1932] e dos educadores [1959], 2010), apresentava a necessidade de uma organização do sistema escolar. Essa preocupação já era apontada desde o final do século 19, contudo, o manifesto é considerado um dos mais expressivos da história da educação brasileira (SAVIANI, 2007).

As disputas ideológicas de produção de uma escola de qualidade são apontadas por Cury (1984) quando apresenta os conflitos pelos ideais de educação entre católicos e liberais e o pensamento sobre como deveria ser uma escola de qualidade para cada grupo, e cada um dos grupos tinha uma forma de conduzir o planejamento educacional para o Brasil. Disputas que foram se ampliando e criando diversos grupos e subgrupos até os dias atuais. Estes dois grupos, católicos e liberais, acreditavam que uma educação pública de qualidade começava pela formação de professores.

Este capítulo é fruto do diálogo on-line em formato de *live* realizado dentro do estágio pós-doutoral do Prof. Dr. Ronaldo Alexandrino, e ocorreu em agosto de 2021, no qual discutimos as experiências e tentativas de melhorias da educação brasileira a partir da análise de manuais didáticos de psicologia que foram utilizados em cursos de formação docente entre 1930 e 1950 (EDDINE, 2013). Elencamos o desenvolvimento humano e a aprendizagem como objeto de estudo por considerar que são conteúdos que formam a base da psicologia na compreensão de processos educacionais e escolares dos sujeitos.

---

[9] Para assistir a *live* que deu origem a este capítulo, basta acessar o link: https://youtube.com/live/vemBCrKcJuo no canal Prof. Ronaldo Alexandrino no YouTube.

Com isso, o presente trabalho traz os discursos sobre desenvolvimento e aprendizagem presentes em manuais didáticos de psicologia educacional escritos entre as décadas 30 e 50 do século 20, a pesquisa foi realizada durante o mestrado em educação do autor na Universidade Federal de Mato Grosso do Sul (UFMS) entre os anos de 2009 e 2011 e orientada pela Prof.ª Dr.ª Sonia da Cunha Urt. As datas dos manuais foram escolhidas por ser considerado o período de consolidação da Psicologia no Brasil (ANTUNES, 2005). A análise foi realizada a partir das categorizações dos discursos dos manuais utilizando a Psicologia Histórico-Cultural (VIGOTSKI, 1999), aporte teórico que sustenta as análises.

No período selecionado, destaca-se que as universidades, recém-criadas[10], também se utilizaram dos conhecimentos da Psicologia Educacional em seus cursos de licenciatura, incorporando os laboratórios de Psicologia de Institutos de Educação, hospícios e Escolas Normais. Assim, para alguns estudiosos, a Psicologia deixa o autodidatismo e ganha fôlego na construção de disciplinas que formarão os novos profissionais.

Os livros-texto e manuais didáticos de Psicologia Educacional são fontes de pesquisas para a compreensão da época em que são escritos e das teorias veiculadas e consagradas como importantes para a consolidação da disciplina. Para a presente pesquisa, o encontro dos manuais se deu a partir da consulta dos bancos de dados de três Instituições de Ensino Superior, consideradas as primeiras a terem cursos de licenciatura e a aglutinar os primeiros Laboratórios de Psicologia das Escolas Normais e dos Institutos de Educação: os bancos da Universidade Federal de Minas Gerais (UFMG), da Universidade de São Paulo (USP) e da Universidade Federal do Rio de Janeiro (UFRJ).

Ao compreender as concepções sobre o desenvolvimento humano e a aprendizagem no Brasil e, principalmente, no período de consolidação da Psicologia, faz-se necessário buscar, nos manuais, o desenvolvimento das ideias psicológicas que sustentam as bases dessas concepções, porque a sua história começa com elas e pressupõe continuidade.

---

[10] Importante destacar que, no Brasil, até 1920, havia alguns cursos superiores profissionalizantes trazidos pela Corte Portuguesa para o Brasil. A criação, institucionalização e consolidação universitária brasileira acontece entre os anos de 1920 (criação da Universidade do Rio de Janeiro) e 1968 (ano da Reforma Universitária) (MENDONÇA, 2000; FÁVERO, 2006).

OS DISCURSOS SOBRE DESENVOLVIMENTO E APRENDIZAGEM

Os discursos sobre "aprendizagem pela concepção inatista" contêm concepções como: aprender como atividade instintiva, prontidão, maturidade para aprender e aprendizagem por interesse.

Nos manuais, encontramos o aprender como atividade instintiva, que compreende a aprendizagem como atividade instintiva e estabelece que a aquisição dos hábitos e ideias parte de impulsos inatos. Esta visão está apresentada no livro de Santos (1947, p. 170), quando o autor relata que:

> Para Mc Dougall, a aprendizagem é aquisição de hábitos ou de indéias, baseada nos impulsos inatos, de modo que a mesma só se realiza quando os *motivos* do educando forem despertados. a aprendizagem é, portanto, uma atividade instintiva que se desenrola no sentido de uma "finalidade desejada". Não basta a presença do estímulo para que o organismo produza reação, é necessário que o educando "já esteja ativo e deseje atingir um fim". (SANTOS, 1947, p. 170, grifo do autor).

No trecho, fica visível a compreensão funcional do instinto, do aparato inato no indivíduo. Rudolfer (1938, p. 377) também esclarece que a efetivação da aprendizagem só ocorre quando os motivos do educando forem despertados, que os instintos são bases do comportamento humano, e que as aquisições de ideias ou de hábitos são fundamentadas nos impulsos inatos.

Encontramos, nos manuais, a concepção de que a imitação é instinto e que por ela provém a principal fonte de aprendizagem:

> O instinto de imitação – todos sabem o quanto a criança é imitadora. Quase poderíamos definir o homem como 'um animal que imita'. Já mostramos que a maior parte da nossa aprendizagem se faz por imitação (FONTOURA, 1959, p. 320).

Em Santos (1947, p. 146), a imitação é "[...] a tendência para reproduzir o que se vê ou o que se ouve".

Outra forma de compreender a aprendizagem seria pela "Prontidão, maturidade para aprender", encontra-se conceitos tais como: Prontidão "[...] é quando nosso organismo está pronto para determinada aprendizagem" (FONTOURA, 1959, p. 300). Em outro trecho, a prontidão para aprender foi relacionada com a escola "[...] é preciso adequar a aprendizagem ao estado de *prontidão*. Também não adianta forçar a natureza" (FERRAZ, 1957, p. 160, grifo do autor).

A "aprendizagem por interesse" compreende que "[...] o interesse é o que num dado momento nos importa, o que tem um valor de ação, porque corresponde a uma necessidade. [...] O interesse é condição fundamental do ato de aprender" (SANTOS, 1947, p. 163).

Temos nos manuais a aprendizagem como interação de fatores externos e internos, e neles encontram-se concepções como aprender pela experiência e prática, Aprendizagem por ensaio e erro e Estímulo-Organismo-Resposta. Neste eixo, a aprendizagem é vista na interação ou junção de fatores externos e internos.

No trecho a seguir, visualizamos a concepção sobre aprender pela experiência e prática:

> Aprendizagem vem a ser, portanto, aquisição de experiencia, e escola não será seinão exercício específico destinado a integrar a aprendizagem e que não difere absolutamente de vida, por isso que as experiencias sociais integram a aprendizagem. (AZEVEDO, 1936, p. 226).

Em Fontoura (1959, p. 281), é encontrada a afirmativa de que "aprender não é saber apenas — é saber fazer". Em aprendizagem por ensaio e erro, há a compreensão de que a aprendizagem se faz ao acaso até ocorrer o ensaio, então errar até conseguir e repetir ou não no princípio de prazer ou desprazer do organismo, isto é, repetir o que provém do prazer e descartar o que dá desprazer:

> Em toda aprendizagem motora, a princípio, os movimentos são feitos sem coordenação adequada. Os erros são, por isso, numerosos. Mas, à medida que os ensaios vão sendo repetidos, os reflexos se formam, a coordenação motora aumenta, e, portanto, os erros diminuem. (FONTOURA, 1959, p. 340).

Em Santos (1947, p. 166), vemos a explicação do que seria a aprendizagem por ensaio e erro e a crítica a esta concepção:

> A aprendizagem se realiza, portanto, segundo Thorndyke, mediante a aquisição, por "ensaio e êrro", de certas formas de comportamento, em virtude do efeito, agradável ou desagradável, que produzem. As formas agradáveis se fixam, porque tendem a repetir-se. As desagradáveis se eliminam, por não tender o organismo a repetí-las. A aprendizagem se restringe,

assim, a uma simples formação mecânica de hábitos destituida de qualquer disserninmento ou compreensão.

Nos discursos sobre "estímulo-organismo-resposta", há a concepção de que os estímulos para uma determinada resposta passam pelo organismo que aceita, ou não, produzir uma determinada resposta:

> O comportamento não se reduz, portanto, ao esquema S-R dos behavioristas, mas à fórmula S-O-R, isto é, estímulo, organismo e reação. Daí o motivo pelo qual a teoria dinamica não pode ser considerada como uma interpretação verdadeiramente associacionista da aprendizage. Pela importância que empresta, não só à atividade *interna*, como à *externa*, do psiquismo. (SANTOS, 1947, p. 168, grifos do autor).

Quando se fala na aprendizagem como interação de fatores externos e internos, trata-se de uma sobreposição dos movimentos externos e internos, isto é, quando estes estão articulados como uma interação de fatores em que um sobrepõe ou se ajunta ao outro.

Encontramos também a aprendizagem ambientalista que compreende concepções que se baseiam em aprendizagem provindas, principalmente, do meio, como: adquirir hábitos e, reflexo condicionado e condicionamento estímulo-resposta.

Por adquirir hábitos, entende-se que aprender é sinônimo de adquirir hábitos, novos ou não, como esclarece Ferraz (1957, p. 153) quando diz que "[...] aprender é adquirir hábitos, isto é: maneiras adquiridas e estabilizadas de agir, de sentir e de pensar". Em Fontoura (1959, p. 96), encontra-se a seguinte afirmativa:

> Hábitos - o psiquismo da criança, na segunda infância é muito tenro, muito maleável, como barro novo. Por isso, com facilidade adquire ela hábito, bons ou maus. Daí a necessidade transmitir-lhe comportamentos e atitudes certos nessa época, que gravarão bastante em sua vida.

Nesse sentido, em Ferraz (1957, p. 158), há a seguinte explicação sobre os hábitos:

> Quando nos suportes naturais reflexo-instintivo, de natureza predominantemente biológica ou psicofísiológica, se estruturam comportamentos que inexistiriam sem aprendizagem, dizemos que se trata de conduta adquirida ou hábito.

Muito próximo do discurso sobre "adquirir hábitos" está o reflexo condicionado ou condicionamento por estímulo-resposta, que são as aprendizagens baseadas em reações condicionadas pelo meio:

> Baseados em Pawlow verifocaram os psicólogos que tudo (ou quase tudo) na vida é condicionamento ou reflexo condicionado: seja aprender a não tocar nos óculos da mãe, ou correr para a mesa ao sinal que indica comida, ou a cumprimentar aspessoas conhecidas [...]. (FONTOURA, 1959, p. 279).

Em Rudolfer (1938, p. 367), há a explicação do que é condicionamento e, igualmente, a diferença entre esta concepção e a do ensaio e erro:

> Os movimentos feitos ao acaso, por ensaio e erro, se organizam segundo uma determinada sequencia de unidade de comportamento, que é sempre um conjunto de reacções condicionadas. Watson oppõe-se á explicação de Thorndike, relativa ao effeito retroactivo do agradável ou do desagradável, explicação essa que elle considera não objectiva, uma vez que da a entender a existencia de forças mentaes em acção, — prazer ou satisfação, aborecimento ou insatisfação.

A diferenciação entre o reflexo condicionado e o ensaio e erro é vista em Santos (1947, p. 167), que também faz uma crítica a esta concepção, quando diz que:

> Na concepção behaviorista, o homem nada mais representa do que uma máquina de reações mecâncanicas, "respondendo" a estímulos, de acôrdo com o esquema S-R. Daí a crítica que fazem à teoria hedônica de Thorndyke, formulada, segundo Watson, em termos subjetivistas, uma vez que faz depender a aprendizagem do prazer ou do desprazer, o que significa dar relevo a processos mentais internos.

Sobre desenvolvimento humano e os discursos que apresentam o desenvolvimento como "concepção evolucionista", encontram-se noções de desenvolvimentos humano baseados em fases e estádios, hereditariedade e hereditariedade e meio.

As "fases e estádios o desenvolvimento" são pensadas numa escala evolutiva que segue determinados padrões, fases e estágios, que são homogêneos para todos os seres humanos:

> Podemos assinalar na vida humana três fases evolutivas: a) *fase de crescimento*, que abrange a vida fetal, a infancia e a adolescencia; b) *fase da maturidade*, ou idade adulta, que compreende o período que vai dos vinte e cinco aos quarenta

anos; c) *fase da velhice*, que é o período do declínio biológico cujos limites não se podem precisar com segurança, mas que, geralmente, se inicia aos cincoenta anos de idade. (SANTOS, 1947, p. 123, grifo do autor).

Em outro exemplo, Fontoura (1959, p. 46) divide as fases intrauterinas:

> A vida intrauterina dura, como todos sabem, 9 meses, que podem ser divididos em 3 fases:
> a) Fase da vida germinal;
> b) Fase da vida embrionária;
> c) Fase da vida fetal.

Nos discursos sobre hereditariedade, encontram-se concepções com base em heranças genéticas: "Hereditariedade — constitui a condição básica do crescimento normal. Influi sobre os limites e o ritmo do crescimento. É a hereditariedade que confere aos indivíduos a estatura peculiar à raça" (SANTOS, 1947, p. 127-128). Em outro exemplo, tem-se, a afirmação de que:

> É muito grande, portanto, a influência *da hereditariedade* sobre cada indivíduo, embora não seja absoluta, mas expressa em forma de *tendência*. A criatura *tende* a reproduzir os traços físicos, intelectuais e morais de seus pais (FONTOURA, 1959, p. 51, grifos do autor).

Em hereditariedade e meio, tem-se as concepções que fazem a junção das relações hereditárias com o meio ambiente:

> Dêsse caráter plástico dos elementos hereditários derivam a ação poderosa que o meio e a educação exerce, sôbre o desenvolvimento da criança. A hereditariedade, o meio e a educação conjugam, assim, as suas influências na formação da personalidade humana. (SANTOS, 1947, p. 143).

A partir do exposto até aqui, pode-se pensar que o manual, como instrumento que transmite conhecimento, está embasado em visões sobre a constituição humana, assim, os conteúdos encontram-se na visão de mundo correspondente ao que se pode considerar objetivismo, subjetivismo e interacionismo.

No objetivismo, o homem é entendido como produto do meio, a Psicologia é baseada nos dados externos passíveis de observação direta e de mensuração. Procura, assim, relacionar o psíquico e sua evolução ao desenvolvimento dos organismos no processo de adaptação ao meio.

Freitas (1995, p. 55) esclarece que a Psicologia objetivista, principalmente a de Watson, baseia-se na impossibilidade de conhecer a consciência, pois, "[...] só o comportamento é passível de conhecimento". Assim, ao aproveitar dos resultados da investigação científica e experimental, a Psicologia aplica seus conhecimentos à educação e ao ensino, estudando questões relacionadas à aprendizagem, diferenças individuais e Psicologia do Desenvolvimento.

Ao explicar a visão objetiva do homem, Japiassu (1975, p. 24, grifos do autor) esclarece que:

> Enquanto organismo material, o corpo é reduzido a uma *máquina*, com a mesma constituição dos sistemas materiais não-vivos e das máquinas construídas: máquinas que não exigem, para explicar o funcionamento biológico e vegetativo do corpo, senão aquilo que serve para fornecer uma explicação do comportamento físico-mecânico do universo. Assim, o homem é apenas um mecanismo do fragmento do mecanismo universal. Ele está submetido às necessidades do determinismo universal, conceitualmente fechado entre si mesmo e deixando de fora esta 'fechadura' epistemológica toda a atualidade de seu fato psíquico-mental: sensibilidade, afetividade, consciência. Por sua vez, enquanto unidade personalizada de vida mental, a 'alma' aparece pura e simplesmente como uma atualidade não-física, inexplicavelmente associada à máquina corporal, em contato com qual ela se desenvolve, de acordo com os funcionamentos materiais dessa máquina.

Essa explicação objetivista do homem enxerga a pessoa como algo que pode ser observado e compreendido a partir de seus comportamentos exteriores.

No subjetivismo, o homem é visto como ser autônomo e livre, não determinado pelo ambiente social, baseando-se nas tendências e predisposições naturais. Para Freitas (1995, p. 62), nesta direção subjetivista, a Psicologia reconhece a predominância do sujeito sobre o objeto do conhecimento, valorizando sua atividade e criatividade. "Todo conhecimento é visto como anterior à experiência".

Scalcon (2002, p. 32) esclarece que a Psicologia subjetivista:

> [...] nega tacitamente a existência de qualquer coisa fora do homem, o que atribui ao processo educativo a tarefa de exaltar as predisposições naturais do educando e de suas necessida-

des, adaptando-as às condições ideais, paradoxalmente, por ele mesmo criadas.

Ou seja, na visão subjetivista, o homem é o ser central no processo de aprendizagem e desenvolvimento.

Já no interacionismo, rompe-se com a dicotomia existente entre o subjetivismo e o objetivismo e tenta-se aproximar cada vez mais estas duas concepções. Cria-se, assim, uma concepção que agrega e aproxima as duas tendências expostas.

CONSIDERAÇÕES

Os manuais foram considerados um instrumento de mediação que porta, em seu conteúdo, as concepções de homem e de mundo presentes na sociedade. Por isso, as concepções veiculadas nos manuais estão no bojo das relações da época.

Durante a construção deste trabalho, evidenciou-se que, à época contemplada, a Psicologia no Brasil encontrava-se constituída com suas bases experimentais e serviu para dar suporte aos novos processos educacionais, ganhando notoriedade. Já com status de ciência, começa a ser empregada na atuação das resoluções de problemas demandados pelas novas relações educacionais.

A sociedade brasileira passa de um processo socioeconômico de agrário-exportador para urbano-industrial com fortes ideários liberais. Com isso, há, uma visão de que a educação possa auxiliar na construção de uma nova sociedade. Constituem-se, então, os novos profissionais da educação, com seus ideais de educar a todos da nação para romper com o atraso econômico do país. Assim, as ciências que auxiliariam nesse processo seriam a Filosofia, a Biologia, a Psicologia e, principalmente, a Sociologia. Um destaque se faz necessário para o fato de que, à época, não existiam psicólogos de formação no Brasil. Por isso, quem assume a função de psicólogo são os formados em Medicina, Direito, Filosofia e Sociologia, e, mais tarde, os formados pelas Escolas Normais.

Os resultados encontrados na pesquisa evidenciam os conteúdos políticos e econômicos do período, pois trazem concepções de desenvolvimento humano e aprendizagem, que denotam o auxílio na construção de um país liberal. O que se percebe é que predominam, no país, as concepções funcionalistas advindas dos Estados Unidos e da Europa e seus conceitos pragmatistas.

Na análise dos manuais, percebeu-se que seus autores não são neutros com relação à determinadas vinculações político-religiosas, pois, alguns, são explícitos ao afirmar que se vinculam à igreja e/ou ao movimento dos Pioneiros da Educação Nova.

Os conteúdos sobre o desenvolvimento humano e a aprendizagem presentes nos manuais mostram uma valorização da infância, mais precisamente da criança, dos processos biológicos destas, de como elas aprendem e quais as melhores técnicas para se aprender. Tais compreensões estão totalmente de acordo com o novo modelo social, pois valorizam as técnicas de aprendizagem as pesquisas experimentais sobre o processo de aprender. Esses entendimentos valorizam a experiência e o professor torna-se um educador, pois este não ensina conteúdos, ensina a vida.

Um discurso que apresenta que é na infância a melhor fase para educar, pois a criança de hoje será o adulto de amanhã, um cidadão educado para resolver problemas de sua sociedade e para agir nesta sociedade. É visto, também, uma relação muito importante com a técnica, em vários sentidos, na verificação da aprendizagem, nas formas de educar e, principalmente, no entendimento do aluno, isto é, os conhecimentos técnicos oriundos da Psicologia garantiam ao educador ser um profissional habilitado

A escola torna-se o espaço privilegiado para a aprendizagem e desenvolvimento da criança. O ambiente escolar deve ser uma sociedade em miniatura, a réplica da vida real.

Nos manuais, é visível o pensamento de que educação não é instrução. A nova forma de educar não deve ser uma maneira de criar um aluno no psitacismo, pois preconiza que educação só é efetivada pela experiência. O educador, então, tem que despertar o interesse no educando, tem que estar de acordo com as suas necessidades e não deve ser autoritário. Este tipo de educação requer o mínimo de conteúdo e valoriza a prática, que requer, de acordo com os manuais, uma situação da vida real.

A ação é louvável: a falta dela aborrece o aluno. E esta ação surge de uma inclinação própria do educando, uma tendência natural que deve ser interagir com o meio, pois, assim, ele criaria novos hábitos. Ou seja, a educação é uma adaptação do indivíduo ao meio.

São encontrados alguns discursos que buscam relações entre classes socioeconômicas e aprendizagem. As crianças provenientes de meios pobres, de famílias sem recursos, segundo alguns manuais, apresentam visível retardamento mental, ou até mesmo um atraso na aprendizagem e no desenvolvimento. Esses discursos apresentam uma visão sociologista da constituição do sujeito, justificando uma imutabilidade de classe e incapacidade de aprendizagem. Discursos que sempre retornam entre profissionais da educação para justificar o fracasso escolar de crianças pobres.

É muito patente a questão de adaptar várias teorias e juntá-las para, numa tentativa de aproximá-las, construir uma teoria que seja útil às futuras educadoras. Infere-se, então, que as teorias são adaptadas de acordo com os princípios de sua funcionalidade. Acrescenta-se, a isto, a questão que alguns manuais trazem de forma muito sintética: os conteúdos e teorias sobre o desenvolvimento humano e a aprendizagem.

Percebeu-se que, na década de 1930, não há muita produção/discussão sobre o desenvolvimento humano e que, nas duas décadas seguintes, o volume de conteúdo, tanto para o desenvolvimento quanto para a aprendizagem, aumenta significativamente. Pode-se pensar que há uma maior procura para estas questões no ensino de Psicologia Educacional que, na década de 1930, o desenvolvimento estava muito associado à aprendizagem, sendo praticamente sinônimos, o que muda muito pouco nas décadas posteriores. Porém, os capítulos sobre desenvolvimento físico e mental e os processos de aprendizagem já estão separados e os conceitos de desenvolvimento, mesmo muito próximo ao de aprendizagem, já estão em destaque. Também é muito forte a questão da crítica a algumas teorias da aprendizagem, consideradas mecanicistas, pois consideram o homem como uma máquina de reações nervosas, sem os impulsos e a atividade espontânea a criadora.

As críticas apontadas pelos autores não reconhecem os processos dialéticos da relação indivíduo e meio, pois não vão além da valorização da interação de fatores internos e externos, de uma sobreposição, de um em detrimento do outro, ou, até mesmo, na junção de ambos, mas não superadas até a atualidade. As visões de desenvolvimento humano e de aprendizagem, evidenciadas neste trabalho, só foram se aperfeiçoando e modificando, mas não superadas. Na atualidade, em grande parte, ainda se encontra essas visões fundamentando a educação e suas práticas.

As concepções de desenvolvimento e aprendizagem reveladas nos manuais analisados expressam concepções de homem proveniente do modelo liberal e uma visão de educação como criadora de hábitos, de adaptação ao meio e de mantenedora do progresso social e econômico.

Importante salientar que os manuais de Psicologia Educacional foram importantes para a construção de uma disciplina que trouxe várias contribuições para o terreno educacional, como o reconhecimento da singularidade da criança, os estudos de suas capacidades cognitivas, a valorização do sistema escolar e, principalmente, a explicação dos conteúdos do desenvolvimento humano e da aprendizagem.

Deparamo-nos, à época, com concepções que, de certa forma, superavam as visões predominantes nos manuais e que foram pensadas por considerarem todas as contribuições anteriores e, mais ainda, por considerarem o homem em suas construções histórica, social e cultural. Esta maneira de entender o homem já estava sendo gestada, no período, com as pesquisas de Manoel Bomfim (1868-1932), como apontam os estudos de Portugal (2010) e de Antunes (2016). Contudo, essas pesquisas não chegaram a ser mencionados nos manuais pesquisados.

Este estudo revelou que o entendimento das concepções vigentes na atualidade está ligado nas suas premissas básicas com os conceitos do início do século 20 e que estes, desde à época, não contemplam as relações concretas dos sujeitos. As visões relatadas estão embasadas num individualismo, e segundo Miranda (1999, p. 3):

> Esse culto ao individualismo constitui uma das manifestações de um processo histórico que dá origem, mantém e fundamenta a sociedade capitalista e tem sua base no fato de que o capitalismo necessita que os indivíduos sejam "livres" e desembaraçados para produzir, consumir e concorrer entre si. Nessa perspectiva, torna-se fundamental privilegiar o indivíduo em detrimento da sua condição de ser social, pertencente a uma universalidade, a uma sociedade, a uma classe social.

A Psicologia Educacional do período não foge da concepção de homem veiculada na sociedade e na educação. E, assim, ao estudar o desenvolvimento humano, deve-se considerar que se trata de:

> [...] um ser social, histórico e político. Só podemos compreendê-lo bem se tivermos sempre presente essa sua condição essencial. Mesmo quando estudamos o desenvolvimento do homem como indivíduo isolado, não é possível despregá-lo da complexa rode de relações que se estabelecem entre o indivíduo e a sociedade. (MIRANDA, 1999, p. 2).

As duas citações anteriores são importantes para finalizar este capítulo, porque apresentam que o desenvolvimento humano e aprendizagem devem ser considerados no processo integral, na sua totalidade, na sua concretude e no seu movimento permanente, constante do ir e vir. Assim, encontramos uma nova forma de pensar o desenvolvimento humano e a aprendizagem e, desde a década de 1980, no Brasil, entram em disputa para trazer mais qualidade ao ensino e são fundamentais para a compreensão social histórica e cultural do sujeito.

REFERÊNCIAS

ANTUNES, Mitsuko Aparecida Makino. *A Constituição da Psicologia no Brasil*. São Paulo: Educ, 2005.

AZEVEDO, Nelson Cunha de. *Psicologia Educacional*. São Paulo: Companhia Editora Nacional, 1936.

CASASANTA, Guerino. *Manual De Psicologia Educacional*: para os cursos de formação de professores e administração escolar dos institutos de educação. São Paulo: Editora do Brasil, 1950.

CURY, Carlos Roberto Jamil. *Ideologia E Educação Brasileira*: católicos e liberais. São Paulo: Cortez/Autores Associados, 1984.

EDDINE, Eder Ahmad Charaf. *Desenvolvimento e Aprendizagem em Manuais Didáticos da Psicologia Educacional*. Jundiaí: Paco Editorial, 2013.

FÁVERO, Maria de Lourdes de Albuquerque. A Universidade no Brasil: das origens à reforma universitária de 1968. *Educar em Revista*, 28, p. 17-36. 2006. Disponível em: https://Www.Scielo.Br/J/Er/A/Ycrwppnggsbxwjcmlspfp8r/Abstract/?Lang=Pt. Acesso em: 24 nov. 2022.

FERRAZ, João de Sousa. *Noções De Psicologia Educacional*. São Paulo: Edição Saraiva, 1957.

FONTOURA, Amaral. *Psicologia Educacional*: para as faculdades de filosofia, institutos de educação e escolas normais. Rio de Janeiro: Gráfica Editora Aurora, 1959.

FREITAS, Maria Teresa de Assunção. *Vygotsky e Bakhtin - Psicologia e Educação*: um intertexto. São Paulo: Ática, 1995.

JAPIASSU, Hilton. *Introdução à Epistemologia da Psicologia*. Rio De Janeiro: Imago, 1975.

MANIFESTO DOS PIONEIROS DA EDUCAÇÃO NOVA (1932) e dos Educadores (1959). Recife: Fundação Joaquim Nabuco, 2010.

MENDES, Justino. *Psicologia Educacional*: Conforme o programa das escolas normais de 1° e 2° graus. Belo Horizonte: Livraria Católica Do Ginásio Arnaldo, 1940.

MENDONÇA, Ana Waleska P. C. A Universidade no Brasil. *Revista Brasileira de Educação*, p. 131-150, 2000. Disponível em: http://Www.Anped.Org.Br/Rbe/Rbedigital/Rbde14/Rbde14_09_Ana_Waleska_P_C_Mendonca.Pdf. Acesso em: 24 nov. 2022.

MIRANDA, Marilia Gouvea de. *Psicologia Do Desenvolvimento*: o estudo da construção do homem como ser individual. Educativa, 1999. p. 45-62.

PORTUGAL, Francisco Teixeira. Psicologia e história no pensamento social de Manoel Bomfim. *Estudos e pesquisas em Psicologia*, Rio de Janeiro, ano 18, v.10, n. 2, 2010. Disponível em: http://www.revispsi.uerj.br/v10n2/artigos/html/v10n2a18.html. Acesso em: 24 nov. 2022.

RUDOUFER, Noemy da Silveira. *Introducção à Psychologia Educacional*. São Paulo: Editora Nacional, 1938.

SANTOS, Teobaldo Miranda. *Noções de Psicologia Educacional*: de acordo com os programas das faculdades de filosofia, dos institutos de educação e das escolas normais. São Paulo: Editora Nacional, 1947.

SAVIANI, Demerval. *Histórias Das Ideias Pedagógicas No Brasil*. Campinas: Autores Associados, 2007.

SCALCON, Suze. *À Procura Da Unidade Psicopedagógica*: articulando a psicologia histórico-cultural com a pedagogia histórico-crítica. Campinas: Autores Associados, 2007.

VIGOTSKI, Lev Semionovitch. O Significado Histórico Da Crise Da Psicologia. *In*: VIGOTSKI, Lev Semionovitch. *Teoria E Método Em Psicologia*. São Paulo: Martins Fontes, 1999. p. 203-420.

LIVE 4

MULHERES EM CONSTRUÇÃO: (RE)CONSTITUIÇÕES EM MOVIMENTO – DO MOCAMBO À REGIÃO PANTANEIRA[11]

Celia Beatriz Piatti
Ivonete Aparecida Alves

O que chama a atenção logo de início nesta prosa encetada a partir da *live* que foi veiculada no canal do professor Ronaldo Alexandrino é justamente a questão geográfica, a localização e seu profundo significado imbricado na expressão "do mocambo à região pantaneira". Dois lugares no interior profundo da América Latina, no país chamado Brasil, justamente devido a uma riqueza natural: o pau brasil, hoje feito ouro vermelho, acalentado em viveiros para restaurar a profunda devastação de suas belas árvores traficadas para fora da nação.

Os dois espaços também conversam porque as professoras que lecionam nos dois locais lutam incessantemente para que as crianças, os jovens e as pessoas adultas possam ter acesso à educação, uma vez que, como cidadãos do Brasil, esse acesso, em tese, já deveria estar garantido. Na pandemia da Covid-19, caíram as cortinas que encobriam realidades diversas e essas regiões foram aproximadas em uma conversa virtual, na qual o diálogo trouxe para a conversa as mulheres, que se constituem e (re)constituem nas atividades educativas tanto no Mocambo, em Presidente Prudente/ SP, como em Corumbá, na região do Pantanal.

CONSTITUIR-SE PROFESSORAS NA REGIÃO PANTANEIRA

Para realizar a pesquisa intitulada "A constituição das professoras em escolas da região pantaneira: uma análise histórico-cultural"[12], foram

---
[11] Para assistir a *live* que deu origem a este capítulo, basta acessar o link: https://youtube.com/live/VojDV9No2bE no canal Prof. Ronaldo Alexandrino no YouTube.

[12] Tese (Doutorado) – Universidade Federal de Mato Grosso do Sul, Programa de Pós-Graduação em Educação. Disponível em: https://ppgedu.ufms.br/. Acesso em: 15 set. 2022.

organizadas viagens para conhecer essas escolas, para isso, percorremos caminhos distantes, viagens longas, que aos poucos desvendaram, em um movimento lento, estradas de difícil acesso, com pontes íngremes, algumas precárias, forçando-nos a desvios para atravessar até o outro lado.

É uma paisagem privilegiada. Aos poucos, o Pantanal se apresenta em cores vivas e com vida em movimento. O silêncio da estrada é rompido e a grande aventura de adentrar o Pantanal se inicia. O sol começa a esquentar e aos poucos um calor de quase 40 graus vai tornando a viagem longa e cansativa, no entanto uma viagem sempre gera expectativas: conhecer o lugar escolhido, as pessoas, os costumes e viver um momento especial. Essa viagem, além destas expectativas, também aguçou a curiosidade da pesquisadora para conhecer o lugar, a escola, as professoras que vivem e trabalham no local. Viagem que nos conduz às "escolas da terra" consideradas assim por apresentarem condições de tráfego via estradas vicinais com transportes terrestres.

Nossa viagem também incluiu conhecer as "escolas das águas", aquelas que ficam do outro lado do rio Paraguai, onde a única forma de se chegar é de barco ou de avião. Caso a travessia seja realizada de barco, ela dura em média oito horas, dependendo do clima, ou seja, em caso de dias chuvosos, não é possível; também em dias quentes, o calor de quase 40 graus torna a viagem desgastante e lenta. Se a viagem for feita de avião de pequeno porte, o trajeto leva duas horas, pois quase todas as fazendas dessa região são preparadas com estrutura para pouso.

Em nosso caso, a viagem foi realizada de avião, em uma manhã ensolarada. Da janela do avião salta uma beleza ímpar, de onde temos a oportunidade de ver a região do alto, por completo. É como se todas as fotos e as imagens já vistas em livros e em folhetins turísticos se materializassem diante de nós.

Um Pantanal verde, já com indícios de cheia, revela a dificuldade de locomoção para chegar a algumas fazendas, como a que visitamos. Durante o voo, já é possível vivenciar o contexto de nossa investigação. Um Pantanal desconhecido, escondido, isolado, em meio a toda a fauna e a flora, que constituem um imenso ecossistema.

Ao observar a paisagem, é possível compreender a vegetação pantaneira, o processo das cheias, a vida das pessoas dessa região e as dificuldades encontradas quando as chuvas chegam, sendo preciso buscar alternativas para sobreviver no local. A contemplação é um misto de emoções entre o voo e a curiosidade da pesquisadora.

As viagens nos levam às escolas, lócus da pesquisa, localizadas no Pantanal sul mato-grossense, a fim de compreender a constituição das professoras que atuam em espaços educativos na região do Pantanal, explicitando como se dá a apropriação da cultura que perpassa o processo educativo.

Com base na Teoria Histórico-Cultural em consonância ao método Materialismo Histórico-Dialético, estabelecemos interlocuções com diferentes áreas de conhecimento. Alvo de estudos em vários campos das ciências, na Antropologia, na Filosofia, na Sociologia e na Psicologia, o termo cultura vem carregado de concepções e de diferentes aspectos e isso o torna complexo e, portanto, sua natureza teórica exige uma reflexão sobre a concepção de cultura enquanto categoria de análise, bem como as possíveis dimensões de sua configuração e emprego. Nesse sentido, o termo cultura pode ser analisado a partir de diferentes conceitos e enfoques distintos que, às vezes, se distanciam e/ou se complementam.

Na obra de Vigotski[13] (1995), na perspectiva histórico-cultural, podemos considerar que a cultura se concretiza a partir dos instrumentos e signos, os quais podem ser representados tanto pelo elemento material como pelo elemento psíquico.

Compreendemos que, diante da escolha teórico-metodológica, a proposta é estudar o sujeito historicamente, o que implica reconhecer e conhecer a sua constituição na totalidade, em processos que se constituem em movimentos sociais e dialéticos, que são apropriados pelos sujeitos em sua singularidade.

Vigotski apontou o sujeito como o objeto por excelência da psicologia. Para ele,

> As objetivações que este realiza no mundo, tanto são produtos de apropriações passadas quanto são processos em movimento de transformação tanto de si quanto do contexto do qual é parte/partícipe, movimento este que se apresenta como em aberto, impulsionado por possibilidades de vir a ser. (ZANELLA et al., 2007, p. 28-29).

Diante dessa afirmativa encontra-se a influência do método, pois o sujeito é aqui concebido em sua historicidade. O Materialismo Histórico-Dialético ocupa esse lugar na relação em que "O método tem que ser adequado ao objeto que se estuda" (VIGOTSKI, 1995, p. 45).

---

[13] Autor de origem russa, seu nome apresenta-se em diferentes grafias nas obras traduzidas. Para padronizar, em nossa pesquisa, utilizaremos Vigotski, porém, nas referências bibliográficas e citações respeitaremos a grafia da obra consultada.

Calcar os estudos na Teoria Histórico-Cultural, cuja base é o Materialismo Histórico-Dialético, é adotar os princípios do método. Vigotski (1995) demonstrou a necessidade de apresentar princípios que dão sustentação à análise, levando-se em consideração a história e a dialética como base. Assim, o autor revela que em uma investigação é necessário dar ênfase à análise do processo e não do produto, uma vez que o objeto de pesquisa não é pronto, mas é necessário indagá-lo rigorosamente para a sua compreensão em movimento, em contradição.

Desse modo, faz-se necessário superar a ideia de simples descrição dos fatos/fenômenos, inserindo-os em uma realidade histórica e explicando-os em sua essência. O mesmo autor alerta-nos também que é preciso ir à raiz do problema, à gênese, para compreendê-lo em sua totalidade, rompendo com conceitos fossilizados e cristalizados em relação ao fenômeno em investigação.

É nessa perspectiva que realizamos análise documental referente aos projetos das escolas do núcleo pantaneiro e a entrevista semiestruturada com 12 professoras das escolas selecionadas. Para contextualizar o lugar de pesquisa, foi solicitado às professoras a leitura de imagens e textos. Registramos em diário de bordo o resultado da descrição das viagens realizadas às escolas.

Foi importante, antes de tudo, conhecer o espaço onde elas trabalham, um lugar que já nos propicia reconhecer as suas especificidades. As escolas apresentam modelos e formato comuns às demais escolas. O que as diferem é a localização, a distância, o isolamento em termos geográficos, como também a fauna e a flora que as encobrem.

Nesse espaço, buscamos conhecer o processo de constituição das professoras ao atuarem nas escolas pantaneiras, bem como compreender como as suas práticas se concretizam entre possibilidades e contradições em relação à cultura. A concepção de constituição do sujeito que se configura neste estudo parte da compreensão de um sujeito que constrói sentidos nas relações que estabelece, em determinados ambientes e contextos, cujas vivências concretizam-se historicamente e, portanto, são relações sociais e culturais.

De acordo com Zanella (2004), a constituição do sujeito requer um olhar sobre as condições históricas, sociais e econômicas em que estão inseridos, ou seja, do seu lugar de pertencimento.

> Destaca-se deste modo a dimensão histórica da atividade, o que a caracteriza como manifestação cultural de um grupo social determinado que a executa/preserva/transforma e, nesse processo, também se modifica, bem como os sujeitos

> que dele participam. A explicação do psiquismo humano, sua Gênese e processo de desenvolvimento só é possível, portanto, via análise da produção social da cultura e da produção cultural dos sujeitos. (ZANELLA, 2004, p. 134).

A importância da singularidade do sujeito possibilita apreender que suas apropriações se realizam em diferentes contextos, nas relações sociais, e a sua constituição é um processo que avança em situações para aprender, partindo do pressuposto de que, como sujeito, ele está sempre se transformando nessas relações estabelecidas.

A constituição dessas professoras deve ser entendida em seu contexto, carregado de especificidades, porém não deixando de lado seu caráter universal. Valorizamos o singular, dentro de um todo maior, no qual cada especificidade faz parte da pluralidade decorrente das relações sociais estabelecidas e das situações vividas.

Consideramos que as professoras estão em constante processo de mudança em função das necessidades produzidas na sociedade atual, mas que também preservam traços culturais produzidos no Pantanal e vividos por elas e seus alunos. As condições em que atuam, a permanência nas escolas em sistema de internato ou o fato de ir e vir todos os dias para as escolas, reconhecendo as dificuldades dos alunos em chegar à escola, exigem mais do que ser professora, mas ser o apoio e o amparo a essas crianças, que ficam longe de suas famílias e que precisam ser acolhidas em todos os aspectos necessários ao seu desenvolvimento.

Como em outras regiões do país, o Pantanal tem suas especificidades geográficas marcadas pelo isolamento e pelas distâncias, que revelam as condições de vida das pessoas que vivem nessa região. Há diferenças em relação ao vocabulário, à alimentação, ao lazer, ao modo de ser e fazer o trabalho na fazenda, mas, mesmo em face dessas diferenças, é possível encontrar situações semelhantes em outros lugares, portanto há universalidade. Essa universalidade não significa igualdade, não há lugares e pessoas iguais, ao contrário, há uma diversidade considerada e que deve ser respeitada, uma vez que não é possível construir relações em igualdades, mas em confrontamento, diferença e alteridade.

Ao nos reportarmos ao significado de cultura em sua origem, ou seja, caracterizada pelo ato do cultivo da terra, encontramos nesse significado a relação e o sentido de homem e natureza e, nessa interação, incorporam-se processos sociais à vida social e à produção humana que não existe na natureza, pois são criadas e recriadas pelo homem. Dessa forma, ao apropriar-se dos bens culturais, o sujeito transforma lugares e se transforma e assim acontece com as professoras entrevistadas, as quais se apropriam da natureza, do natural e do social, uma vez que qualquer lugar faz parte de um todo, ou seja, tudo é parte da humanidade e só há mediação entre os pares por meio da cultura.

Ponderamos que não há formas de pensar o sujeito fora da história, portanto só é possível pensá-lo a partir da cultura. Ao vivermos em uma sociedade capitalista, já nos é permitido conceber uma cultura universal, na qual as sociedades se modificam, se reúnem a partir da dinâmica da lógica do capital. Podemos, então, considerar que a cultura se unifica em totalidade pelo processo de ampliação do capital que, ao expandir, invade todos os campos da vida humana.

Nesse sentido indaga-se: como se constituem as professoras nas escolas pantaneiras? Elas se constituem nas relações estabelecidas no percurso da atividade realizada num processo dialético. Valorizam a escola, seus alunos e o Pantanal como espaço no qual constroem a sua profissão, isto é, se constituem como pessoas e como profissionais. Reconhecemos que há culturas diversas que, entrelaçadas, representam os sujeitos singulares e seus contextos universais. As escolas do Pantanal e suas professoras com suas práticas educativas são um desses espaços.

AS MULHERES NEGRAS NO MOCAMBO NZINGA[14]

Entre o Projeto que foi aprovado no processo seletivo para o doutorado na Faculdade de Educação da Universidade Estadual de Campinas (Unicamp), passando pelos ajustes que fizemos[15], eu e minha orientadora, Ângela Soligo, em reuniões agendadas, até a proposta ser aprovada pelo Comitê de Ética em Pesquisa, foram nove versões do projeto. Ainda assim, eu sempre elaborei roteiros de trabalho no Mocambo para que as ações avançassem, mesmo que houvesse dúvidas sobre as trilhas da pesquisa enquanto aguardava o novo parecer.

Resumidamente, a pesquisa foi proposta para acontecer com três ou mais gerações das famílias negras do Mocambo Nzinga, sendo que a pri-

---

[14] Disponível em: https://draft.blogger.com/blog/post/edit/7783807333398193000/5002186094594663422, Poema Fora Pandemia de Gente Ruim, declamado no início da *live*. Mocambo é um lugar de resistência negra onde se configura e atua o Movimento Negro como Sujeito.

[15] O uso da primeira pessoa do singular foi opção da autora.

meira versão focava, em um primeiro momento, nas ações com as crianças frequentadoras das atividades malungas[16]. Já na primeira reunião, a professora Ângela Soligo me orientou, argumentando que essas mães negras, que cuidam da educação dos filhos e filhas, repetem ou inovam em relação à maneira que foram cuidadas por suas mães, propondo uma análise de suas trajetórias escolares. Esse ponto foi muito interessante porque, durante as entrevistas, a escolarização e as oportunidades de trabalho tangenciaram as falas e, quase sempre, o processo de escolarização ficou alijado por motivo de sobrevivência. Uma entrevistada confessou que não estudou porque não quis, apesar de todo o incentivo da família.

Também já nesta primeira conversa sistematizada houve uma ênfase para que eu buscasse saber como essas mulheres lidam com o enfrentamento ao racismo institucional na escola e outros locais públicos que frequentam. Decorrente disso, passei a observar com muito cuidado os momentos em que pude visitar as escolas do bairro, o posto de saúde e até mesmo os momentos de frequência no parque da comunidade, que, por não receber os cuidados necessários, acabou sendo adotado por nós, a pedido de duas de nossas entrevistadas.

A professora Ângela Soligo também me orientou a descrever a trajetória do Mocambo com suas ações, mas mediante as falas e sugestões dessas mulheres/mães. Já na versão mais próxima a ser enviada para a banca de qualificação, é que me incluí como uma das mulheres negras desse Mocambo, mantendo-me também no papel de pesquisadora. Como Agbá (mais velha), tive que enfrentar muitos dilemas entre o que era possível executar em relação às solicitações dessas famílias e quais objetivos e as demandas que somente uma política pública libertadora poderia abarcar, dar continuidade e principalmente financiar. Várias demandas nossa família também possui.

VIVÊNCIAS NA AFROCENTRICIDADE

Realocar nossas vivências malungas provindas do continente africano em um contexto de diáspora forçada provoca reações de todos os matizes. Propor atividades afrocentradas (ANI, 1992; CARMO, 2020) em qualquer ambiente no Brasil é provocar reações contrárias, enérgicas e críticas, que repetem a ignorância sobre a História do Povo Negro, sendo possível conseguir identificar com mais facilidade as manifestações do racismo

---

[16] Atividades malungas são aquelas que acontecem no Mocambo, pois quem frequenta é malungo ou malunga e, em decorrência de sua condição de malunga, as atividades são malungas ou malungueiras.

institucional, como também dos racistas dissimulados. A reação é muito mais intensa quando o racista já se acostumou a levar vantagem, justamente porque deslocou seu racismo para uma falsa meritocracia.

Assim, é preciso discutir qualitativamente a questão da afrocentricidade, que, na escrita de Molefi Kete Asante (2009, p. 93), configura-se como "[...] uma questão de localização, pois "[...] muito do que estudamos sobre a história, a cultura, a literatura, a linguística, a política ou a economia africana, foram orquestradas do ponto de vista dos interesses europeus". Há componentes na definição do conceito de afrocentricidade que Asante (2009) elabora como a conscientização, o conceito de agência e com algumas características mínimas para que exista a afrocentricidade, que inclui a vontade cognitiva comunal, o desenvolvimento africano, a matriz de consciência pautada nas vivências provindas do continente-mãe etc.

Um dos princípios que causa mais polêmica na defesa da afrocentricidade refere-se ao Egito Negro, porque na localização do Egito Negro, como fonte de sabedorias que foram usurpadas e difundidas como gregas, está o maior engodo que estruturou a base da pirâmide da cultura dita ocidental. Repor o Egito Negro como negro é uma afronta inconcebível para um pensamento racista.

Em *Legado Roubado*, George James (2021, s/p) descontrói o arcabouço ocidental da filosofia já enfatizando no título de seu livro: "Os Gregos não foram os autores da Filosofia Grega, mas as pessoas do Norte da África, comumente chamadas os Egípcios foram". Nascido em Georgetown, na Guiana, George Granville Monah James formou-se em Artes e Teologia na Inglaterra, onde conquistou o doutorado em Letras. No seu PhD, James ensinou matemática, latim e grego no estado de Nova Yorque. O livro em questão foi publicado em 1954 e reeditado várias vezes. Logo despois da edição, George James morreu em circunstâncias até agora misteriosas. Ainda assim estamos refazendo uma parte da cultura no Egito Negro. Malungando.

O QUE SOLICITARAM AS MULHERES DO MOCAMBO

Quando a gente chega para indagar de mulheres pretas o que desejam para si e o que desejam para sua comunidade, nem sempre há uma linha evidente marcando os limites entre os desejos para si mesma e os desejos que envolvem um grupo maior. Foi assim que pude assinalar alguns desses desejos que fundamentaram as ações da pesquisa e, principalmente, das realizações organizadas a partir dessa conversa inicial, pautada na afrocentricidade: mais cultura, arte e cursos na comunidade; geração de renda, relações raciais na escola das crianças; assistência psicológica, relações raciais para os filhos; atendimento da filha em propostas alternadas do horário escolar, passeios, ter uma renda melhor; festas e bailes na comunidade; formação acadêmica com história da África, cultura afro-brasileira nas faculdades de pedagogia e outras graduações; informática, trabalho de meio ambiente no parque, ervas medicinais, Plantas Alimentícias Não Convencionais (Pancs), propagandas para seus bolos de festas; aprender bordado, Educação de Jovens e Adultos (EJA); manuseio de computadores etc.

Estes desejos fundaram outras ações, como a adoção de um parque público na comunidade e a elaboração de kits afrocentrados para 36 crianças. Esses kits foram confeccionados pelas mulheres que já tinham também demandado alguma atividade remunerada que pudesse ser feita em casa e na sede do Mocambo. Com crianças pequenas, é sempre um desafio conciliar a renda doméstica com os cuidados.

Numa atividade no Sesc Thermas, em Presidente Prudente, uma pequena malunga viu uma Yemanjá negra com outra criança e logo gritou que "era nossa boneca". Sua mãe foi ligeira e a convenceu que aquela Yemanjá era da menina, porque a família dela tinha comprado. Foi um alerta muito potente para mim, que percebi o quanto as crianças são alijadas de possuir em suas casas bonecas pretas. Diante disto, elaborei um plano de ação para produzir bonecas pretas e material escolar afrocentrado, encapando cadernos, confeccionando bolsinhas com tecidos africanos e customizando mochilas e bolsas escolares.

Foi com essa ação que planejamos outras atividades que pudessem atender as demandas e os desejos anotados nessa entrevista sistematizada no formato de uma prosa, como também de outras conversas anteriores. Ao adotarmos o parque público, que já tinha sido foco de várias solicitações por parte das mulheres negras do Mocambo Nzinga, vários desejos puderam ganhar acolhimento, pois todos os sábados temos atividades no parque, com um grupo aberto para quem puder e quiser contribuir, seja recolhendo lixo, plantando mudas, irrigando as plantas ou sugerindo brinquedos e brincadeiras. É essa ação que pode aglutinar forças de mudança local, já que na área pública, "um território do comum", os princípios ubuntuístas encontram campo fértil para florescer.

Assim, o Mocambo vai constituindo-se em um lugar de vida plena, tanto para essas mulheres negras e suas famílias, como para toda a sociedade local, já que as mulheres negras estão na base da pirâmide social (ANI, 1992; CARMO, 2020) e, quando elas se movimentam, movimentam junto toda a sociedade e sempre para melhor.

DO MOCAMBO À REGIÃO PANTANEIRA

Enquanto se movimentam para constituir-se nesse local, as professoras que atuam na região pantaneira conseguem promover uma escuta qualitativa dos desejos das famílias para manter as crianças no processo de escolarização. A escola, como espaço cultural, representa um processo dialógico de múltiplos aspectos que envolvem as professoras em relação à cultura. No espaço da escola ou da sala de aula, as professoras convivem, ensinam, trocam experiências e, nesse contexto, se constituem como sujeitos sociais e históricos.

As lutas feministas por instrução, por educação e pelas melhorias de condições de vida na sociedade encontram nestes dois locais, "do Mocambo à região pantaneira", exemplos em que a educação é decididamente transformadora, encetando novas experiências que não só enriquecem o sistema educativo no Brasil, como possibilitam caminhos para uma verdadeira revolução social que ainda está a caminho.

REFERÊNCIAS[17]

ANI, Marimba. *Yurugu uma crítica africano-centrada do pensamento e comportamento cultural europeu*. Trenton/EUA: Africa World Press, Inc, 1992.

CARMO, Quilombo como um conceito em movimento ou quilombismo e ubuntu: práticas ancestrais africanas para repensar práticas pedagógicas e de justiça. *Revista de Filosofia Problemata*, v. 11, n. 2, p. 41-56, 2020.

GOMES, Nilma Lino. *O movimento negro educador*: saberes construídos nas lutas por emancipação. Petrópolis/RJ: Vozes, 2017.

---

[17] Houve uma escolha de anotar as Normas Bibliográficas utilizando o nome completo das autorias, respeitando as prerrogativas das lutas emancipatórias acima das prerrogativas normativas estabelecidas, de acordo com o gênero das autoras, que, ao terem somente parte do Nome anotado, perdem parte de suas conquistas emancipatórias pela igualdade de direitos, inclusive nas citações bibliográficas.

JAMES, George G. M. *Legado Roubado*: filosofia grega é filosofia roubada. Tradução Coletiva, São Paulo: Ananse, 2021.

NASCIMENTO, Abdias. Quilombismo: um conceito emergente do processo histórico-cultural da população afro-brasileira. *In:* NASCISMENTO, Elisa Larkin (org.). *Afrocentricidade*: uma abordagem epistemológica inovadora. São Paulo: Selo Negro, 2009, p. 197-218.

NJERI, Aza. Mulherismo africana: práticas na diáspora brasileira. *Revista Currículo sem Fronteiras*, v. 19, p. 595-608, maio/ago. 2019.

NOBLES, Wade W. Sakhu Sheti retomando e reapropriando um foco psicológico afrocentrado. *In:* NASCIMENTO, Elisa Larkin (org.). *Afrocentricidade* – uma abordagem epistemológica inovadora. 1. ed. São Paulo: Selo Negro, 2009, p. 277-297.

VYGOTSKY, Lev Semyonovich. *Obras Escogidas*, v. 3. Madrid: Visor, España: Visor,1995.

ZANELLA, Andreia Vieira. Atividade, significação e constituição do sujeito: considerações à luz da psicologia histórico-cultural. *Psicologia de Estudo*, Maringá, v.9, n.1, p. 127-135, 2004.

ZANELLA, Andreia Vieira; REIS, Alice Casanova dos; TITON, Andréia Piana; URNAU, Lílian Caroline; DASSOLER, Tais Rodrigues. Questões de método em textos de Vygotski: contribuições à pesquisa em psicologia. *Psicologia & Sociedade*, Porto Alegre, v. 19, n. 2, p. 25- 33, 2007. Disponível em: https://www.scielo.br/pdf/psoc/v19n2/a04v19n2.pdf. Acesso em: 30 jul. 2022.

LIVE 5

OLHARES SOBRE A ESCOLA: OUTRAS RELAÇÕES SÃO POSSÍVEIS[18]

Fernanda de Lourdes de Freitas
Paola Nogueira Lopes

INTRODUÇÃO

A escola se constitui como um dos meios fundamentais para o desenvolvimento humano, sendo um sistema complexo que envolve várias redes de relações, como uma espécie de trama em que se processa o desenvolvimento físico, cognitivo, afetivo e social, pois possibilita o estabelecimento de relações interpessoais e o acesso ao conhecimento formal acumulado historicamente, que promovem configurações de significados pelos sujeitos envolvidos.

Dessa forma, reconhecer as múltiplas determinações históricas, culturais, sociais, políticas, ideológicas, econômicas, entre outras, assim como todas as contradições pertencentes à realidade, que são dinâmicas e processuais, é imprescindível para os profissionais que desejam contribuir neste campo de conhecimento, trabalho e desafios.

Neste capítulo, trazemos duas experiências de projetos que pretendem romper com um dos principais paradigmas cristalizados na escola: que a família e o aluno são responsáveis pelo fracasso escolar. As duas experiências partem da necessidade de os profissionais considerarem os fatos históricos, sociais e culturais de cada aluno e de cada aluna para a compreensão e disponibilidade de estratégias que de fato oportunizem a aprendizagem e chegam à conclusão, entre outras, de que a afetividade é um componente central para este acontecimento. É por meio das relações afetivas que laços vão sendo construídos entre alunos, professores e familiares, bem como a compreensão do papel da escola e da educação na vida de cada um, como possibilidade de transformação social.

---

[18] Para assistir a *live* que deu origem a este capítulo, basta acessar o link: https://youtube.com/live/tTF6W4PYH5c no canal Prof. Ronaldo Alexandrino no YouTube.

A RELAÇÃO ESCOLA E FAMÍLIA: ANÁLISE DE UMA POLÍTICA PÚBLICA

A escola é um lugar de relações entre pessoas; de professores com alunos, de professores com professores, de professores com gestores, de professores e gestores com famílias. Também é um lugar de relações de conhecimentos, de relação de saberes e de fazeres. Podemos dizer que a escola tem como um dos elementos centrais para desenvolver e atingir seu papel no processo de ensino e aprendizagem as relações.

Mas como será que as relações vão acontecendo dentro da escola, principalmente a relação da escola com a família?

O que observamos historicamente, no surgimento da escola formal é que a sociedade foi retirando saberes que eram passados para as crianças e adolescentes pelas famílias e levando a responsabilidade de passar estes saberes e estes conhecimentos para a escola. Antes da escola, os meninos para aprender uma profissão, para aprender um ofício iam para casa de outras famílias e se tornavam aprendizes. Depois, com a institucionalização da escola, esta tornou-se o lugar de preparar o jovem para o mercado de trabalho e para transmitir os saberes e os conhecimentos acumulados pela sociedade. Ao longo da história, nós fomos tirando alguns saberes das famílias e fomos passando especificamente para a escola. E o que isto gera? O que vemos acontecer na escola a partir destas mudanças?

Uma das situações que acontecem são as relações interpessoais nas escolas muito hierárquicas e de uma hierarquia muito verticalizada. É um lugar onde, apesar dos movimentos democráticos ocorridos a partir de 1988, que tinham entre suas finalidades as relações mais horizontalizadas nas instituições, temos relações nas quais há preponderância de uma relação extremamente vertical, em que o professor é colocado como o detentor do conhecimento. A escola é vista e considerada como lugar de especialistas, de pessoas que sabem muita coisa, ou sabem tudo. Que têm o domínio do conhecimento. Por outro lado, existem os dominados, que seriam os alunos, as famílias, os considerados ignorantes, que não sabem nada, ou quase nada. Por muito tempo, as relações foram percebidas e vividas dentro da escola desta maneira. Não faz muito tempo que a escola começou a questionar este tipo de relação e pensar na viabilidade dela acontecer de um outro jeito.

A partir dessa hierarquia verticalizada, a escola vai pensando coisas sobre seus alunos, sobre suas famílias. Ela vai criando expectativas em relação às famílias. Vai projetando algumas características que ela espera desses alunos e dessas famílias. Ela espera atitudes desses personagens, como: que as famílias saibam qual é o papel da escola, que elas valorizem o papel da escola, que sejam envolvidas na escola, mas um envolvimento de acordo com as expectativas dos gestores e professores e de seus interesses. Por outro lado, esperam que seus alunos façam todas suas atividades sem dificuldade, que participem dessas atividades e se sintam motivados, que eles sejam gratos à escola e a seus professores. Mas quando uma família não corresponde a estas expectativas, ela é vista como inadequada, como desestruturada, como faltante. E, muitas vezes, a escola se esquece que em qualquer família há seus saberes e seus fazeres e que muitas vezes eles são diferentes dos saberes e dos fazeres que circulam entre os professores e os gestores da escola. Que os alunos e as alunas, têm acessos a bens culturais, ritmos de aprendizagem e interesses diferenciados.

Concomitante ao movimento de democratização de nosso país e influenciados por outros, alguns pesquisadores e estudiosos começam a discutir como mudar essa estrutura, e assim inicia-se uma tentativa de construir um outro tipo de relação entre os atores da escola, que não seja uma relação unilateral. É muito interessante quando observamos os discursos nas escolas e vemos que as expectativas hierárquicas, verticalizadas, estão muito presentes. Frases como: os pais não vêm às reuniões, os pais não participam da Associação de Pais e Mestres, os pais não participam dos projetos da escola. Os alunos não têm interesse pelas atividades, fulano não aprende porque a família é totalmente desestruturada, o pai bebe, a mãe trabalha o dia todo. Ou quando há uma mãe muito participativa nos espaços de decisão ou que vai questionar o processo pedagógico do professor, que questiona o porquê de o professor dar determinada atividade, nestes casos, o professor, muitas vezes, se sente incomodado, desrespeitado. Por que isto ocorre? Porque a escola e seus professores estão baseados neste paradigma unilateral, de uma relação extremamente hierarquizada, na qual a escola e seus protagonistas detêm o poder do conhecimento, e a família e os alunos estão neste lugar de não saber, e por estarem neste lugar, não podem questionar o saber dos sábios.

Pensando nessa temática e em outras, como podemos alterar esse paradigma? Este foi um desafio que me foi proposto, quando estava como formadora no Centro de Formação dos Profissionais em Educação Paulo Freire, em Hortolândia, estado de São Paulo, no ano de 2008. A partir desta provocação, fui buscar possibilidades para mexer nesses paradigmas na escola e pensar em outras relações, que viessem a se tornar mais horizontalizadas, em que os saberes e fazeres, tanto da escola como das famílias, fossem conhecidos e trocados, e que de fato as pessoas se conhecessem. Deste modo, desenvolvemos um programa no município, no qual as professoras faziam visitas nas casas de seus alunos. A sustentação teórica para desenvolver este trabalho, entre outras, foram trabalhos que discutiam: o desenvolvimento de uma gestão democrática, a promoção da gestão democrática e da participação das famílias nessa gestão.

Uma das questões levantadas para o desenvolvimento do programa foi pensar se as famílias tinham conhecimento do que é uma gestão democrática, se as famílias sabiam em como elas podiam participar e opinar na gestão da escola, que elas tinham um espaço de fala e de ação na escola e no processo de gestão da escola de seus filhos.

Diante dessa proposta de visita dos professores na casa de seus alunos, uma questão surgiu: o que é promovido quando um professor entra na casa de um aluno para visitá-lo?

Uma conclusão que chegamos neste processo foi a possibilidade de uma quebra de paradigma de poder. Porque costumeiramente a escola se relaciona com as famílias, chamando-as até a escola, e neste programa nós invertemos a ordem, era o professor que se convidava para ir até a casa de seus alunos, explicando para os pais qual era o objetivo da visita: conhecer a família, apresentar seu projeto de trabalho, os desafios daquele ano para o aluno, os objetivos de ensino. Estes temas foram muito trabalhados na formação com os professores participantes. Pois consideramos que era importante contar para as famílias como o professor trabalhava, quais seus projetos, quais espaços existem na escola, quais são os projetos da escola. Tal era esta premissa que o programa se chamava Conhecer para Aprender, porque acreditávamos que a partir do conhecimento que temos do outro, aprendemos muitas coisas.

Do outro lado, tínhamos as famílias que estavam em um espaço que era delas, de conhecimento delas, de cultura delas, de histórias delas. Onde, naquele lugar elas eram as protagonistas, diferente de quando elas estão na escola, onde o professor é o protagonista.

Tivemos muitas vivências que demonstraram estas alterações, os professores trouxeram relatos de como as famílias começaram a se sentir valorizadas pelo simples fato de o professor estar na casa delas. Por outro lado, os professores também passaram a se sentir valorizados. A ideia que eles tinham era a de que as famílias não valorizavam a escola. Com as visitas, os professores começaram a repensar qual era o ideal de valorização que tinham, e perceberam que era uma valorização idealizada, de acordo com seus princípios e valores. Passaram a perceber que as famílias valorizavam a escola e seus profissionais, que viam a escola como um lugar importante e de importância, foi muito comum, segundo relato dos professores, as famílias dizerem: "Eu quero que meu filho vá para a escola, porque eu quero que ele tenha melhores oportunidades do que as minhas".

E com essa experiência, fomos vivenciando o estabelecimento de fato de um elo entre os professores e as famílias que participavam do programa. Cada um começava a levar consigo, a partir da troca oportunizada pela visita, saberes e fazeres do outro. Então, a família começou a compreender mais qual era o papel da escola, como aquele professor trabalhava, conhecer até mesmo o nome do professor, pois algumas famílias se referiam ao professor pelas suas características, como "aquele professor alto e careca", "aquela professora moreninha, de cabelo curto". Muitos pais relataram na visita, que durante a reunião de pais, eles ficavam calados, sem fazer perguntas, pois não entendiam o linguajar e os termos utilizados pelos professores, como: "pré-silábico, silábico e alfabético, produção de texto um". E que diante deste desconforto, só queriam informações a respeito do comportamento dos filhos e desejavam que a reunião acabasse mais rapidamente. Estas colocações fizeram os professores repensarem como organizar e conduzir as reuniões de pais.

Fomos notando também que o professor participante começou de fato a conhecer a comunidade em que estava inserido, como eram as famílias de seus alunos, quais eram as possibilidades e limitações reais de cada família, que orientações ele e a escola podiam dar de acordo com as necessidades apresentadas, que encaminhamentos e articulações a escola podia fazer para a rede de serviços municipais, segundo a demanda.

A partir da vivência no programa, percebeu-se que outras relações entre a escola e a família foram sendo construídas, os pais ficaram mais participativos na escola, passaram a entender melhor os processos da escola e do ensino e aprendizagem. Como toda mudança gera desestabilização, também vimos uma resistência, por parte de alguns professores e gestores, no que diz respeito a maior presença e participação dos pais na escola. Isto, visto mais de perto, ocorreu porque as estruturas estavam sendo desacomodadas e com o entendimento por parte das famílias de qual é o papel da escola, muitas começaram a fazer críticas e dar sugestões na administração e proposta pedagógica da escola. Então vamos percebendo este movimento de tensão nas relações.

Pensando nos tempos de pandemia que vivemos e nos desafios que ela trouxe, entre eles estava como escolas e famílias possibilitaram e garantiriam o processo de ensino e aprendizagem com as escolas fechadas. Neste tempo de escolas fechadas e atividades remotas, o ensino foi todo para dentro de casa. O quanto, nesse período, foi essencial a aproximação das escolas com as famílias. Com esse desafio as escolas foram obrigadas a criar possibilidades, na tentativa de se aproximar destas famílias e orientá-las de como passar por esse período de escolas fechadas e proporcionar o momento escolar e de orientação às crianças e adolescentes em como conduzir as atividades dentro de casa.

Nesse momento, muitos professores destacaram as dificuldades das famílias em entender as atividades e expressaram sua irritabilidade em terem que dar explicação aos familiares dos alunos, de como orientar suas crianças. Nessa ocasião de desabafo, foi importante refletir com os professores da nossa rede municipal que os pais realmente poderiam ter grandes dificuldades em entender as atividades e principalmente em como conduzi-las, pois eles não são formados em Pedagogia, não conhecem sobre o processo de ensino e aprendizagem, não são alfabetizadores. Portanto, naquele momento, principalmente, competia aos professores orientar as famílias para a promoção das atividades junto das crianças. Essas falas nos dão indícios de como, ainda, as expectativas dos professores em relação as famílias estão pautadas na obrigatoriedade da família saber de processos que são exclusivos da escola e dos profissionais da educação.

Com o retorno das aulas presenciais, a escola está tendo a oportunidade de ressignificar essa relação, de fazer de um outro jeito. E como fazer isto? Penso que a história vai deixando para nós, cada vez mais claro, principalmente no momento que temos vivido, pós-pandemia, polarizado, de que só é possível criar novas relações, repensar a escola, quando construímos possibilidades no coletivo, com troca de saberes, com troca de falas e trocas de ouvir, pois, muitas vezes queremos apenas falar e não ouvir. Não por meio de questionários, como muitas vezes acontece. Mas, sim, estar no ambiente das pessoas, no território delas, conversar com as famílias, ouvir suas histórias, seus desafios e construir juntos uma parceria para a promoção da educação das crianças e dos adolescentes.

Outra aprendizagem que tivemos na participação do programa foi ver que a relação entre professores e famílias, quando aproximada, vai quebrando os paradigmas de que apenas um modelo de família, geralmente a branca, heteronormativa, sem vulnerabilidade social, é a família que dá base para que a educação e aprendizagem das crianças dê certo. Muitos professores iniciaram a desconstrução deste paradigma, quando, a partir do conhecimento de estruturas familiares tão diversas, percebiam que mesmo em outros padrões a família possibilitava um ambiente seguro. A escola e seus atores ainda estão muito arraigados no paradigma que o aluno que vai bem na escola, que aprende, é aquele que pertence a uma família tradicional, "Doriana".

Na escola circulam muitos valores, preconceitos e a participação no programa iniciou uma desconstrução de paradigmas. Não de maneira instantânea e nem linear, porque desconstrução e construção de novos paradigmas levam tempo, não acontece do dia para a noite, mas podemos afirmar que é possível criar outras relações dentro da escola e outras relações da escola com a família e da família com a escola.

O APRENDER E O NÃO APRENDER DE ADOLESCENTES EM UM PROJETO DE DISTORÇÃO IDADE-SÉRIE: PERSPECTIVAS E DESAFIO

A distorção idade-série faz parte de um contexto desafiador da educação brasileira, compreender que fatores levam milhares de estudantes entrarem nessa estatística é um desafio para estudiosos e profissionais da educação há décadas. A democratização do acesso à escola, infelizmente, não significou o mesmo que a democratização da sua equidade. O direito à escolaridade básica, ainda não é garantido e a escola até este momento não conseguiu mudar sua própria forma de receber, conceber e lidar com os diversos estudantes procedentes de diferentes camadas da população e com todas as diferenças culturais e individuais.

Nesse sentido, os dados revelados pelas pesquisas voltadas para a educação de jovens e adultos no Brasil são alarmantes e sinalizam que milhares de jovens de 15 a 17 anos, encontram-se fora da idade correta nas escolas do Brasil. Pesquisas datadas do ano de 2014 revelaram que na Rede Estadual de Mato Grosso do Sul, 22.594 estudantes matriculados estão em distorção idade-série. Desse quantitativo, 96,8% estão cursando o ensino fundamental.

Diante de tal problemática, a pesquisa que desenvolvi e que apresento neste capítulo teve como objetivo analisar as concepções dos estudantes em distorção idade-série sobre seus processos de aprendizagem. As seguintes questões nos acompanharam para o desenvolvimento deste trabalho: será que ofertar um novo formato de ensino a esses jovens impactaria sua vida escolar? E de que forma? Oportunizar espaços pedagógicos para o acolhimento, com equipe multiprofissional favoreceria o aprender?

O interesse por essa temática vem ao encontro de algumas indagações como Psicóloga Educacional na Secretaria de Estado de Educação de Mato Grosso do Sul, levantadas ao longo dos quatro anos que acompanhei a implantação e efetivação do Projeto Avanço do Jovem na Aprendizagem/MS (AJA-MS) na Rede Estadual. Diante disso, os questionamentos anteriores fomentaram e motivaram o interesse em aprofundar a temática da distorção idade-série, já que são múltiplos fatores que afastam tantos jovens do processo de escolarização todos os anos. Vale lembrar que o impacto emocional que muitos desses meninos e meninas têm é frequentar em idade avançada, salas de aulas regulares com estudantes na idade correta.

Nessa perspectiva, o Projeto AJA-MS foi implantado em algumas unidades escolares e tinha como proposta pedagógica algumas especificidades, entre elas: metodologia diferenciada e o acompanhamento por uma equipe multidisciplinar. Na proposta, era oferecido e garantido nos espaços pedagógicos, a prática do acolhimento, articulando o desenvolvimento humano, social e educacional. A diversidade é característica marcante dos estudantes que cursam o Projeto AJA-MS, são jovens com pouca escolaridade, em distorção idade-série, consequência dos processos de exclusão educacional e social.

Como suporte teórico e para dar sustentação à pesquisa, utilizei a Teoria Histórico-Cultural como balizador das análises dos dados, pois entendemos que a escola é um espaço no qual o jovem amplia sua capacidade de reflexão, diálogo, interação e leitura, ou seja, a vinculação dos saberes científicos e os saberes sociais. Outro aspecto importante a ser considerado foi o período da adolescência, sendo por nós compreendido neste trabalho como algo que não é dado naturalmente, mas um momento do desenvolvimento que se dá a partir de uma construção histórica-teórica crítica sobre a periodização das idades, enfatizando os critérios histórico-culturais e no qual há a evolução de um funcionamento completamente novo do psiquismo.

A trajetória percorrida para responder à questão da pesquisa e aos objetivos especificados se deram por meio da entrevista individual (discurso), pela análise documental disponibilizada pela escola do desenvolvimento e evolução pedagógica (registro) dos alunos e os momentos de acolhimento no projeto (expressão). A necessidade de compreender se a aprendizagem ocorreu ou não dentro de um projeto com foco no avanço escolar despertou o interesse em verificar se as ações mediadas pelos professores e a metodologia adotada contribuíram para o avanço escolar dos jovens estudantes.

Nesse contexto, havia um desafio pessoal, pois estava à frente da implantação do projeto na Secretaria de Estado de Educação e envolvida na proposta de execução na referida escola, ou seja, foi necessário tentar manter o distanciamento para garantir o pensamento crítico frente à política de governo, exigida para a concretização da pesquisa e a aproximação em relação aos discursos e as observações ali reveladas.

A coleta de dados foi realizada dentro da Escola Estadual Riachuelo, em Campo Grande/MS, localizada na região Central. Foi estabelecido um primeiro contato com a diretora da escola para apresentação da pesquisa e solicitação de sua autorização. Nesse contato, foi entregue uma carta de apresentação da pesquisa para a diretora, sendo explicados seus objetivos e suas fases.

É importante ressaltar que o projeto tinha como características a metodologia da problematização, uma equipe multiprofissional, composta por psicóloga educacional, coordenador pedagógico e um assessor de projeto, sendo também ponto de análise dos impactos no processo de aprendizagem. Considerar esses fatores e problematizar como o espaço escolar estaria contribuindo para o aprender ou não, tendo como aporte a teoria histórico-cultural era meu desafio.

Em tempo, era fundamental contextualizar e refletir que escola é essa frequentada pelos estudantes no Projeto AJA-MS?

A proposta pedagógica do AJA-MS era dividida em quatro blocos de conhecimento, sendo: Bloco Inicial I: compreende os conhecimentos equivalentes ao 1º; 2º e 3º ano do ensino regular; Bloco Inicial II: compreende os conhecimentos equivalentes ao 4º e 5º ano do ensino regular; Bloco Intermediário: compreende os conhecimentos equivalentes ao 6º e 7º ano do ensino regular; Bloco Final: compreende os conhecimentos equivalentes ao 8º e 9º ano do ensino regular, dessa forma realizaram dois anos escolares em um ano letivo.

Dentro dos critérios da pesquisa, quatro estudantes do projeto aceitaram participar, foram escolhidos por terem frequentado o Bloco Intermediário no ano de 2017 e estarem cursando no ano da pesquisa o Bloco Final, ou seja, haviam vivenciado há mais de um ano a metodologia proposta no projeto. Desses quatro participantes, dois eram do sexo feminino e dois do sexo masculino. Em comum estes jovens tinham o sonho de ter uma profissão, de concluir o ensino fundamental e ajudar as famílias nas suas necessidades. Pretendiam dar continuidade aos estudos após a conclusão da etapa do ensino fundamental, no mesmo projeto.

Para a maioria dos estudantes que fizeram parte desta pesquisa, a aprendizagem está relacionada a um padrão de comportamento esperado, destacados pela permanência e ou conclusão do ensino fundamental. Neste contexto cabe destacar o quanto o fracasso escolar contribui para limitar a ideia de que apenas permanecer na escola já é motivo suficiente para aprender. Realidade de tantos jovens brasileiros excluídos do processo de escolarização, inclusive os jovens da pesquisa, inseridos em políticas públicas asseguradas apenas em políticas de governo e não de estado, mostrando a fragilidade na descontinuidade das ações educacionais.

Nos relatos colhidos e diante da análise documental dos estudantes pesquisados do Projeto AJA-MS, o avanço no processo de escolarização aconteceu. No discurso e na concepção dos nossos quatro jovens, a escola favoreceu e despertou a busca de conhecimentos pedagógicos, a partir das diferentes formas que os conteúdos e conceitos foram apresentados pelos professores e equipe multidisciplinar. Porém, destacaram que a escola precisa propiciar, permitir e acolher a diversidade e as diferenças, com vistas a propiciar o processo de aprendizagem, respeitando os diferentes ritmos e as experiências condicionantes de cada aluno. Diante deste relato, consideramos que é fundamental que os profissionais da educação tenham consciência das ações utilizadas nas práticas escolares, pois, assim, é possível compreender os efeitos provocados por essas práticas nos estudantes.

Vale destacar um momento significativo, denominado de Acolhida, garantido no calendário do projeto, com duração em média de 20 minutos diários, para que a equipe pedagógica desenvolvesse atividades culturais, educacionais e sociais para os estudantes. Podemos assim qualificar que eram espaços pedagógicos proporcionados aos estudantes, para que pudessem se expressar para além das questões ditas pedagógicas.

Será que esses espaços "diferenciados" garantidos proporcionaram reflexões sobre o sentido e o significado do aprender para os estudantes?

Pudemos analisar que estes espaços oportunizados valorizaram os conhecimentos construídos e apropriados pelos alunos em seu ambiente social e cultural, sendo trabalhados a partir deles outros conhecimentos e estimulando as potencialidades dos estudantes com a intenção de que superassem suas dificuldades e descobrissem suas capacidades e potencialidades. Apesar desse acolhimento por parte de alguns professores, os alunos se referiram ao distanciamento de outros professores, ou mesmo o medo de aproximação com os estudantes. Na pesquisa, os nomeei como os professores de modo avião, pois a imagem que fazia deles era que entravam na sala de aula e faziam pouco ou nenhum contato com os estudantes, ou seja, ignorando contextos e condicionantes dos jovens e sem a essencial formação do vínculo professor-estudante.

Essas questões na ordem das relações interpessoais vieram à tona na pesquisa, reafirmando a necessidade de trazer para as discussões educacionais o papel da afetividade enquanto potência pedagógica nos processos de aprendizagem. Não podemos menosprezar essa perspectiva, especialmente na relação professor e estudante. O professor precisa reconhecer a importância da afetividade nesses processos; entretanto, reconhecer essa importância não implica querer bem a todos os estudantes de forma igual. Como a pesquisa se direcionou para as concepções dos estudantes frente ao seu processo educativo, essa problemática precisaria ser abordada e explorada em outro trabalho.

Concluímos que aprender é também desaprender, e o formato metodológico ofertado pelo AJA-MS, que incluem alternativas e perspectivas diferentes da forma habitual das escolas regulares, tem proporcionado e favorecido aos jovens sua aprendizagem dentro e fora da sala de aula.

É necessário destacar que a escola, ao democratizar o acesso, defendendo o princípio de igualdade de oportunidades, extingue as discriminações sociais de ingresso e pressupõe uma igualdade inicial de condições dos estudantes, a partir do qual sucesso e fracasso dependem somente de méritos e esforços pessoais de cada um. A trajetória desses estudantes tem reafirmado esta perspectiva, de que o fracasso é um fenômeno estritamente individual e assim a escola pouco reflete sobre seu próprio processo de reprodução de desigualdades e de promoção do fracasso escolar.

Considerando a ideia anterior, as questões sociais e culturais que esses jovens estudantes estão inseridos e o histórico pessoal que trazem consigo reforçam o estigma do fracasso escolar, não somente no sentido de reprovação e desempenho, mas, sobretudo, por assumirem para si a culpa da interrupção dos estudos, tendo por consequência a exclusão do processo de escolarização. Todos eles, de certa forma, são sobreviventes de um sistema de ensino que na maioria das vezes nivela por um mesmo parâmetro, sendo necessário desconstruir posturas e comportamentos e que se pensem políticas públicas pela perspectiva dos nossos adolescentes.

CONVERGÊNCIAS E PROVOCAÇÕES PARA NÃO CONCLUIR...

Pudemos observar que, apesar das experiências distintas aqui apresentadas, alguns pontos comuns apareceram e provocaram reflexões de processos vividos nas pesquisas, bem como processos que precisam ser proporcionados na escola e com seus profissionais para que a escola seja de fato um lugar que garanta a democratização da educação, o acesso, a permanência e a promoção da aprendizagem.

Notamos que ambas as pesquisas proporcionaram mudança de paradigmas: uma que altera o trajeto da aproximação entre escolas e famílias, levando seus professores à casa de seus alunos e outra que transforma a metodologia de ensino e o modo de acolher jovens com experiência de fracasso escolar.

As duas experiências demonstram que outros olhares e fazeres são possíveis, mas, apesar da possibilidade, há dificuldades na mudança de paradigma por parte da comunidade escolar (gestores e funcionários) e de seus professores. Muitos resistem a novas propostas e acreditam que só outros especialistas, como a psicóloga, por exemplo, podem lidar com o acolhimento de questões que extrapolam as demandas ditas cognitivas e intelectuais.

As rupturas em alguns paradigmas foram possíveis devido a importância da promoção do vínculo e da afetividade nos processos educativos, que são fatores que se mostraram importantes e essenciais na garantia do direito de aprender. No entanto, ainda é muito presente na escola e entre seus profissionais uma visão cindida a respeito dos aspectos que devem ser trabalhados na escola, há a presença muito marcada em considerar que cabe à escola apenas lidar com as questões da cognição e não das emoções e afetos. Retrato de uma herança dualista, que não considera seus sujeitos em sua totalidade.

Sendo assim, se faz necessário oportunizar propostas e metodologias com os professores e outros atores da escola que trabalhem o sentido e significado dado pelos professores ao processo de ensino e aprendizagem e os aspectos que proporcionam seu sucesso, bem como a subjetividade dos professores, para além da informação. É necessário desenvolver a disponibilidade de ouvir, de olhar o diferente, de se envolver com o coletivo e se ver na coletividade.

Grande parte dos fatores que dificultam esse rompimento são as resistências e preconceitos dos professores em relação aos estudantes e suas famílias. Infelizmente vimos que as práticas de exclusão estão presentes na escola e em seus atores e acontecem de maneira mais enfática com alguns corpos, geralmente os de: negros, pobres, LGBTQIA+, mulheres, "famílias desestruturadas".

Vale destacar que o vínculo entre gestores, professores, estudantes e famílias, precisam ser construídos, e muitas vezes esses profissionais não percebem que, mais do que palavras, são suas representações sociais, seus gestos, suas expressões, suas inflexões de voz e posturas que revelam as disposições inconscientes de aceitação e rejeição, de crença e de descrença no outro.

O rompimento e alteração de algumas práticas e paradigmas expostos nesses trabalhos mostraram a importância de se promover espaços no qual alunos e familiares se sintam parte efetiva da escola e de seus processos. Espaços que promovam acesso a novas formas de se relacionar e interpretar a realidade. As pesquisas mostraram que, apesar de os alunos se interessarem pelos conteúdos escolares, sua maior demanda era o acolhimento de suas individualidades, o contato com suas demandas sociais e cotidianas, para, a partir disso, se envolverem com os conteúdos e darem um sentido a eles. Este fato traz um desafio à escola e seus professores, o de dar sentido a partir da realidade de seus alunos aos conteúdos escolares.

Outro grande desafio é o de que os profissionais da educação não podem se esquecer e necessitam constantemente revisitar a história da escola pública, para quem ela foi pensada? Qual foi a proposta da democratização da educação? Quem é o público da escola pública? Ao revermos e respondermos estas questões, nos deparamos com a realidade de que a escola pública foi proposta para todos, para os diversos, para os excluídos e diante de experiências como as aqui apresentadas, podemos afirmar que é possível fazer essa escola.

REFERÊNCIAS

FREITAS, Fernanda de Lourdes de. *A relação escola e família:* análise de uma política em construção. 2016. Tese (Doutorado em Educação) – Faculdade de Educação, Universidade Estadual de Campinas, Campinas, SP, 2016. Disponível em: http://www.bibliotecadigital.unicamp.br/document/?code=000969506. Acesso em: 11 out. 2022.

LOPES, Paola Nogueira. *O aprender e o não aprender de adolescentes em um projeto de distorção idade-série:* perspectivas e desafios. 2019. Dissertação (Mestrado em Educação) – Faculdade de Psicologia, Universidade Federal do Mato Grosso do Sul, Campo Grande, MS, 2019. Disponível em: https://repositorio.ufms.br/handle/123456789/4436. Acesso em: 11 out. 2022.

LIVE 6

PRODUÇÃO DE SABERES PARA A PSICOLOGIA E A EDUCAÇÃO: ENTRE O DITO E O NÃO DITO[19]

Thalita Ortiz Neves Dagher

> *Nossa! Você às vezes fica até meio tímida de falar: "Ai, eu sou professora", porque parece assim que é uma classe inferior, e não é. [...] antigamente você falava que ia ser professora: "Nossa! Professora! Essa mulher é educada". Hoje você fala: "Ah, eu sou professora". "Mas você pretende fazer outra coisa? Você quer fazer outra coisa?".*
> *Professora Sirley.*
> *(Dagher, 2019).*

INTRODUÇÃO

O presente capítulo busca discutir por meio dos saberes da Psicologia em interface com a Educação a relação entre o trabalho docente e os processos de sofrimento psíquico, a partir de resultados obtidos em pesquisa de mestrado realizada entre os anos de 2017 e 2019, e que alicerçam esta discussão.

O sofrimento docente tem sido bastante estudado no campo científico por inúmeros pesquisadores há muitos anos. Um dos trabalhos mais citados é o de Codo (1999), quando realizou uma ampla pesquisa sobre a saúde mental e condições objetivas e subjetivas de trabalho de educadores de várias partes do país, e destacou o *burnout*, síndrome caracterizada pelo esgotamento emocional, despersonalização e perca de sentido pessoal no trabalho.

Trabalhos relevantes sobre a temática na perspectiva da Psicologia Histórico-Cultural, que abrange estudos que vão desde a educação básica à superior, têm sido amplamente discutidos por Facci e Urt (2020), Almeida, (2018), Silva e Tuleski (2015), Martins (2018), dentre outros.

---

[19] Para assistir a *live* que deu origem a este capítulo, basta acessar o link: https://youtube.com/live/VUWgQznx_5k no canal Prof. Ronaldo Alexandrino no YouTube.

É nesse movimento de perscrutamento de leituras e pesquisas científicas que buscam interpretar a realidade posta, que podemos trilhar caminhos que nos levem a possibilidades não somente de compreensão, mas de enfrentamento na questão do sofrimento vivenciado pelos docentes.

As pesquisas, especificamente aquelas que "emprestam" seus ouvidos a escutar quem vivencia o dia a dia de uma sala de aula com todas as suas demandas, revelam discursos permeados de sentido e significado, evidenciando ambiguidades como prazer e desprazer, satisfação e estranheza em relação ao trabalho exercido.

O escopo teórico da Psicologia Histórico-Cultural torna-se apropriado porque nos possibilita "ler" e "ouvir" as expressões de sofrimento que têm emergido nos discursos docentes e ir além da aparência e de uma impressão superficial do real. A intenção é buscar nas "entrelinhas", nas "expressões", nos "ditos e não ditos" que revelam o movimento do sofrimento docente, que entendemos não ser exclusivamente biológico e nem a-histórico, mas marcadamente imbricado e atravessado por questões sociais e culturais ao longo da História.

O SOFRIMENTO PSÍQUICO DOCENTE

O termo "sofrimento psíquico" se refere a processos que levam à estagnação, à impossibilidade do exercício da normatividade, e não se relaciona necessariamente à dor ou dificuldade das pessoas (ALMEIDA, 2018).

Entende-se que não só as pessoas diagnosticadas com problemas mentais sofrem, mas também aquelas que sentem desconforto, dor ou bloqueio em lidar com desafios e obstáculos da vida, afetando suas relações consigo mesmas, com os outros e com o ambiente, mesmo que temporariamente.

Almeida (2018, p. 64) evidencia que

> [...] as várias formas de manifestação do sofrimento psíquico não são exclusividade de um grupo de pessoas predispostas por características biológicas ou psíquicas, senão produzidas no movimento da vida e determinadas socialmente.

As formas de trabalho caracterizadas pela exploração do trabalhador, decorrentes da forma atual em que a sociedade está ancorada, tornando-o mercadoria barata no mercado, afetam sua subjetividade e causam alterações em sua personalidade, favorecendo processos de alienação e estranhamento.

Neste contexto, surgem abordagens como o sucesso individualizado, o alto desempenho e a alta performance, que se espalham para as organizações e chegam no campo educativo, levando a uma expectativa empreendedoríssima de si mesmo, descolado de fatores sociais.

O docente que culpabilizado frente ao "insucesso" de seus alunos, tão logo o seu também, precisa lidar para se adequar ou enfrentar a sociedade do individualismo, que determina a ele certas posturas e competências, exigências consideradas imprescindíveis para sua atuação, porém, na maioria das vezes, sem condições para tal.

O sofrimento docente parece ser parte crescente do cenário atual, de uma sociedade individualista e de uma educação que não caminha nem para a humanização dos docentes, nem dos estudantes. Tal individualismo vai minando o censo de pertença grupal e coletividade. Urge que a Psicologia possa construir caminhos que levem a fatores protetores da saúde do trabalhador, e aqui, especificamente, da saúde docente.

Para que possamos explorar tais questões, utilizar-se-á um recorte de pesquisa de mestrado da presente autora apresentada em uma *live,* a convite do organizador desta obra, para, a partir de então, trilhar pelos diálogos daqueles que resistem, muitas vezes de forma solitária, às obstruções impostas ao trabalho docente, trazendo sentido à sua prática cotidianamente. Importante mencionar que os nomes dos docentes são fictícios para preservação de sua identidade.

EXPRESSÕES DE SOFRIMENTO PSÍQUICO DOCENTE: BREVE CONTEXTUALIZAÇÃO DA PESQUISA

O objetivo da pesquisa de mestrado realizada entre os anos de 2017 e 2019, foi verificar quais as expressões do sofrimento psíquico e sua relação com o trabalho na vida de docentes que atuam na Rede Municipal de Ensino de Campo Grande/MS. (DAGHER, 2019)

Buscou-se realizar levantamento de produções acadêmicas a respeito do adoecimento docente, realização de entrevistas semiestruturadas e oficinas temáticas com seis docentes que atuam nos anos iniciais e finais do ensino fundamental de uma escola municipal de Campo Grande/MS e investigação de dados referentes ao quantitativo de docentes que se afastaram do trabalho para tratamento de saúde por meio de atestados médicos a partir de sete dias, entre os anos de 2015 a 2018 no Instituto Municipal de Previdência de Campo Grande/MS (IMPCG).

A intenção foi levantar não só a quantidade de docentes afastados, mas a quantidade de docentes cujo motivo do afastamento fosse pela CID-10, letra F, que representa os diagnósticos específicos de transtornos mentais. Observe no gráfico um resumo desses achados:

Gráfico 1 – Quantitativo de docentes que foram afastados do trabalho para tratamento médico em período igual ou superior a sete dias: todos os CiDs e por CiD F

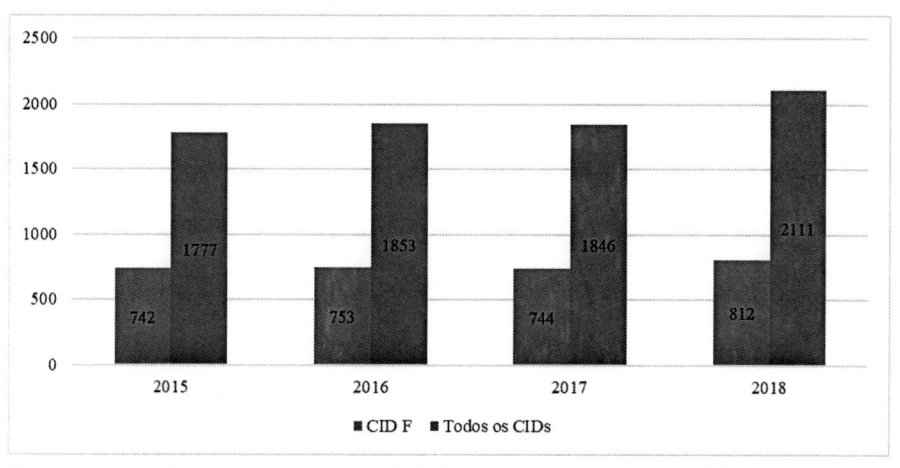

Ano	CID F	Todos os CIDs
2015	742	1777
2016	753	1853
2017	744	1846
2018	812	2111

Fonte: organizado pela autora a partir de dados fornecidos pelo IMPCG (DAGHER, 2019)

Os resultados evidenciaram que os transtornos psíquicos têm sido responsáveis por cerca de 40% dos afastamentos médicos, o que representa um alto e preocupante quantitativo. Tais dados não podem ser relacionados diretamente às questões de trabalho, pois compreende-se que o sofrimento psíquico pode ser ocasionado ou intensificado pelo trabalho, assim como ao contrário, pois o trabalho também pode ser um fator para minimizar o sofrimento desencadeado por outras questões.

A partir da Psicologia Histórico-Cultural, o sofrimento psíquico deve ser analisado levando em conta o contexto e a história de vida do indivíduo, além da interpretação dos significados sociais da cultura. É importante não ver os sintomas isoladamente, mas dentro de uma perspectiva mais ampla da relação sujeito-sociedade.

Em relação aos discursos que emergiram das entrevistas e oficinas temáticas realizadas em uma escola, trouxeram a percepção de que o processo de sofrimento psíquico tem como causas a falta de condições objetivas no trabalho, as pressões vivenciadas nesse, o excesso de funções e sobrecarga laboral, a falta de afetos positivos nas relações entre os atores escolares e ainda, a violência presente na escola, tornando o trabalho descolado de motivos que geram sentido para a prática pedagógica.

Tal conjunto de situações foi expresso pelos seguintes sentimentos e emoções: frustração por não atingir os resultados esperados, esgotamento físico e psíquico, sentimentos de solidão, desamparo, incapacidade e insuficiência.

O processo grupal realizado na pesquisa por meio das oficinas temáticas não teve objetivos terapêuticos, porém, mesmo que na intenção de coleta de dados, fez-se um importante instrumento no sentido de colocar em evidência e dar voz aos docentes de forma ampla e coletiva por possibilitar problematizar aspectos do fazer pedagógico e do ser professor na sociedade atual, além de refletir sobre os processos de sofrimento. Necessário mencionar que os nomes dos docentes são fictícios para preservar sua identidade.

O PROCESSO GRUPAL COMO FORMA DE DAR VOZ AOS DOCENTES

Facci e Urt (2017, p. 14) explicam que "o sofrimento acaba sendo individualizado neste ou naquele professor, mas é necessário fazer esse enfrentamento coletivamente". As autoras também compreendem que é necessário perceber como as relações de trabalho afetam o psiquismo docente, mas "a luta deve ser por transformações cruciais nas relações de trabalho".

Uma escola que busca ouvir os docentes em suas questões e dialogar de forma conjunta em questões desafiadoras, possibilita que "os motivos individuais se transformem em motivos coletivos, e os motivos coletivos em individuais" (FERNANDES, 2015, p. 34), além de tornar o grupo mais coeso e resistente ao processo de sofrimento psíquico.

Os espaços de interlocução na escola que poderiam ser utilizados para reflexão da prática pedagógica, pensar na profissão docente e quais rumos têm caminhado na atualidade, têm sido tomados para resolver burocracias, cobrar resultados, pressionar por melhores índices e pouco se tem feito para que, na coletividade, os docentes possam refletir de forma mais ampla sobre a própria profissão, como declara professora Regina, participante da oficina realizada:

> *Esses dias eu fui em um curso da Semed (Secretaria Municipal de Educação), daí o professor (palestrante) falou assim [...] a gente reclamando da questão de índice, questão de aprovar, ele respondeu pra gente assim: "Que o mundo é assim, o capitalismo é assim e lá fora vai ter os bons e vai ter os ruins", então assim, a gente tem que seguir isso, assim mesmo, porque não adianta, é uma questão macro do sistema, não está nas nossas mãos e nem nas mãos deles; eu falei: "Ó, a gente vai ter que pensar assim pra gente não sofrer tanto dessa questão", porque se vai ter que ter os ruins, então [...]* (Professora Regina – participante da oficina temática – 2019).

Evidente que não há espaço para que os docentes possam tomar consciência e pensar em questões da própria profissão porque *"é uma questão macro do sistema [...] a gente tem que seguir isso, assim mesmo, porque não adianta"*, como menciona a professora. Esse tipo de pensamento favorece ainda mais o sentimento de incapacidade, solidão, abandono e de que *"não adianta se esforçar porque nada vai mudar e não há muito que fazer"*.

Observa-se que esse "desabafo" expressa o esvaziamento do ensino, a perda do papel docente de ensinar, de transmitir conhecimento e não há como haver sentido e significado no trabalho, pois *"a gente vai ter que pensar assim pra gente não sofrer tanto dessa questão"*, como reforça a professora. O sentimento de solidão vivenciado pelos docentes, ainda que velado nessa fala, interfere no sentimento de pertença social, configurando-se numa autoimagem e identidade prejudicadas.

Em relação à percepção sobre processos de saúde/doença em uma das oficinas, constatou-se ainda mais a precarização do trabalho e os processos de alienação e solidão no relato de duas professoras:

> *Eu passei um momento muito difícil da minha vida, foi muito difícil, então abalou muito o meu emocional, tive que fazer um tratamento com psicóloga, agora eu estou bem, só que assim, esse ano que peguei firme, primeiro ano, foi um desgaste, foi um desgaste, principalmente nessa parte dos maiorzinhos, segundo e quarto ano já deu um desgaste. Quando eu falei com o médico, um mês atrás, eu estava dando aula. Parece que eu estou sentindo assim, um mal-estar, parece que está querendo bater aquela palavra "depressão", eu estou um pouco "sonolenta", comentei o que eu estava passando, eu estava com uma crise de choro, ele falou assim: "Vou te encaminhar para um psiquiatra", aí eu falei assim: "Não, Doutor, eu estou bem", já mudei a história na hora, melhorei na hora, lembrei que sou convocada, final do ano, eu não posso. É que nem o casamento, eu não posso pegar atestado, é só eu pra me manter,*

> *vou tomar um Dorflex e vamos embora... E estou superando, mas a primeira coisa: "Vou te encaminhar para um psiquiatra", fiquei até assim? Sabe?* (Professora Clarinda – participante da oficina temática – 2019).
>
> *Está todo mundo vendo que a gente está doente, mas a gente não pode assumir a doença.* (Professora Sirley – participante da oficina temática – 2019).

A professora Clarinda trabalha na Rede Municipal de Ensino, em regime de contrato temporário, diferentemente de um docente efetivado por meio de concurso público, e fala sobre as dificuldades em seu primeiro ano na profissão docente. Fica evidente que não há espaço para qualquer tipo de adoecimento, apesar da precarização do trabalho. A necessidade de sobrevivência afasta qualquer possibilidade de até mesmo ser encaminhada para um profissional da Psiquiatria. Na sequência de sua fala, a professora Sirley reforça que não há possibilidade para assumir a doença.

Para além do dito pelas professoras, infere-se que assumir a doença, muitas vezes, é o único caminho que professores encontram para lidar com os entraves do trabalho e seguir adiante, quando nem os "Dorflex" dão mais jeito. O docente, que de certa forma "assumiu a doença", seja pelos afastamentos médicos ou processos de readaptação, encontrou nessa possibilidade uma forma de enfrentamento e resistência contra a realidade imposta. Sobre esse processo, Facci e Urt (2017, p. 13) apontam:

> Parece-nos que os professores, no momento atual, estão estranhados do trabalho, sendo livres somente para suprir as necessidades básicas, perdendo, desta forma o sentido — pessoal — em relação à finalidade do seu trabalho. As precárias condições de trabalho — que são objetivas, que estão na materialidade das relações estabelecidas — entranham os homens, corroem as suas personalidades, até o limite. Muitos sucumbem, adoecem, tornam-se readaptados na tentativa de enfrentar, muitas vezes, a precarização do trabalho. Entendemos, muitas vezes, que esta é uma forma de resistência ao processo de alienação que se coloca ao trabalhador professor. Como ensinar se condições objetivas não possibilitam tal feito? Como se sentir partícipe do "processo de produção" do conhecimento, se lhe é retirada a possibilidade de se formar, de se desenvolver por meio do trabalho? O que lhe resta, muitas vezes é incorporar a culpa por não dar conta das tarefas.

A dificuldade em cumprir com a função social de seu trabalho favorece ao docente processos de sofrimento psíquico e perda do real sentido de sua prática pedagógica. O docente é guiado por motivos-estímulos apenas, como obtenção do salário, por exemplo, e não por motivos geradores de sentido, que tem a ver com a função social que exercem. Além disso, observou-se que a organização do trabalho docente na sociedade atual aponta limites para a realização de uma atividade laboral que desenvolva a humanização de docente e estudantes.

Apesar das falas apontarem sofrimento explícito e velado, encontra-se um desejo de resgatar a identidade por meio da valorização docente em meio aos desafios da profissão e, ainda, ver os estudantes adquirindo conhecimento e seguindo adiante em um trabalho ou faculdade, torna-se uma forma de prazer e satisfação, como mostra Professora Sirley:

> Eu acho assim, que a gente precisava recuperar um pouco dessa valorização do professor, eu acho o professor hoje em dia: Nossa! Você às vezes fica até meio tímida de falar: "Ai, eu sou professora", porque parece assim que é uma classe inferior, e não é. A gente fez o terceiro grau, a gente estudou, a gente fez faculdade, a gente tem sim valor dentro da sociedade. [...] eu acho compensador, eu gosto bastante, me alegra e eu gosto muito deles, eu gosto de ver eles maiores, eu que tô aqui há tantos anos, vou fazer catorze anos, vejo pais que já foram meus alunos trazendo filho aqui na escola, comecei não dando aula pros pequeninhos, comecei dando aula até o quinto ano, então eu já peguei alunos maiores, hoje eu dou aula pros filhos dos meus ex-alunos e eu acho isso legal, você encontrar fora, trabalhando, falando que tá fazendo faculdade, eu gosto disso, eu acho que isso é compensador, vale a pena.

Nas dimensões positivas do trabalho, o motivo da realização da atividade docente alcança o fim proposto, o professor então vê sentido em seu trabalho, sentido esse atrelado ao significado social de sua profissão, que seria o ensino e a aprendizagem dos estudantes, ou seja, a socialização do conhecimento produzido historicamente.

Finalmente, compreende-se que um projeto para a construção de fatores protetores da saúde mental docente e formas de resistência ao adoecimento é bastante complexo e pode se enveredar por vários caminhos e ações: a nível macro ou micro, coletivo ou individual, que envolvam ou não políticas públicas. Observa-se a supremacia das ações individuais em relação às construções coletivas e o pouco interesse de políticas públicas nesse sentido.

Ressalta-se que é na constituição das relações sociais que a humanidade produziu, apropriou-se e socializou o conhecimento, e que uma das formas de transformação social dessa triste realidade possa ser por meio de construções coletivas, de maneira que os docentes tenham espaços de circulação da palavra, para pensarem sua formação, seu fazer pedagógico e os impactos de sua atividade na saúde mental, de forma que as reuniões pedagógicas organizadas pelas Secretarias de Educação, escolas, sindicatos, organizações, possam humanizar os docentes e não aliená-los como meros executores de metas e índices.

A identidade e personalidade docente é constituída num movimento que é dialético e inacabado, de um constante vir a ser. Logo, onde há a possibilidade de sofrimento, também há a possibilidade de mudança, de emancipação e de enfrentamento.

REFERÊNCIAS

ALMEIDA, Melissa Rodrigues de. *A formação social dos transtornos de humor*. 2018. Tese (Doutorado em Saúde Coletiva) – Faculdade de Medicina de Botucatu, Universidade Estadual Paulista Júlio de Mesquita Filho, Botucatu, SP, 2018.

CID-10. Código Internacional das Doenças. Disponível em: https://cid10.com.br. Acesso em: 15 jan. 2022.

CODO, Wanderley. *Educação*: carinho e trabalho. Petrópolis, SP: Vozes, 1999.

DAGHER, Thalita Ortiz Neves. *Expressões do sofrimento psíquico docente*: uma análise a partir da Psicologia Histórico-Cultural. 2019. Dissertação (Mestrado em Psicologia) – Universidade Federal de Mato Grosso do Sul, Campo Grande, MS, Brasil, 2019.

FACCI, Marilda Gonçalves Dias; URT, Sonia da Cunha. Professor Readaptado: o adoecimento nas relações de trabalho. *Anais da 38ª Reunião Nacional da ANPED*, Universidade Federal do Maranhão, São Luís, MA, Brasil, 2017.

FERNANDES, Luciete Valota. *O processo grupal como resistência ao sofrimento e ao adoecimento docente*: um estudo à luz da perspectiva histórico-dialética. 2015. Tese (Doutorado em Psicologia) – Universidade de São Paulo, São Paulo, 2015.

MARTINS, Lígia Márcia. O sofrimento e /ou adoecimento psíquico do(a) professor(a) em um contexto de fragilização da formação humana. *Cadernos Cemarx*, p. 127-144, 2018.

SILVA, Maria Aparecida Santiago da; TULESKI, Silvana Calvo Tuleski. Patopsicologia Experimental: Abordagem histórico-cultural para o entendimento do sofrimento mental. *Estudos Psicológicos*, 207-216, 2015.

LIVE 7

PERSPECTIVA DE ATUAÇÃO DA PSICOLOGIA NA E PARA A ESCOLA: É CHEGADA A HORA![20]

Eloisa Hilsdorf Rocha Gimenez
Raquel Pondian Tizzei
Thiago de Brito Ribeiro

INTRODUÇÃO

A Psicologia Escolar e Educacional configura-se como campo do conhecimento psicológico que vem ganhando espaço privilegiado nas práticas e intervenções nos processos educativos, assim como na criação, implantação e execução de políticas públicas educacionais. Um marco importante desse processo é a Lei n.º 13.935/2019, que versa sobre a inserção de psicólogos e assistentes sociais nas escolas e vem possibilitando uma compreensão de que o psicólogo escolar e educacional possui práticas específicas de atuação em conformidade com o compromisso ético-político da profissão.

O profissional da psicologia, nesse âmbito, deve participar de formações continuadas a fim de repensar e refletir sobre as suas próprias práticas a todo o momento, visando a atendimentos que levem em consideração o ser humano em sua integralidade e historicidade; deve também compreender as relações sociais em seus processos dialéticos, ou seja, entender que os fenômenos na escola não acontecem de forma estanque e gradual.

Partindo disso, este capítulo tem por objetivo compartilhar reflexões sobre a prática do psicólogo escolar a partir da apresentação de uma intervenção desse profissional num contexto educacional de uma cidade no interior de São Paulo. Esta intervenção configurou-se como uma assessoria em psicologia escolar e teve duração de pouco mais de um ano, tempo este muito significativo em relação ao impacto frente à equipe de profissionais daquele contexto[21].

---

[20] Para assistir a *live* que deu origem a este capítulo, basta acessar o link: https://youtube.com/live/IWl-9L6Xwis no canal Prof. Ronaldo Alexandrino no YouTube.

[21] Para detalhes sobre este trabalho, vide tese intitulada: Intervenções da Psicologia Escolar em um Núcleo Educacional: Percursos e Contribuições. Esta tese é de autoria de Gimenez (2011), sob orientação da Prof.ª Dr.ª

OS MARCOS HISTÓRICOS E LEGAIS DA PSICOLOGIA ESCOLAR E EDUCACIONAL

Ao longo das últimas décadas, o Brasil vem apresentando uma grande variedade de situações e problemáticas referentes ao contexto escolar que demandam intervenções especializadas. Nesse sentido, um dos campos de atuação que ganha destaque diz respeito à Psicologia Escolar e Educacional, que tem se constituído como campo importante de atuação em instituições educativas no sentido de mediar processos de ensino e aprendizagem das mais diferentes formas.

A partir de uma visão histórico-social de homem e de sociedade, fundamentada nos pressupostos epistemológicos do método do materialismo histórico e dialético, pontua-se a centralidade em realizar uma compreensão dos fenômenos humanos e sociais em sua historicidade. Nesse âmbito, os psicólogos "devem se afastar de uma posição idealista e a-histórica da Psicologia, pois somente assim conseguirão aproximar-se de uma compreensão que, ao contextualizar o presente, considera o passado" (GIMENEZ, 2011, p. 43).

Ou seja, fica evidente que esse profissional deve levar em consideração a processualidade dos fenômenos históricos e culturais para as dinâmicas das relações sociais, para, com isso, buscar compreender a materialidade das próprias relações humanas. Há, portanto, uma origem social do desenvolvimento do psiquismo (VIGOTSKI, 2000; VIGOTSKI, 1999).

Em contrapartida, nem sempre a Psicologia, enquanto ciência, preocupou-se com os processos dinâmicos e processuais dos processos históricos que constituem e são constituídos pelos sujeitos. Tradicionalmente, a relação da Psicologia com a Educação se debruçou aos interesses das elites e, desde a sua gênese nos países europeus, é uma profissão marcada pelo controle, medição, categorização e diferenciação dos indivíduos, o que acabou trazendo uma visão individualista dos problemas psicológicos e sociais (BOCK, 2003).

Consoante ao entendimento do percurso histórico que culminou nas relações recíprocas entre Psicologia e Educação, faz-se importante compreender os marcos legais que culminaram na inserção e prática dos profissionais da Psicologia no âmbito escolar e educacional. Após uma série de tratativas, movimentos sociais, assembleias, seminários e congressos

---

Ângela Soligo.

nacionais e internacionais, em 11 de dezembro de 2019, foi promulgada a Lei n.º 13.935, de 11 de dezembro de 2019, que prevê que as redes públicas de educação básica contarão com serviços de Psicologia e do Serviço Social para atender às necessidades e prioridades definidas pelas políticas de educação (BRASIL, 2019).

A partir dessa lei, há previsão da inserção desses profissionais nas rotinas e intervenções escolares visando ao aperfeiçoamento dos processos de ensino-aprendizagem, à promoção da qualidade de vida e do bem-estar no ambiente escolar, bem como em relação ao desenvolvimento das relações sociais na instituição escolar.

De acordo com a Associação Brasileira de Psicologia Escolar e Educacional (Abrapee), muitas são as concepções teóricas e metodológicas que norteiam a prática do psicólogo nas instituições escolares. Essas práticas têm buscado compreender processos subjetivos humanos e a sua relação com processos de ensino e aprendizagem, desenvolvimento humano nos mais diferentes níveis de educação, além dos processos de inclusão, políticas públicas, formação de professores, dentre outras possibilidades.

Depois de anos buscando romper com o paradigma de atuação clínica, o profissional da psicologia escolar e educacional tem como um de seus principais objetivos a análise e a intervenção nos contextos e processos educativos oriundos da instituição escolar, levando sempre em consideração os determinantes pessoais, sociais, históricos, políticos e econômicos envolvidos nessas dinâmicas sociais. Dentre os principais campos de estudo e atuação, esses profissionais podem realizar atividades de estudo e pesquisa educacionais, mediação e intervenções nos processos de ensino-aprendizagem dos estudantes, estudos relacionados ao desenvolvimento humano e as fases da vida, práticas educacionais e socioeducativas relacionadas a temáticas transversais, tais como diversidade humana e étnico-racial, participação na elaboração e implementação de políticas públicas educativas.

Nesse sentido, com o auxílio do olhar dos profissionais da psicologia, é possível identificar, analisar e propor intervenções que abarquem os diversos níveis intrapessoais e interpessoais envolvidos nos processos de socialização e educação, tanto no ambiente escolar como em seu entorno, a saber na família e comunidade que cerca os muros da escola. Acrescenta-se que o Centro de Referências Técnicas em Psicologia e Políticas Públicas (Crepop), iniciativa do Sistema Conselhos de Psicologia — Conselho Federal de Psicologia (CFP) e Conselhos Regionais de Psicologia (CRP) —, ao tratar sobre a temática da psicologia e sua inserção no campo educacional elucidam que a Psicologia Escolar e Educacional deve almejar um projeto educacional que:

> Vise a coletivizar práticas de formação e de qualidade para todos; que lute pela valorização do trabalho do professor e constitua relações escolares democráticas, que enfrente os processos de medicalização, patologização e judicialização da vida de educadores e estudantes; que lute por políticas públicas que possibilitem o desenvolvimento de todos e todas, trabalhando na direção da superação dos processos de exclusão e estigmatização social. Na perspectiva ético-política deste documento, se faz necessário demarcar posicionamentos em defesa da não neutralidade da Referências Técnicas para atuação de psicólogas(os) na educação básica 27 educação, da valorização e autonomia docente, da escola como espaço privilegiado para reflexões sobre relações de gênero, sexualidade e relações étnico-raciais, afirmando as contribuições do trabalho da psicologia nestes assuntos e na desconstrução de violências, tais como o machismo, a LGBTfobia, o racismo, sexismo. (Conselho Federal de Psicologia [CFP], 2019, p. 26 e 27)

Marcon *et al.* (2016, p. 292), ao reforçarem a importância do trabalho do psicólogo na escola, consideram que a instituição escolar se apresenta "como um campo de atuação do psicólogo, na medida em que este profissional se compromete com a tarefa de construir um processo educacional no qual sejam favorecidos os processos de humanização".

Sob essa perspectiva, a Psicologia Escolar e Educacional é considerada um campo de atuação profissional que trata das interrelações entre os aspectos subjetivos, de personalidade e do psiquismo humano em relação ao contexto escolar, seu entorno e os processos de ensino-aprendizagem ali embricados. Assim, essas áreas do conhecimento se caracterizam como um campo de produção de conteúdo e conhecimentos, de pesquisa e práticas interventivas que assume um compromisso ético-político com os fenômenos ocorridos na escola e em seus processos e movimentos (MARINHO-ARAÚJO; ALMEIDA, 2005).

A partir disso, é possível compreender que muitas podem ser as formas de intervenção do psicólogo na escola, dentre elas, destacaremos, a partir de um relato de experiência, uma das formas de intervenção caracterizada como uma assessoria em psicologia escolar junto a um Núcleo Educacional vinculado à Secretaria de Educação de uma cidade do interior do estado de São Paulo.

A ASSESSORIA EM UM NÚCLEO EDUCACIONAL: COMO TUDO COMEÇOU

Para contextualizar o trabalho da assessoria que fora realizada por nós psicólogas[22], será necessário apresentar, brevemente, como tudo começou a partir do recebimento do convite para realizarmos o trabalho de assessoria em um Núcleo Educacional. Será necessário também descrever sucintamente como esse Núcleo estava organizado antes do início de nosso trabalho para, posteriormente, apresentar as intervenções realizadas e algumas das mudanças ocorridas.

O Núcleo foi inaugurado em 2001, e neste momento, poucos eram os profissionais que nele atuavam. O quadro profissional era composto por apenas: duas psicólogas, uma psicopedagoga, uma assistente social e uma fonoaudióloga. O trabalho se restringia às triagens e avalições dos encaminhamentos que eram realizados pela rede de educação municipal da cidade, não havendo outras intervenções além destas.

Foi apenas no final de 2003, por meio de um concurso público, que um novo quadro de profissionais começou a fazer parte do Núcleo Educacional. Foi neste ano também que o Núcleo começou a realizar atendimentos mais prolongados dos casos avaliados e as escolas foram instruídas a encaminhar alunos com problemas sérios de aprendizagem e comportamento.

Assim, avaliações e atendimentos das queixas escolares começaram a ser realizados em uma perspectiva clínica tradicional. Cabe ressaltar que as avaliações realizadas pelos psicólogos eram feitas em uma única sessão, de 50 minutos de duração, na qual faziam o contato com a criança e também com seus familiares. Assim, além de não fazerem o contato com a escola (de onde emergiam todos os encaminhamentos), o tempo destinado para a avaliação, na qual muitas vezes testes eram aplicados (parcialmente), era extremamente insuficiente.

Posteriormente a essa avaliação, os atendimentos se iniciavam. As famílias recebiam orientações e a escola recebia uma devolutiva. No entanto, verifica-se que o trabalho com a escola mediante a queixa recebida quase não ocorria. Foi assim que, ao iniciarmos o trabalho de assessoria de psicologia, constatamos que o Núcleo era um local que recebia inúmeros encaminhamentos e muitos permaneciam em lista de espera, a qual se tornou extensa.

---

[22] Eloisa Hilsdorf Rocha Gimenez e Raquel Pondian Tizzei.

Devido à grande demanda de encaminhamentos e pelo fato do trabalho realizado no Núcleo não os suprir, a coordenadora do local sentiu a necessidade de mudar os rumos e percursos deste, e solicitou nosso trabalho como assessoras. Ingressamos neste contexto em setembro de 2007, permanecendo nele até dezembro de 2008.

Descreveremos, brevemente, esse caminho por nós trilhado, para que o leitor possa conhecer nossas intenções, passos e intervenções.

CONTEXTUALIZAÇÃO DO TRABALHO DA ASSESSORIA ESCOLAR: REDIMENSIONAMENTO DO NÚCLEO EDUCACIONAL.

CAMINHO PERCORRIDO ENTRE SETEMBRO E DEZEMBRO DE 2007

No início do trabalho, deparamo-nos com um Núcleo que estava composto por 17 profissionais de diferentes áreas como citado anteriormente. Neste momento, o Núcleo realizava as triagens, avaliações e os atendimentos essencialmente a partir de uma perspectiva clínica, diagnosticadora, médica e remediativa. Estas eram, portanto, condutas adotadas por todos os profissionais, o que inclui a Psicologia.

Problematizar as concepções que permeiam estes tipos de intervenções fez-se necessário e isto já vem sendo discutido pela literatura (PATTO, 2005; MACHADO, 2005, SOUZA, 2007, TANAMACHI, 2007; MEIRA, 2008). Tais autoras, baseadas em uma concepção diferenciada da intervenção da Psicologia e por meio de teorias críticas, nos convidam a novos olhares e a percorrer outros caminhos em direção a novas práticas profissionais.

"Mergulhadas" nessa literatura, sentíamos cada vez mais a necessidade de problematizar as concepções e as práticas que vinham sendo realizadas em tal Núcleo Educacional. Inserir os profissionais desse Núcleo nas escolas foi parte do que inicialmente apresentamos à equipe e iniciamos a sua execução. Passamos então a mediar as ações dos profissionais para uma intervenção de toda a equipe do Núcleo na escola. Esta proposta contemplava a promoção como foco, e assim, os primeiros contatos e passos junto a este Núcleo foram realizados.

Com o intuito de conhecer as necessidades e o funcionamento do Núcleo Educacional, nos encontros semanais, discutíamos sobre esse assunto.

Assim, fomos conhecendo as queixas que os profissionais nos apontavam, os problemas que os envolviam, bem como pensávamos nas possíveis ações para amenizar as problemáticas apresentadas por eles.

Foi assim que iniciamos o trabalho e que reuniões semanais com os funcionários do Núcleo começaram a acontecer. Além disso, tivemos a possibilidade de integrar e participar das reuniões mensais com diretores e coordenadores de escolas que já ocorriam como formação continuada destes junto à secretaria de educação.

Ingressamos em um universo cujas práticas e relações profissionais estavam consolidadas. Formar uma parceria com os funcionários era o que almejávamos já que, conforme aponta Machado (2005), as parcerias são dispositivos importantes e fundamentais para o trabalho do psicólogo no sentido de adentrar o campo de forças que determina a situação que pretendíamos modificar. Conhecer os diferentes olhares e saberes da equipe foi fundamental para, juntos, produzir mudanças. Problematizar, questionar, discutir e discordar. Ler, estudar, falar e produzir. Foram com estas concepções que trabalhamos. Foi assim que conduzimos o nosso trabalho. Sugerimos e fizemos alguns percursos por meio de algumas atividades.

A primeira atividade solicitada foi para os profissionais preencherem um quadro com a intenção de conhecermos aquilo que pensavam, requisitavam e idealizavam em relação ao local em que trabalhavam. Para tanto, sugerimos que pensassem e esquematizassem um quadro por escrito sobre: Problemas – Possibilidades – Ações.

Verificamos por meio desta atividade que os profissionais apresentaram muitas queixas e insatisfações, tais como: falta de uma triagem adequada; pouco tempo para realização da avaliação; atendimento inadequado; devolutiva inadequada; falta de reunião com funcionários; horário de trabalho inadequado; falta de funcionários.

Discutimos com a coordenadora e equipe do Núcleo sobre as queixas apresentadas e assim foi possível propor algumas mudanças na forma de intervenção e funcionamento do Núcleo. Foram elas:

- Divisão dos profissionais em equipes para iniciarem, a partir do ano seguinte, 2008, as intervenções nas escolas.
- Reelaboração do instrumento de triagem e a forma de sua execução.
- Divisão das tarefas de trabalho entre os profissionais.
- Estabelecimento de contato com rede de apoio e com escolas.

Com relação à formação e divisão dos profissionais em equipes de trabalho, a qual ocorreu por meio da adesão voluntária de todos os profissionais, ficou decidido que cada equipe seria composta pelas especialidades: Psicologia, Pedagogia, Assistência Social, Psicopedagogia e Fisioterapia, sendo formadas três equipes de trabalho.

Cabe destacar também que nossa proposta era de iniciarmos um projeto piloto, no qual cada equipe se responsabilizaria por uma a duas escolas. Pensamos ser isto pertinente, uma vez que seria o primeiro projeto deste tipo no Núcleo. No entanto, foi unânime a decisão por parte dos profissionais em "abraçarem" todas as 32 escolas municipais. Eles argumentavam que as escolas não aceitariam ficar fora da proposta e que se isto ocorresse, seriam alvo de muitas críticas.

Outro assunto que ocupou boa parte das discussões neste período (set/dez/2007) foi a necessidade de modificações no roteiro de triagem. Refletirmos sobre este tipo de instrumento e, assim, a partir da opinião de todos, fora confeccionado um que julgaram ser adequado para ser distribuído para as escolas.

Discutimos também sobre a queixa de alguns profissionais, em especial das assistentes sociais, em relação ao papel profissional que estavam desempenhando no Núcleo. Elas estavam incomodadas e manifestavam insatisfação mediante ao trabalho que estavam realizando, uma vez que argumentavam que não estavam exercendo suas reais funções profissionais.

Outro aspecto importante que foi possível ser estabelecido nesse período foi o contato e o diálogo com as escolas. Isto ocorreu por intermédio das reuniões que aconteceram com os diretores e coordenadores das 32 escolas municipais. Nestas reuniões, a proposta de redimensionamento do trabalho, que iniciariam a partir de 2008, foram apresentadas.

Esses foram alguns exemplos que ilustraram o percurso inicial da inserção da assessoria no Núcleo no período de setembro a dezembro de 2007.

OUTROS MUITOS PASSOS: PERCORRENDO A TRAJETÓRIA REALIZADA DURANTE O ANO DE 2008

A partir de fevereiro de 2008, demos prosseguimento ao trabalho e nós (assessoras) frequentávamos o Núcleo duas vezes por semana, tendo sido destinado a esse trabalho oito horas semanais.

O Núcleo, nesse momento, 2008, passou a ser dividido em três equipes, sendo que cada equipe ficaria responsável (pelas intervenções) por aproximadamente 11 ou 12 escolas. Desta forma, as horas de trabalho dos profissionais do Núcleo passaram a ser organizada da seguinte forma: seis horas foram destinadas às intervenções nas escolas, duas horas foram disponibilizadas para plantão; duas horas para a reunião com a assessoria; duas horas de reunião entre a equipe e mensalmente disponibilizaram mais duas horas de reuniões com todas as equipes do Núcleo.

Essa nova forma de organização foi planejada para tornar cada vez mais próxima a relação entre Núcleo e escola e, em especial, para entender o funcionamento que levava aos encaminhamentos. Assim, horários de plantões foram disponibilizados pela equipe para as escolas, para que a equipe técnica desse contexto pudesse ter no Núcleo um espaço de reflexão.

Iniciou-se a primeira aproximação entre Núcleo e escolas e a princípio as visitas realizadas tiveram como propósito apresentar o remanejamento daquele local, bem como apresentar e discutir o novo roteiro de triagem. Nesse sentido, um olhar institucional em consonância com o proposto pela literatura de Souza (2007) foi iniciado. O foco da intervenção, de acordo com a autora, passa a ser uma rede de relações de produção de práticas, de conhecimentos e de processos de subjetivação.

As intervenções das equipes nas escolas deflagraram muitas discussões nas reuniões semanais das equipes conosco e assim, era por meio delas que propúnhamos algumas leituras, assistimos filmes e documentários para replanejar e construir uma outra configuração de intervenção em equipe multiprofissional. Nesse processo, foi estabelecido o contato com a rede de saúde e os profissionais que trabalham na Policlínica[23] participaram de uma reunião conosco. A aproximação entre Núcleo (Educação) e Policlínica (Saúde)[24] era essencial para adentrar a rede de relações, tal qual problematiza Machado (1999), e isto se iniciou. Foi por meio desse contato que os funcionários apresentaram o funcionamento do Núcleo, havendo a tentativa de que a problematização sobre a queixa escolar fosse iniciada.

Outras atividades aconteciam: auxiliávamos a equipe a pensar sobre os propósitos das palestras que fariam aos professores, sobre a participação de alguns funcionários do Núcleo na reunião de pais, discutíamos sobre

---

[23]

[24] Local de atendimento público multidisciplinar que inclui entre os profissionais psicólogos e médicos. Neste local eram oferecidos acompanhamentos psicoterápicos de demandas surgidas nos mais diferentes locais da cidade, inclusive das escolas.

projetos que estavam realizando nas escolas, e assim, caminhávamos. Além disso, discutíamos sobre as expectativas que as escolas tinham em relação ao Núcleo e sobre aquilo que entendiam que deveriam realizar, sobre as cobranças e críticas que eram direcionadas aos profissionais do Núcleo e os sentimentos despertos por meio destas. Assim, atingíamos nosso objetivo de debater e desconstruir versões cristalizadas acerca das queixas escolares e a produção do fracasso escolar.

Ao final de 2008, fizemos uma avaliação do trabalho desenvolvido neste ano e participamos da organização do planejamento do ano seguinte, 2009. Fizemos algumas sugestões e propusemos algumas ações, pois considerávamos que estas deveriam constar no planejamento que os funcionários do Núcleo estavam elaborando.

Tivemos acesso ao planejamento que cada equipe elaborou e entre as propostas sugeridas pelos funcionários, apresentamos algumas. Foram elas: participar das reuniões de pais, das reuniões de planejamento das escolas e das reuniões dos diretores na Secretaria de Educação; ministrar palestras sobre temas diversos (a partir das necessidades de cada escola); aproximar fisioterapeutas do Núcleo dos professores de Educação Física das escolas para realizarem trabalhos de maneira integrada; realizar reuniões com professores nas escolas e no Núcleo por meio dos plantões; aumentar carga horária de trabalho nas escolas e das reuniões entre as equipes; disponibilizar horários (esporádicos) para participarem dos Horários de Trabalho Pedagógicos Coletivos (HTPC).

Discutir tais propostas e encontrar formas de viabilizá-las seriam os próximos passos a serem percorridos no ano de 2009. No entanto, este ano se iniciou e ainda não sabíamos se continuaríamos ou não com o trabalho e isto dependia da Secretaria de Educação daquele município do estado de São Paulo.

Foi apenas em meados de março de 2009 que indeferiram oficialmente a continuidade da assessoria e nem nós e nem a coordenadora do Núcleo fizemos mais parte deste contexto. Assim, sem termos recebido os motivos que justificassem essa decisão, o trabalho da assessoria encerrou-se em dezembro de 2008.

CONTRIBUIÇÕES DA PSICOLOGIA NA E PARA A ESCOLA: OS PERCURSOS DE UM NÚCLEO EDUCACIONAL

Nosso interesse com tudo o que expusemos até o momento foi o de refletir e de mostrar intervenções sobre os novos e possíveis rumos da Psicologia em sua interface com a Educação e, para tanto, nos respaldamos em diversos autores, como os já citados nesse capítulo.

Temos ciência das contribuições e benefícios que a assessoria em psicologia escolar pôde oferecer ao Núcleo, embora a duração dela tenha sido pequena quando comparada a complexidade desse contexto. No entanto, acreditamos que iniciamos um diálogo sobre a Educação, sobre o Núcleo, seus objetivos e funções, sobre as queixas escolares e sobre as práticas profissionais e que isto tenha sido importante para desestabilizar certezas e modificar práticas há tanto tempo inalteradas.

Ao percorrermos a trajetória de trabalho que fora (inicialmente) realizada pelos profissionais que trabalhavam no Núcleo, afirmamos que presenciamos um número excessivo de encaminhamentos escolares que eram a eles direcionados. Presenciamos também os profissionais do Núcleo respondendo aos encaminhamentos com procedimentos de diagnóstico e tratamento. Conforme já apontado pela literatura, vide Patto (1999; 2005), Machado e Souza (2001), Yazlle (1997), Zucoloto (2007) e Souza (1996), este tipo de intervenção tem servido apenas para legitimar que a problemática é mesmo do aluno ou de sua família. Além disto, constatamos que as principais queixas recebidas eram de dificuldades de aprendizagem e de comportamento e por isto grande parte delas era direcionada à Psicologia, Pedagogia e/ou Psicopedagogia. Estes dados estão de acordo com o que apontam os estudos de Souza (2007) sobre queixas escolares e as práticas dos psicólogos.

Verificamos que durante anos a rotina e o cotidiano vivenciado pelo Núcleo foi acolher as queixas encaminhadas e, no caso da Psicologia, propor como alternativa a psicoterapia. Embora os profissionais estivessem envolvidos e comprometidos em sua prática, não percebiam que, desta maneira como realizavam as intervenções, estavam contribuindo com a perpetuação de uma imensa demanda, além de contribuírem com o processo de exclusão das crianças encaminhadas. Para as análises e reflexões, nesse âmbito, foram consultadas as referências bibliográficas, a saber: Angelucci (2005), Machado e Souza (2001), Veiga Neto (2005), Souza (1996), Freller (1997), Bueno (2008), Collares e Moyses (2008) e Abenhaim (2005).

Assim acontecia: a escola encaminhava aquele que apresentava dificuldade e tais serviços os acolhiam com o objetivo de devolvê-los adaptados. Porém, conforme é sabido, tais práticas pouco contribuem para auxiliar o processo de ensino-aprendizagem e, portanto, a queixa permanece e se intensifica, afinal, as escolas continuam a reclamar que as crianças pouco melhoraram.

Reverter isto era (e continua ainda sendo) necessário, pois os pedidos insistentes por atendimentos ainda persistiam. Desconstruir essa visão foram as nossas tentativas como assessoras. Nossa intenção era refletir sobre a concepção que medicaliza e patologiza as queixas escolares e também discutir sobre a intervenção clínica tradicional que a Psicologia realiza mediante encaminhamentos escolares. Nosso intuito foi propiciar reflexões sobre a necessidade de reconhecer os vários fatores relacionados com a queixa e de envolver todos na avaliação desse fenômeno. Assim, discutíamos, por exemplo, sobre as avaliações que os psicólogos realizavam nas crianças, sobre as queixas que as escolas estavam encaminhando e sobre formas de atuarem a partir disto. Pensávamos em propostas de intervenções nas escolas por meio de projetos diversos, discutíamos a possibilidade de realizarmos avaliações em grupo, refletíamos sobre alguns casos específicos de algumas crianças que estavam sendo apontadas como casos graves por determinadas escolas.

Propúnhamos algumas estratégias que auxiliassem nosso trabalho, como leituras orientadas e discussões de filmes e documentários. Assim, discutíamos sobre as queixas escolares, a produção do fracasso escolar e a necessidade de envolver e desvelar o mundo e o cotidiano das escolas.

No decorrer do trabalho desenvolvido, foi possível acompanhar e compreender uma movimentação diferente que acontecia no Núcleo e que parecia indicar algumas transformações positivas. Entre elas, citamos algumas: reorganização do funcionamento do Núcleo por meio da divisão dos profissionais em equipes e inserção do trabalho junto às escolas; divisão das tarefas de trabalho entre os profissionais do Núcleo; oferecimento de horários de plantões disponíveis para todas as escolas; horário de trabalho coletivo entre as equipes; estabelecimento de contato com rede de apoio e com os diretores de escolas por meio de reuniões que ocorriam na secretaria da educação.

Além dessas mudanças, outras aconteceram, como a realização de palestras sobre temas diversos. Houve participação dos profissionais nas reuniões de pais e em HTPC e outras formas de avaliação, como as realizadas em grupo, também começaram a fazer parte da nova organização do Núcleo.

Essas foram algumas das mudanças que aconteceram no funcionamento do Núcleo. Consideramos que a descrição delas, bem como as reflexões realizadas no capítulo que aqui se encerra, tenha cumprido com o nosso propósito: o de partilhar o caminho percorrido junto aos profissionais do Núcleo e o de mostrar algumas possibilidades de intervenções da Psicologia em sua interlocução com a Educação.

Cabe mencionar que, embora o trabalho de assessoria tenha se encerrado em 2008 e de não termos conhecimento de como o Núcleo está funcionando atualmente, acreditamos que o caminho trilhado propiciou aos envolvidos (o que nos inclui como assessoras), aprendizagens e transformações e que estas nos tornaram outros, e para isto, não há volta!

REFERÊNCIAS

ABENHAIM, Evanir *et al*. Os caminhos da inclusão: breve histórico. *In:* SILVA, Marcus Vinicius de Oliveira (org.). *Psicologia e Direitos Humanos:* educação inclusiva na escola. São Paulo: Casa do Psicólogo, 2005.

ANGELUCCI, Carla Biancha. A inclusão escolar de pessoas com necessidades especiais na rede estadual de São Paulo: a dissimulação da exclusão. *In:* VIÉGAS, Lygia de Souza; ANGELUCCI, Carla Biancha (org.). *Políticas públicas em educação.* Uma análise crítica a partir da psicologia escolar. São Paulo: Casa do Psicólogo, 2005.

BOCK, Ana Mercês Bahia. Psicologia e sua ideologia: 40 anos de compromisso com as elites. *In:* BOCK, Ana Mercês Bahia (org.). *Psicologia e compromisso social.* São Paulo: Cortez, 2003.

BRASIL. Lei n.º 13.935, de 11 de dezembro de 2019. *Dispõe sobre a prestação de serviços de psicologia e de serviço social nas redes públicas de educação básica.* Diário Oficial da União, sessão 1, p. 7. 2019. Disponível em: https://pesquisa.in.gov.br/imprensa/ jsp/visualiza/index.jsp?data=12/12/2019&jornal=515&pagina=7&totalArquivos=308 Acesso em: 20 dez. 2022.

BUENO, José Geraldo Silveira. Práticas institucionais e exclusão social da pessoa deficiente. *In: Educação especial em debate.* São Paulo: Casa do Psicólogo, 2008.

COLLARES, Cecília Azevedo; MOYSÉS, Maria Aparecida Affonso. Respeitar ou submeter: a avaliação de Inteligência em Crianças de Idade Escolar. *In:* MACHADO, Adriana Marcondes *et al.* (org.). *Educação especial em debate.* São Paulo: Casa do Psicólogo, 2008.

CONSELHO FEDERAL DE PSICOLOGIA – CFP. *Referências técnicas para atuação de psicólogas(os) na educação básica*/Conselho Federal de Psicologia. 2. ed. Brasília: CFP, 2019.

FRELLER, Cintia Copit. Crianças portadoras de queixa escolar: reflexões sobre o atendimento psicológico. *In:* MACHADO, Adriana Marcondes Machado; SOUZA, Marilene Proença Rebello (org.). *Psicologia escolar em busca de novos rumos*. São Paulo: Casa do Psicólogo, 1997.

GIMENEZ, E. H. R. *Intervenções da psicologia escolar em um núcleo educacional*: percursos e contribuições. 2011. Tese (Doutorado em Educação) – Unicamp, Campinas, SP, 2011.

MACHADO, Adriana Marcondes. Avaliação psicológica na educação: mudanças necessárias. *In:* TANAMACHI, Elenita; PROENÇA, Marilene; ROCHA, Marisa. *Psicologia e Educação*: desafios teórico-práticos. São Paulo: Casa do Psicólogo, 1999. p. 143-167.

MACHADO, Adriana Marcondes; SOUZA, Marilene Proença Rebello. As crianças excluídas da escola: um alerta para a psicologia: *In:* MACHADO, Adriana Marcondes; SOUZA, Marilene Proença Rebello (org.). *Psicologia escolar em busca de novos rumos*. São Paulo: Casa do Psicólogo, 2001.

MARCON, Amanda Nogara; PRUDÊNCIO, Luísa Evangelista Prudêncio; GESSER, Marivete. Políticas públicas relacionadas à diversidade sexual na escola. *Psicologia Escolar e Educacional*, v. 20, n. 2, maio/agosto, 2016, São Paulo. Disponível em: https://www.scielo.br/j/pee/a/XyfXTchpMdBdRVHPzFSg47K/?lang=pt&format=pdf Acesso em: 26 nov. 2021.

MARINHO-ARAÚJO, Claisy Maria; ALMEIDA, Sandra Francesca Conte de (org.). *Psicologia escolar*: construção e consolidação da identidade profissional. São Paulo: Editora Alínea, 2005.

PATTO, Maria Helena Souza. Estado, ciência e política na primeira república: a desqualificação dos pobres. *Estud Av*, v. 35, n. 13, p. 167-198, São Paulo, 1999.

PATTO, Maria Helena Souza. *Exercício de Indignação em psicologia*. São Paulo: Casa do Psicólogo, 2005.

SOUZA, Beatriz de Paula (org.) *Orientação à queixa escolar*. São Paulo: Casa do Psicólogo, 2007.

SOUZA, Marilene Proenca Rebello de. *A queixa escolar e a formação do psicólogo.* 1996. Tese (Psicologia Escolar e do Desenvolvimento Humano) – Instituto de Psicologia, Universidade de São Paulo, São Paulo, 1996.

VEIGA-NETO, Alfredo. Quando a inclusão pode ser uma forma de exclusão. *In:* MACHADO, Adriana Marcondes *et al*. *Psicologia e Direitos Humanos*: educação inclusiva na escola. São Paulo: Casa do Psicólogo, 2005.

VIGOTSKI, Lev Semionovitch. *A formação social da mente.* São Paulo: Martins Fontes, 1999.

VIGOTSKI, Lev Semionovitch. *A Construção do Pensamento e da Linguagem.* São Paulo: Ed. Martins Fontes, 2000.

YAZLLE, Elisabeth Gelli. Atuação do psicólogo escolar: alguns dados históricos. *In:* CUNHA, Beatriz Belluzo Brando (org.). *Psicologia na escola*: um pouco de história e algumas histórias. São Paulo: Arte & Ciência, 1997.

ZUCOLOTO, Patrícia Carla Silva do Vale. O médico higienista na escola: as origens históricas da medicalização do fracasso escolar. *Rev. Bras. Crescimento, desenvolv. hum.*, v. 17, n. 1, São Paulo, 2007.

LIVE 8

SER PROFESSOR(A) E ESTUDANTE UNIVERSITÁRIO NO BRASIL HOJE [25]

Alcione Ribeiro Dias
Maisa Elena Ribeiro

Nos últimos 20 anos, ocorreram muitas mudanças na educação superior no Brasil, tanto no que se refere às características das Instituições de Ensino Superior (IES) quanto ao perfil dos estudantes e professores. Uma marca deste período é a grande expansão do acesso ao ensino superior, por meio de programas do governo federal como o Programa Universidade para Todos (ProUni), o Fundo de Financiamento Estudantil (Fies) e o Programa de Apoio a Planos de Reestruturação e Expansão das Universidades Federais (Reuni); o que representou maior acesso de pessoas de classes populares a esse nível de ensino. Outra iniciativa importante deste período foram as políticas de cotas, que destinaram uma porcentagem das vagas das Instituição de Ensino Superior (IES) públicas para estudantes de escolas públicas, negros e indígenas com a Lei n.º 12.711, de 29 de agosto de 2012.

Uma característica desta expansão no país é que ela veio acompanhada por um processo de mercantilização do ensino, em que grandes grupos empresariais têm se sobressaído na oferta de cursos de graduação e influenciado fortemente as políticas públicas do ensino superior (BARROS, 2015). Assim, grande parte dessa expansão concentra-se em IES privadas, que se beneficiam diretamente do recurso público via programas governamentais que financiam parcial ou integralmente o custo dos cursos.

O último censo da educação superior realizado em 2019 e publicado em 2020 contabiliza um total de 2457 IES no Brasil. Do total, apenas 304 (12%) são IES públicas, e as 2153 (88 %) restantes são IES privadas. Outro dado interessante é o perfil dos docentes, enquanto nas IES públicas há um

---

[25] Para assistir a *live* que deu origem a este capítulo, basta acessar o link: https://youtube.com/live/7UOwjb88tAU no canal Prof. Ronaldo Alexandrino no YouTube.

predomínio de professores doutores com tempo integral para dedicação exclusiva, nas IES privadas há a prevalência de professores com especialização e mestrado e tempo parcial de dedicação (INEP, 2020).

Todo este contexto em que tem se desenvolvido a educação superior no país traz como consequências uma série de processos de precarização da educação superior tanto no que se refere à qualidade do ensino oferecida aos estudantes quanto às condições de trabalho dos professores. E ainda, com o período de pandemia em que estamos vivendo, essas precarizações foram acentuadas e a obrigatoriedade do ensino remoto possibilitou que esses grupos empresariais implementassem definitivamente modalidades de ensino a distância ou as chamadas híbridas, que agora o CNE propõe perenizar[26]. Neste cenário, observa-se que o lucro desses grupos empresariais é priorizado em detrimento da democratização do ensino e do direito à educação de qualidade.

Se por um lado a expansão é um movimento desejado na educação, por outro é preciso questionar: quanto esse processo de expansão do ensino superior representa uma inclusão de fato? Como tem se dado a experiência de inserção e permanência dos estudantes e professores no ensino superior diante deste contexto? Há um novo público acessando o ensino superior, mas o ensino superior está aberto para receber e oferecer as condições dignas de permanência e educação de qualidade para esse novo público? São reflexões como essas que compartilhamos em uma *live* da série "Educação & Psicologia: divulgando o conhecimento científico", a partir de duas pesquisas que trazemos neste capítulo — uma com enfoque nos docentes e outra nos estudantes do ensino superior.

PROFESSOR(A) UNIVERSITÁRIO – O PROCESSO DE ADOECIMENTO DO TRABALHADOR

Dias (2021) realizou uma pesquisa de mestrado em Educação, na Universidade Federal de Mato Grosso do Sul (UFMS)[27], investigando o adoecimento docente no ensino superior e suas múltiplas determinações, analisando o processo histórico de produção desse fenômeno. O pressuposto dialético-marxista e a Psicologia Histórico-cultural fundamentam a pesquisa.

---

[26] Parecer CNE/CP n.º 14/2022.
[27] Parecer do Comitê de Ética n.º 3.617.838/2019.

Vigotski, na perspectiva de um psiquismo constituído socialmente, afirmou que a natureza influencia o ser humano e, do mesmo modo, o ser humano age sobre a natureza, transformando-a e criando outras condições para sua própria transformação — incluindo as das propriedades do seu psiquismo (MARTINS, 2013; VYGOTSKI, 1995). Na pesquisa, Dias (2021) procurou considerar essa relação dialética entre condições objetivas e subjetivas como constitutivas do desenvolvimento humano e promotoras de adoecimento e das formas de manutenção da saúde.

A dissertação traz um estudo descritivo sobre os afastamentos de professores da UFMS no período de 2005 a 2019, com registro da quantidade e o volume de dias de afastamentos, distribuídos por gênero e motivos — conforme o Código Internacional de Doenças (CID). Nos 15 anos, ocorreram 3.512 afastamentos, acumulando um total de 89.263 dias. As principais causas registradas são: transtornos mentais e comportamentais (36%), neoplasias (13%) e doenças osteomusculares (10%).

Dos anos 2005 a 2009, tem-se uma média de 3.900 dias e a partir do ano de 2010, o patamar elevou-se para a casa dos quase 6 mil dias de afastamento, mantendo uma média de 5.400 dias de afastamento até 2014. Em 2015, houve um aumento para 7 mil dias, mantendo-se até 2019 uma média de 8.500 dias de afastamento por ano. Em 2005, a Universidade registrava 799 docentes em seu quadro, ocorrendo 109 afastamentos, o que equivale a uma proporção de 14%. Em 2019, com 1.608 docentes, o registro de afastamentos foi de 388, o que corresponde a 24%. Ou seja, os afastamentos e os dias de afastamento, de 2005 (2.954 dias) a 2019 (9.257 dias), cresceram em uma proporção maior que o aumento do quadro de docentes. Esses dados ratificaram pesquisas anteriores confirmando o adoecimento no ensino superior numa perspectiva ampla, ou seja, não sendo prerrogativa de uma só universidade.

Duas outras estratégias de pesquisa foram utilizadas: 19 questionários e 9 entrevistas individuais com docentes da área de Ciências Humanas. Os questionários evidenciaram fatores intervenientes e correlações de causa e efeito do adoecimento, o que permitiu criar categorias de motivos geradores de sentido e de fatores que integram os motivos estímulos da atividade docente (LEONTIEV, 1978). A atividade de ensino e a atenção ao aluno são destaques no caso da *função docente*. Em segundo plano, tem-se a atividade de extensão e a orientação de pesquisas, que agradam aos docentes em razão do convívio e visão do desenvolvimento dos alunos. Ao dizer da *finalidade do trabalho*, a ideia que se destaca é a de formação pessoal e profissional do aluno. O bom relacionamento com alunos é tido como fator favorecedor para a saúde, um *motivo gerador de sentido*.

Nas entrevistas, investigou-se o movimento singular dos sujeitos — na relação meio e personalidade, identificando o trânsito entre alienação e consciência, presentes nos estados de saúde e adoecimento, e percebendo, dadas as ações de enfrentamento, alguns movimentos que ocorrem nos processos psíquicos elementares e superiores, (LEONTIEV, 1978; VYGOTSKI, 1995). Vimos que excessos na atenção e atendimento de necessidades pessoais do aluno, somados às contradições que vivem na atividade (ambiente de produção neoliberal), levam os docentes à redução da atenção na função principal — processo de ensino e pesquisa —, contribuindo para o adoecimento. A relação com o aluno aparece como fator de desagrado, na ocorrência de comportamentos de indisciplina ou indiferença.

Fechando a etapa empírica da pesquisa, tivemos os encontros socionômicos de pesquisa em grupo, estruturados com a Pedagogia Psicodramática[28]. Neles, os docentes conheceram os dados até então produzidos e expressaram suas ressonâncias afetivas e suas explicações sobre o adoecimento no âmbito da universidade. A série histórica dos dados, organizados ano a ano, trouxe à memória dos docentes os períodos de governo e os modos de gestão na Universidade, e revelaram a vivência de projetos, movimentos e mudanças conflitantes — expressão, nos grupos sociais da Universidade, de divisões e contradições da própria sociedade.

No diálogo, houve um entendimento dos docentes de que as ações políticas, as leis educacionais e decisões dos governos respondem a uma mentalidade neoliberal que vem invadindo a universidade, trazendo a reboque a implantação de modelos gerencialistas e sistemas de controle — *não se trata de um governo ou outro, mas de uma concepção de sociedade* —, com impactos na administração, nas relações sociais e no desenvolvimento das atividades no trabalho e na própria saúde do quadro docente.

De fato, a expansão das universidades públicas federais, que ocorreu a partir do governo de Luiz Inácio Lula da Silva, buscou manter o sentido da universidade enquanto instituição e ampliou o acesso à educação superior. Entretanto, a tônica da universidade como organização social, acompanhada

---

[28] Romaña, partindo de sua *vivência* como educadora e com bases teórico-metodológicas da Socionomia de J. L. Moreno, aportes de Vigotski e Paulo Freire, criou um método de ensino e pesquisa-intervenção que definiu como Pedagogia Psicodramática (Romaña, 2019).

do produtivismo e da intensificação laboral do modo de produção capitalista do Brasil — firmado no período do governo neoliberal de Fernando Henrique Cardoso —, instituiu um aligeirado e, algumas vezes, mal planejado expansionismo. Segundo Chauí (2003), foi entre 1994 e 2002 que se consolidou a *universidade operacional*, cuja peculiaridade é a configuração das universidades em organizações — voltadas para gestão, contratos, indicadores de produtividade e avaliações. Os impactos foram sentidos nas próximas décadas, com a precariedade das formações, as estratégias de eficácia e a fragmentação competitiva.

Os docentes debateram sobre marcadores expressivos do adoecimento, como os anos de 2010, 2013, 2015 e 2016 — considerados por eles como períodos representativos do cenário nacional, com fortes implicações na gestão da Universidade (novo modelo de negócios) e reverberações nos movimentos de classe. Eles discorreram sobre o modus operandi que viveram na Universidade entre 2005 e 2014, relatando transtornos que esse modelo trouxe para os docentes.

Em abril de 2007, foi instituído pelo Governo Federal Brasileiro o Programa de Apoio a Planos de Reestruturação e Expansão das Universidades Federais (Reuni) e, no mesmo período, o Plano de Desenvolvimento da Educação (PDE) do Ministério da Educação. Ambos tiveram o objetivo de duplicar a oferta de vagas no ensino superior brasileiro. Nos relatórios de gestão da Universidade, temos um Plano de Desenvolvimento Institucional (2005/2009), com objetivos, metas e ações voltadas para a expansão — realização de concursos para professores, contratação de professores substitutos, e para a mudança da legislação acadêmica e dos projetos pedagógicos, incluindo o fortalecimento dos cursos na área de educação à distância. Em 2007, a Universidade registrou no seu relatório anual a sua atenção ao tema da saúde, sinalizando o crescimento de afastamentos por transtornos mentais (1.810 dias).

Em 2009, o relatório de gestão da Universidade evidencia que os objetivos e metas do Plano de Desenvolvimento Institucional da Universidade contém políticas flexíveis de trabalho — comenta-se sobre a agilidade e capacidade de adaptar-se para responder às contingências geradas pelo ambiente social dinâmico, e a narrativa associa as ações da gestão universitária ao reflexo das profundas mudanças advindas das conjunturas internas e externas à instituição. A Universidade afirma a necessidade de mecanismos de estímulo à qualidade, melhoria da gestão, eficiência no gasto público, redução de desperdícios e adequação da estrutura organizacional.

Na pesquisa em grupo, os docentes discutiram sobre essa forma de gestão e a sequência de mudanças estruturais e administrativas ocorridas nesse período. Os anos de 2009 e 2010 foram considerados por eles como momentos de incertezas e os anos de 2012 a 2015 foram anos de greves, acirramento para a qualificação dos docentes (pós-graduação) e muitas movimentações administrativas — criação de novos cursos e ampliação das vagas de ingresso em outros. O modelo de gestão, a partir de 2014, foi nomeado pelos docentes como: *o modelo cartorial, implantado nas universidades brasileiras* em um formato de produção *proposto para atender interesses internacionais e submetido às demandas dos órgãos reguladores*.

O período do segundo governo da presidente Dilma Rousseff (2015/2016) foi vivido pelos docentes em clima de instabilidade, com as conjecturas sobre o impeachment reverberando em mudanças no Ministério da Educação e em políticas de financiamento, de pesquisas, e nas políticas de ensino — incidindo na Universidade. O cenário de instabilidade se estende a 2017, e foi considerado fator impactante no aumento do adoecimento. Foi possível entender que o clima de desesperança e insegurança que o ambiente político social imprime afeta a prática e a saúde docente. Os docentes argumentaram sobre as dificuldades em razão de governos pouco comprometidos com as pautas da educação. Para eles, *"não há ciência, não tem intervenção no mundo que não seja política"* e argumentam que *"na prática não tem dinheiro para pesquisas, de 2017 para cá"*. Os pesquisadores e docentes universitários passaram a viver incertezas em relação à continuidade de programas e crises de continuidade das bolsas.

O governo de Dilma Rousseff foi interrompido — "impeachment/golpe" — no segundo mandato, em 31 de agosto de 2016, assumindo o vice-presidente Michel Temer. Segue-se, assim, um incremento do conservadorismo e uma escalada da direita que culmina com o início do governo de Jair Bolsonaro em 1º de janeiro de 2019. A maior média de afastamento dos docentes está registrada por períodos de 2017 a 2019 (Dias, 2021). Os docentes concluíram que estão *diante de um processo de desumanização crescente, obviamente ligada com o sistema*. É característica do sistema capitalista neoliberal o trabalho desumanizado, com foco em resultados quantitativos, métricas do desempenho, mensuração de competências por volume de produção e fragmentação do espaço e das relações de trabalho. A educação como mercadoria, os controles via tecnologia e sistemas, o incentivo à competitividade, desfavorecem as relações no trabalho e afetam a saúde dos docentes. O próprio docente torna-se um produto a ser consumido (MÉSZÁROS, 2005).

Notadamente temos 15 anos de uma curva ascendente de adoecimento na UFMS, com destacado aumento nos últimos cinco anos — 2015 a 2019 —, evidenciando a estreita relação com fatores políticos e sociais, confirmando o modo de funcionar neoliberal da Universidade e revelando o adoecimento como uma vivência social contraditória. A fragmentação, a competição, a precarização do trabalho, a lógica do controle — que estão presentes no ambiente da Universidade e são sentidas pelo trabalhador-docente física e mentalmente. Reconhecer essa dinâmica da sociedade contemporânea, expressa no adoecimento do trabalhador, significa consciência. A historicidade, como essência na Psicologia Histórico-cultural, não defende o determinismo do ambiente. A sociedade que adoece é a mesma que se desenvolve. Desenvolvimento humano é reprodução e superação; trata-se da dialética entre a natureza e cultura (VYGOTSKI, 1997).

Permeada pela mentalidade neoliberal, a universidade opera em modelos que visam adaptar a gestão educacional à lógica de mercado, esse ambiente não é *privilégio* do ensino superior, é a essência da dinâmica do capitalismo. Trata-se de lutas sociais que acontecem no espaço da educação; espaço este que deveria ser o mais universal dos ambientes educacionais. Caberá um aprofundamento nessa questão, nas relações sociais no ambiente de trabalho, onde perpassam as questões de classe, de gênero e de raça.

Para o docente, é *triste, assustador e preocupante* perceber-se formando outros professores para o trabalho precarizado ou para desemprego, para viver relações hostis com pares e colegas gestores, para não conseguir desempenhar tarefas simples, por acúmulo de atividades ou falta de orientação e, ainda, perceber a categoria adoecendo cada vez mais cedo (DIAS, 2021).

O docente vê reduzido o sentido do seu trabalho. Aquilo que é encantador, motivo gerador de sentido para os docentes, está nas relações sociais — com os alunos e os pares —, e vem sendo afetado por perspectivas pessimistas, por individualização e competição. Com os pares, identificamos a necessidade de retomar a integração no ambiente de trabalho, o debate com colegas e gestores, de recuperar a capacidade de escolha e discernimento, de retomar a força de classe e criar formas coletivas diante das contradições sociais. Na interação com os discentes, percebe-se que as perspectivas pedagógicas e as formas de interação deverão ser revistas, no caminho de maior inclusão de um "novo aluno", que hoje consegue ter acesso à universidade.

Não sabemos até quando o docente conseguirá enfrentar as transformações e se manter saudável, mantendo o sentido do seu trabalho. Em uma pesquisa mais avançada, devemos verificar modos de agir em um coletivo que não é mais composto por uma única classe social e trazer para o debate também os docentes saudáveis — pares neste jogo saúde/adoecimento —, no sentido de perceber as relações de produção e investigar modos de enfrentamento e superação, diante da lógica de destruição do capital.

O ESTUDANTE DO ENSINO SUPERIOR E A URGÊNCIA DE PESQUISAS INTERSECCIONAIS

A pesquisa de doutorado em andamento na Faculdade de Educação da Universidade Estadual de Campinas (Unicamp) denominada "A classe trabalhadora vai à faculdade: a vivência de estudantes pobres e negros nos cursos de psicologia do brasil"[29] pretende trazer uma compreensão mais aprofundada sobre a realidade de expansão do ensino superior no país nos últimos 20 anos, com enfoque nos reflexos dessas mudanças na vivência dos estudantes de IES privadas.

A partir dos referenciais teóricos da Psicologia Social Crítica e os estudos de relações raciais no Brasil, buscará realizar uma pesquisa interseccional que traz para o cerne das análises os marcadores classe social e raça, como fatores centrais para compreensão dessas experiências. Como fontes de informação para a pesquisa, além do aprofundamento da análise de alguns dados do Censo do Ensino Superior já apresentados na introdução, também estão sendo difundidos questionários virtuais com estudantes de todo o país. A próxima etapa será selecionar, entre os respondentes do questionário, 10 estudantes (dois de cada região do país, sendo cinco autodeclarados negros e cinco autodeclarados brancos) para realização de entrevistas individuais e grupais. Essas entrevistas serão analisadas a partir da técnica de Análise de Conteúdo (BARDIN, 2016).

O processo de coleta de dados com os participantes ainda está em andamento, portanto o que estamos apresentando aqui são algumas reflexões e resultados parciais que foram possíveis de serem realizados a partir da pesquisa bibliográfica, documental e experiência da pesquisadora como professora do ensino superior privado.

O primeiro ponto a ser ressaltado é o quanto as informações de classe social e principalmente raciais são omitidas nas sinopses do Censo do Ensino Superior (INEP, 2020). Conseguir essas informações exige um

---

[29] Parecer do Comitê de Ética em Pesquisa – Caae 47915221.2.0000.8142.

grande trabalho de buscar nos microdados, o que demanda auxílio de um estatístico, ou seja, não é qualquer pessoa ou pesquisador que acessa esses dados, e ainda assim quando encontramos, vemos que, principalmente no que tange às informações de declaração racial, há um grande número de não declarados, o que nos faz refletir o quanto as IES são orientadas, ou estão preparadas para coletar esses dados, ou da importância deles para avaliação do ensino superior e das políticas públicas educacionais.

Com essa observação, conclui-se que por mais que tenhamos avançado no campo teórico, político e prático na compreensão de que o racismo é estrutural, que permeia as relações institucionais e individuais em diversos âmbitos, inclusive no ensino superior (ALMEIDA, 2019), no qual ainda se observa uma negligência nos documentos oficiais na publicação dessas informações.

A partir da experiência profissional e pessoal da pesquisadora, como mulher negra, professora de IES privada, primeira mulher negra da família a ingressar e concluir o ensino superior, que tem observado diversas nuances da vivência desses novos corpos que ingressam no ensino superior, pessoas pobres, trabalhadoras, negras, que têm que conciliar estudo trabalho e família, apresento algumas reflexões.

Esses alunos trazem diversas experiências e saberes que pouco são valorizadas pelo modelo engessado que ainda prevalece na academia, enfrentam uma série de processos psicossociais de exclusão relacionados a sua classe social e raça[30], tais como: conciliar trabalho, estudos e cuidados com a família; dificuldades financeiras; sentimento de não pertencimento ao espaço universitário; dificuldades de acompanhamento e de inserção nas atividades acadêmicas. Todos esses processos trazem sofrimento ao estudante e podem comprometer seu desempenho acadêmico e permanência no ensino superior.

Os estudantes também desenvolvem estratégias de enfrentamento diante dessas problemáticas; no entanto, a identificação dessas estratégias pode estar mais relacionada ao esforço individual e familiar para finalização dos estudos do que ao reconhecimento de ações e políticas institucionais das IES para o enfrentamento dessas dificuldades, devido à escassez de serviços de apoio ao estudante nas IES privadas.

A pesquisa realizada por Bonilha (2009) sobre integração de estudantes negros em uma universidade pública brasileira desenvolveu a aplicação de

---

[30] Raça aqui entendida em sua dimensão sociológica e na perspectiva do preconceito de marca (NOGUEIRA, 2006).

um questionário de vivência acadêmica, seguido de entrevista com estudantes que integravam um programa de ações afirmativas. Os resultados da pesquisa apontam que: mesmo nos programas de ação afirmativa voltados para estudantes de escolas públicas, havia pouca representação de estudantes negros; dentre os fatores que mais prejudicam a integração do estudante negro ao ambiente universitário estão os fatores pessoais e interpessoais, que envolvem aspectos emocionais, relações com amigos e desenvolvimento de amizade e relações de ajuda no ambiente universitário, elementos que prejudicam sobremaneira a que os estudantes negros sintam-se pertencentes àquele espaço, evidenciando processos psicossociais de exclusão vivenciados por esses estudantes, mesmo estando "incluídos" no ambiente universitário.

A pesquisa de Bonilha (2009) exemplifica como o racismo estrutural repercute práticas de racismo institucional e individual descritas por Almeida (2019). Podemos dizer que, neste contexto, o racismo institucional se dá pela negligência das instituições em organizar programas efetivos de integração e permanência de estudantes negros na IES; e o racismo individual manifesta-se pelas diversas formas de preconceito e discriminação que os estudantes negros relatam sofrer no ambiente acadêmico. Todos esses aspectos, dentre outros citados anteriormente, trazem a necessidade de novas pesquisas para aprofundar a compreensão acerca de como os processos psicossociais de exclusão afetam as vivências de estudantes negros e de classes populares que conseguem ingressar no ensino superior privado. Pesquisas que partam de uma perspectiva crítica, que considerem a realidade política, histórica e social dos participantes, visando uma transformação a favor das maiorias populares (MARTÍN-BARÓ, 1996).

Na forma como vem ocorrendo o processo de inclusão das classes populares neste nível de ensino no Brasil, podemos afirmar que ocorre um processo de inclusão perversa, que tende a acentuar a exclusão vivenciada pela população pobre e negra. Todos esses fatores discutidos anteriormente refletem uma série de precariedades do sistema educacional brasileiro que mantém a exclusão social por meio da pseudoinclusão, porque

> [...] dá aos excluídos a ilusão de que estão sendo incluídos na escola e, pela obtenção do diploma, no universo do trabalho. A exclusão escolar continua, mas agora com novas roupas que a vestem de inclusão [...] (PATTO, 2010, p. 33).

Esta autora faz críticas ao sistema educacional brasileiro, que tem ampliado os índices de escolaridade da população, sem que este aumento signifique de fato melhoria da qualidade do ensino. Tais aspectos representam um discurso de democratização do ensino, mas que não se efetiva na realidade das práticas escolares.

Diante deste cenário de transformações no ensino superior, é importante que as IES e toda a comunidade acadêmica, principalmente gestores e professores, com a participação dos estudantes, revejam suas políticas institucionais e projetos pedagógicos. É urgente que saiam do lugar do suposto saber, reflitam sobre suas ideologias que reforçam e mantêm os processos psicossociais de exclusão de classe social e raça, quando desconsideram esses fatores no ensino, na pesquisa e na extensão. É importante que todos se abram para conhecer as realidades, e experiências e saberes que os estudantes já trazem, e criem estratégias que viabilizem metodologias participativas de ensino e aprendizagem que de fato considerem os estudantes como sujeitos de direitos, de desejos e de história, a partir dos determinantes econômicos, raciais e de gênero.

CONCLUINDO PARA SEGUIR PESQUISANDO

A partir das duas pesquisas apresentadas, podemos concluir que a educação no Brasil passa por muitas mudanças que afetam sobremaneira a configuração do ensino superior no país. É inegável que dentre essas transformações uma das principais é o maior número de pessoas que puderam acessar esse nível de ensino, trazendo uma maior diversidade de classe social e racial para esse contexto.

No entanto, essa ampliação no acesso veio acompanhada por um movimento de precarização na educação e das condições de trabalho dos professores, o que traz uma série de consequências para o processo ensino-aprendizagem, na qualidade das relações sociais e para a saúde dos professores e estudantes.

Analisar as implicações de todo esse processo exige da Psicologia e da Educação estarem ancoradas em referenciais teóricos e metodológicos críticos, que considerem os aspectos políticos, históricos e sociais dos sujeitos e realidades pesquisadas.

No que tange às possibilidades de enfrentamento desses problemas, considera-se que é na valorização e fortalecimento dos espaços de construção coletiva dentro e fora das IES que será possível buscar as transformações que almejamos para a Psicologia, para o Ensino Superior e para uma sociedade mais justa, que valorize as diferenças e garanta igualdade no acesso aos direitos sociais básicos.

REFERÊNCIAS

ALMEIDA, Silvio. *Racismo Estrutural*. São Paulo: Pólen, 2019.

BARDIN, Laurence. *Análise de Conteúdo*. São Paulo: Edições 70, 2016.

BARROS, Aparecida da Silva Xavier. Expansão da Educação Superior no Brasil: limites e possibilidades. *Educ. Soc,* v. 36, n. 131, p. 361-390. 2015. http://www.scielo.br/pdf/es/v36n131/1678-4626-es-36-131-00361.pdf. Acesso em: 24 jul. 2017.

BONILHA, Tamyris Proença. La integracion del alumno negro en la universidad de Brasil. *In:* MONTES, Matilde Fernández; MÜLLAUER-SEICHTER, Waltraud. (org.). *La integración escolar a debate*. Madri: Pearson Educacion, 2009. p. 85-101.

BRASIL. *Lei n.º 12.711 de 29 de agosto de 2012*. Dispõe sobre o ingresso nas universidades federais e nas instituições federais de ensino técnico de nível médio e dá outras providências. Brasília, DF: 2012.

CHAUI, Marilena. A universidade pública sob nova perspectiva. *Rev. Bras. Educ.,* n. 24, p. 5-15, 2003. Disponível em: https://www.scielo.br/j/rbedu/a/n5nc4mHY9N-9vQpn4tM5hXzj/?format=pdf. Acesso em: 27 jul. 2023.

DIAS, A. R. *Adoecimento docente no ensino superior na perspectiva da Psicologia Histórico-cultural*. 2021. 416 f. Dissertação (Mestrado em Educação) – Universidade Federal de Mato Grosso do Sul, MS, 2021. Disponível em: https://repositorio.ufms.br:8443/jspui/bitstream/123456789/388. Acesso em: 27 jul. 2023.

INEP/MEC. Censo da Educação superior 2019: Notas Estatísticas. Coordenação-Geral do Censo da Educação Superior (CGCES) Coordenação-Geral de Controle de Qualidade e Tratamento da Informação (CGCQTI) Coordenação de Estatística, Indicadores e Controle de Qualidade do Censo da Educação Superior (CEICQCES). Brasília: Inep, 2020.

LEONTIEV, Alexis Nikolaevich. *Actividad, consciencia y personalidad*. Buenos Aires: Ciencias del Hombre, 1978.

MARTIN-BARO, Ignácio. O papel do Psicólogo. *Estud. Psicol.*, Natal, v. 2, n. 1, p. 7-27, jun. 1996. Disponível em: http://www.scielo.br/scielo.php?script=sci_arttext&pid=S1413-294X1997000100002&lng=pt_BR&nrm=iso. Acesso em: 22 jan. 2021.

MARTINS, Lígia Márcia. *O Desenvolvimento do Psiquismo e a Educação Escolar*: contribuições à luz da psicologia histórico-cultural e da pedagogia histórico crítica. Campinas, SP: Autores Associados, 2013.

MÉSZÁROS, István. *A educação para além do capital*. São Paulo: Boitempo, 2005.

NOGUEIRA, Oracy. Preconceito racial de marca e preconceito racial de origem: sugestões de um quadro de referência para a interpretação do material sobre relações raciais no Brasil. *Tempo Social:* Revista de Sociologia da USP, v. 19, n. 1, p. 287-308, 2006.

PATTO, Maria Helena Souza. *Exercícios de Indignação*: escritos de educação e psicologia. 2. ed. São Paulo: Casa do Psicólogo, 2010.

ROMAÑA, Maria Alicia. *Pedagogia Psicodramática e educação consciente*. (A.R. Dias, Trad.) Campo Grande: Entre Nós, 2019.

VYGOTSKI, Lev Semionovitch. *Obras Escogidas,* v.1. Madrid, España: Visor 1997.

VYGOTSKI, Lev Semionovitch. Problemas del desarrollo de la psique. *Obras Escogidas*, v. 3. Madrid, España: Visor, 1995.

LIVE 9

DOIS OLHARES SOBRE A NECESSIDADE DAS HUMANIDADES PARA A FORMAÇÃO DOS PROFISSIONAIS DE SAÚDE[31]

Adaline Franco Rodrigues
Mauro Machado Vieira

INTRODUÇÃO: ENCONTRO DE OLHARES

> *Cada um tem o poder, se não absoluto, ao menos parcial, de compreender a si mesmo e de compreender os seus afetos, clara e distintamente e, consequentemente, de fazer com que padeça menos por sua causa.*
> (SPINOZA, EIV P4 S1, 2009, p. 217).

Antes de adentrarmos no objetivo específico deste texto, falaremos sobre como foi a construção deste processo formativo que recebemos, ao sermos atravessados pelas professoras, mulheres, construtoras de uma perspectiva diferenciada da importância da docência e compartilhamento de experiências com os outros (orientandos/as) que cruzaram seus caminhos na lida da vida, Ângela de Fátima Soligo (UNICAMP) e Sonia da Cunha Urt (UFMS). Os atravessamentos subjetivos a partir das teorias e formas de interpretar o mundo, interligados pela psicologia enquanto ciência formativa e educacional, possibilitaram a construção em nós de um olhar diferenciado e problematizador sobre o mundo e a própria vida.

Os processos formativos institucionalizados pela governabilidade (FOUCAULT, 2014) neoliberal (escolas, institutos e universidades) são regulamentados e passam por um processo de verificação avaliativa do Ministério da Educação (MEC-Brasil), no qual sempre a formação para o trabalho é o item mais evidenciado. Não omitimos que o trabalho é indis-

---
[31] Para assistir a *live* que deu origem a este capítulo, basta acessar o link: https://youtube.com/live/b1DqXnX9uT4 no canal Prof. Ronaldo Alexandrino no YouTube.

pensável para a construção de uma história individual e social, mas não é do trabalho apenas que o sujeito se constrói na vida, as formas que esses sujeitos se experienciam no mundo (HEIDEGGER, 2001) são o que faz deles o que são naquele momento. Estes experienciamentos contínuos, pautados apenas na existência e nas diversas formas e condições para cada um deles com resultados diversificados a partir do ser-aí vivente e sentinte, são o que faz do humano um sujeito singular e único.

Os grupos de estudo e pesquisa, orientados a partir da Psicologia da/para Educação da Universidade Federal de Mato Grosso do Sul (UFMS) e da Universidade Estadual de Campinas (Unicamp), nos quais as professoras/pesquisadoras e mulheres estavam presentes, nos possibilitou essa construção singular sobre o entendimento do que é ser humano em um processo constante de viver e trabalhar no mundo capitalista, e peculiarmente a olhar para o processo educacional de forma diferenciada, objetiva e investigativa, para podermos construir alternativas de superação de qualquer tipo de opressão.

Considerando que este texto fará parte de uma obra na qual os sujeitos experienciaram vivências formativas nesses grupos de estudo e pesquisa, cada dupla de estudantes irá alinhavar suas vivencias formando uma imagem da aplicabilidade das suas leituras de mundo e da vida, no mundo do trabalho do ser-aí vivente. O nosso objetivo neste texto é figurar a formação do profissional de saúde a partir da importância e necessidade das ciências humanas para o cuidado com a saúde do cidadão brasileiro.

Os/as profissionais que se formam para trabalhar na área da saúde necessitam de complemento formativo das ciências humanas, primeiramente para se interpretarem melhor enquanto humanos, diferenciados dos animais, pois são os únicos com potencialidade para o desenvolvimento de uma linguagem elaborativa e construtora da sua própria realidade. Em nossas pesquisas, os participantes foram os estudantes de Medicina e Odontologia, ao ingressar na faculdade passam por vários processos de socialização que vão além da aquisição de conhecimentos e habilidades técnicas obtidas por meio do aprendizado direto.

E num segundo momento, não menos importante, são necessárias as interpretações dessas ciências, pois lidarão com um processo no qual o viver e o morrer serão conceitos e fatos presentes no seu cotidiano de trabalho. Por mais que sejamos parte de uma sociedade na qual a razão tem cada vez mais tomado os espaços do mágico, desencantamento do mundo (WEBER,

1989, 2015), os profissionais da saúde, são muito mais experienciados pelo nascer de um novo ser e o morrer de um sujeito envelhecido, mas também pelo morrer de uma outra criança e um jovem no auge da vida.

Em síntese, o nascer e morrer não têm magia para esses profissionais, eles/elas necessitam construir algo diferenciado nas suas personalidades, muitas vezes constroem a frieza de uma medicina positiva, na qual não devem olhar para os pacientes como outro ser humano, e sim um simples corpo a ser tratado. Em síntese, o desafio das ciências humanas nessa formação é possibilitar alternativas a esses/essas profissionais para que sempre vejam e reconheçam que são humanos cuidando do processo saúde-doença de outros seres humanos.

Somos obrigados a acrescentar um terceiro momento para complexificar ainda mais a realidade desses profissionais em exercício e os em formação, a contemporaneidade que nos encontramos, no século 21, que, segundo Michel Foucault (2008) é a de uma sociedade disciplinar aperfeiçoada pelos dispositivos tecnológicos, e Gilles Deleuze (2016), ao pensar sobre as "coleiras eletrônicas" troca o adjetivo disciplinar pelo controle, à medida que os dispositivos tecnológicos hoje estão muito mais aperfeiçoados, que conseguem modificar a nossa noção de temporalidade, a ocupação dos espaços sociais são diferenciados, não temos mais apenas o mundo da presença física, temos também o mundo da presença virtual, no qual podemos ser o que desejamos ou ilusionamos sobre nós mesmos.

Essas novas complexidades proporcionadas pelos avanços tecnológicos atingem o ideal estabelecido desde o período renascentista (YATES, 1995) no conflito religião e ciência, quando Leonardo da Vinci, Giordano Bruno e Pico de La Mirandola, investigam com as condições e informações daquela época o corpo do humano, como também reconhecem que este ser-aí é moldável como um camaleão (MIRANDOLA, 2018). Com todos os avanços tecnológicos e científicos para o entendimento da fisiologia humana, a descoberta do DNA, as pesquisas ligadas à genética, e o aperfeiçoamento dos transgênicos, fica questionável qual é o papel da Medicina, manter a saúde curando as doenças, ou curar o humano das suas fragilidades futuras com relação as doenças que estão no seu código genético? Podemos ainda questionar, as partes do corpo que não me agradam podem ser remodeladas, as cirurgias plásticas, o botox, todos os avanços possíveis no campo da beleza privilegiada pela sociedade capitalista.

Fechamos esse terceiro momento da complexidade do ambiente de trabalho dos profissionais de saúde com uma citação que ilustra um tipo ideal de humano, que a sociedade contemporânea almeja.

> Os sujeitos atingidos pelas novas forças biopolíticas metabolizam os estímulos à otimização da saúde: assumindo-se como gestores de si, procuram minimizar os riscos provavelmente inscritos em sua predisposição genética e, de modo geral, na composição bioquímica de seu substrato molecular, optando por estilos de vida saudáveis e evitando as opções perigosas, mas sempre negociando entre essas "livres escolhas" que o mercado, a tecnociência e a mídia lhes oferecem. (SIBILIA, 2015, p. 231).

Assumimos aqui que esse tipo ideal de humano, nesta mesma sociedade, é impossível, por uma falha constante e simples: a desigualdade social. Quais são os sujeitos que podem fazer um mapeamento genético? Quais são os personagens que podem ter acesso aos exames médicos mais avançados? O ponto delicado de todo esse processo é que nos discursos médicos formativos todas essas coisas são ditas como possíveis, sem acrescentar as realidades sociais, culturais e econômicas dos cidadãos. O que podemos assumir é que o controle dos corpos é possível e acontece para todos, mas sempre com consequências negativas para os sujeitos ligados a condições socioeconômicas e culturais desfavoráveis.

AS REPRESENTAÇÕES SOCIAIS E A FORMAÇÃO EM ODONTOLOGIA

No processo formativo que vivenciamos na construção do nosso mestrado e doutorado, as teorias da psicologia que utilizamos na análise e tratamento das nossas problemáticas estabeleciam uma valoração especial a questão do social, o reconhecimento de que o indivíduo se forma nele, depende dele, a interação entre indivíduo e sociedade foi valorizada como ponto central para compreender as implicações na experiência vivida de cada sujeito.

Junto a estudantes de Odontologia, que a boca e seu conjunto de dentes são o espaço primordial do cuidado destes profissionais. O qual não pode esquecer em momento algum que esse pequeno orifício é responsável por toda comunicação, alimentação e está ligado a todo o corpo, mente e alma do indivíduo. O odontólogo não deve cuidar apenas da boca, como se ela pudesse ser desconectada do corpo e mente, a mesma deve ser tratada na totalidade do ser-aí.

Ao lidar com a problemática de entender como a disciplina de Ciências Sociais poderia ser mais bem trabalhada na formação desse futuro profissional, optamos pela Teoria das Representações Sociais de Serge Moscovici. Considerando as sutilezas necessárias para ter acesso às representações sociais do outro, procuramos construir instrumentos diversificados para ter acesso e estas representações, mas dentre os recursos escolhidos, uma charge elaborada por João Donato Couto, especificamente para esta pesquisa, já trazia nela a crítica que evidenciava o corpo e a alma desligada da boca.

Figura 1 – Charge elaborada por João Donato Macedo Couto, para pesquisa de mestrado "As representações sociais da disciplina de ciências sociais para estudantes de odontologia"

Fonte: Mauro Machado Vieira (2004)

A partir dos dados analisados, uma possível interpretação da Representação Social da disciplina de Ciências Sociais para os estudantes de Odontologia é de uma disciplina que poderia fornecer bases para um entendimento social, objetivando as relações que eles teriam junto aos seus pacientes, possibilitando um certo "domínio" por parte do profissional em relação aos seus pacientes.

Como a disciplina não desenvolve um conteúdo que possibilite este conhecimento, o grau de importância atribuído a ela em relação as outras disciplinas básicas oferecidas acaba diminuindo. As Ciências Sociais representam uma forma de atingir a apreensão do mundo do paciente, possibilitando ao profissional maneiras de trabalhar junto dele, promovendo a satisfação do paciente, mediante sua recuperação.

Como mostram os dados, precisamos discutir qual seria o papel dessa disciplina junto a esses profissionais, e como trabalhar este papel. Paciente, social, saúde, relação profissional, ação comunitária, entre outros, são assuntos a serem privilegiados nessa disciplina.

É necessário ressaltar que em momento algum acreditamos que o ponto central das Ciências Sociais seja assistencialista, ou fornecedor de receitas para ser um bom profissional na área em que atuam ou vão atuar como especialistas. Nesse caso em particular, os futuros dentistas, os conhecimentos que fazem parte do seu campo de atuação são necessários a estes profissionais.

Os dados sobre as representações sociais dos estudantes de Odontologia a respeito da disciplina Ciências Sociais revelam que é necessário, ainda, desenvolver nos professores ou especialistas responsáveis pela disciplina a consciência da importância da formação docente para sua atuação na universidade.

Da mesma forma, é preciso retomar, junto da formação do bacharel em Ciências Sociais, discussões sobre a importância do papel de professor, ou melhor, o papel das Ciências Sociais na educação, não apenas enquanto uma ciência que discute as instituições de ensino, a educação de modo geral, mas sim das Ciências Sociais enquanto participante da formação de futuros profissionais.

Concordamos com Nunes (1999) que as Ciências Sociais não precisam mais da busca por um reconhecimento na área da saúde, porém, precisa ainda se envolver no desenvolvimento de pesquisas sobre como ensinar. Por fim, resta-nos considerar, quanto à resistência e ao estranhamento que nos acompanharam durante toda a nossa pesquisa, que os alunos não resistem às Ciências Sociais. Se existe algum tipo de resistência ou estranhamento, este é criado pela seleção do conteúdo a ser trabalhado e pela forma como elas são transmitidas aos alunos.

A FORMAÇÃO EM MEDICINA À LUZ DA TEORIA HISTÓRICO-CULTURAL

Com os estudantes de Medicina, o foco central foi a preocupação com o sofrimento psíquico do futuro profissional em formação, principalmente por ter que lidar com a vida e morte, como elementos comuns na sua lida de trabalho. A perda de toda magia que envolve vida/morte agressiva que esses elementos universais sofrem no labor desse profissional, sem considerar os outros elementos que já evidenciamos no início do texto. Para chegar ao entendimento dessa problemática, optamos pela Teoria Histórico-Cultural de Vigotsky.

Vários estudos há algum tempo têm se dedicado a analisar os comportamentos e a socialização do aluno de Medicina e mencionam, a partir do percebido na prática, que o processo de socialização em que o aluno incorpora como próprias, as formas de comportamento e os valores dominantes no grupo médico, para chegar a pertencer a esse segmento social, é um processo de identificação quase imperceptível, concomitante à aprendizagem formal, à medida que se desenrola o processo de formação, no qual o aluno identifica os atributos que lhe dão prestígio social e adquire uma escala de valores, fundamentos e formas do poder médico relativo aos processos técnicos e sociais (GALLI 1989; LAMPERT, 2002; SANTOS *et al.*, 2020; VALSECHI *et al.*, 2020; RODRIGUES, BATISTA, VECCHIA, 2020; MACHADO; SCHROEDER 2021).

Frente a esses e tantos outros estigmas relacionados à educação médica e à educação em saúde em geral, reunimos algumas reflexões calcadas em teorias cujos aprofundamentos se fazem essencialmente dentro das pesquisas enquadradas como Ciências Humanas, ou Humanidades, e aproveitamos, nesta oportunidade, para reiterar a importância, ou mais, a necessidade do vínculo, de forma imbricada, desse conhecimento ao se tratar de e com humanos, reconhecendo o biológico e o social de nós, determinados e determinantes reciprocamente.

Nossas reflexões partem da premissa Vigotskiana de que o comportamento do ser humano em suas relações é determinado também por ações não reveladas externamente, e os reflexos não expostos, internos, impenetráveis à astúcia direta do observador podem ser metodologicamente averiguados, indiretamente ou de forma mediatizada, por meio de reflexos acessíveis à observação, como a palavra dita ou escrita.

O fenômeno aparente partiu da experiência pessoal enquanto tutora e professora do ciclo básico para o curso de Medicina, em que surgiu o interesse em aprofundar o conhecimento acerca dos processos que favorecem o sofrimento psíquico neste grupo de estudantes. E assim, a partir da análise teórico-metodológica histórico-cultural, objetivamos investigar e discutir os processos e educacionais formais e informais na formação médica.

Aproveitamos estas linhas e remetemo-nos a algumas evidências advindas da investigação de doutoramento realizada com estudantes de medicina de uma instituição pública de coparticipação financeira do aluno. Com base nos comentários realizados dentro do grupo focal, pudemos esboçar um esquema analítico com os principais assuntos abordados. Elaboramos um quadro de falas que identificam o perfil médico idealizado e o encontrado na prática pelos estudantes e exposto durante os grupos focais:

Figura 2 – Perfil do médico idealizado e o contato com a realidade percebido pelos estudantes

IDELIZAÇÃO PROFISSIONAL	CONTATO COM A REALIDADE DENTRO DA GRADUAÇÃO
• Empatia • Generosidade • Conflito entre qualidade de vida e bom retorno financeiro • Abdicação • Doação para o outro • Alto senso de responsabilidade • Ultrapassam o limite da propria saúde • Boa aparência • Salvam vidas • Bom statuss social • Profissão de alta responsabilidade • Substituição do sentimento humano de tristeza ou culpa pelo profissionalismo	• Prescrevem sem levar em conta as limitações do paciente • Preconceito dentro das especialidade • Pouco humanizados • Tratamento indevido do paciente devido a carga horária extensa • Pior exemplo de saúde própria • Fuga na bebida, cigarro • Depressão • Assume plantões extensos • Falha na relação medico x paciente • Dificuldade de comunicação • Dificuldade em entender a situação do paciente

Fonte: Rodrigues (2022)

Craig *et al.* (2018) e Santos *et al.* (2020) concordam que existe uma constante separação entre habilidades clínicas e qualidades humanísticas, e estas últimas com frequência são implicitamente colocadas como menos importantes do que as primeiras, o que prejudica a aprendizagem do profissionalismo.

Esses argumentos entram em concordância com o evidenciado em nossa pesquisa, sendo possível identificar que o pensamento humanizado e as habilidades de comunicação e éticas passam a ser deixadas para segundo plano na atuação profissional e que são percebidas e repassadas de maneira informal aos alunos nos momentos de estágio e prática.

Percebe-se, assim, que esse desprendimento das qualidades humanísticas em relação à técnica durante a graduação pode ser prejudicial tanto para o(a) estudante, que acaba por deixar de lado aspectos éticos pessoais trazidos até mesmo antes da graduação, quanto para o(a) usuário(a) do serviço na relação médico(a)-paciente com um profissional com possíveis dificuldades/déficits de abordagens de questões humanísticas. Tais condições demonstram ainda mais a importância da interferência do currículo oculto e os prejuízos que este pode trazer na formação médica e no cuidado em saúde. Assim se consolidam os prejuízos do currículo oculto, a partir da ênfase no conhecimento teórico em detrimento das outras habilidades do profissionalismo.

Como consequência, os estudantes são menos estimulados a desenvolvê-las, e a sobrecarga cognitiva causa sofrimento emocional. Sob essa perspectiva, o currículo oculto carrega componentes poderosos e destrutivos, que são propagados por meio da cultura na/da medicina e na/da psicologia social dos seres humanos. Tornam-se, portanto, enraizados e são facilmente disseminados em quase todos os estabelecimentos médicos.

Na perspectiva da Teoria Histórico-cultural (THC), a consciência será sempre mediada pela linguagem, signos e significações, ou seja, é a própria relação do ser com o meio e depois consigo mesma. A relação entre a significação social, o sentido pessoal e o conteúdo sensível, emocional, é o principal componente da estrutura interna da consciência. As significações são fenômenos da consciência social, mas quando são apropriadas pelos indivíduos, passam a fazer parte da consciência individual.

Em outras palavras, o ser humano deve ser compreendido como um indivíduo social, real e concreto, cuja singularidade se constitui enquanto membro de um grupo social, histórico e cultural específico, e que o desenvolvimento do psiquismo humano realiza-se no processo de apropriação da cultura, mediante a comunicação entre pessoas (VIGOTSKI, 1996; PRESTES, 2010).

Além de sua apropriação na psicologia, a Teoria Histórico-Cultural também é apreendida como uma teoria educacional, pois a educação, segundo esse constructo, é muito mais do que o desenvolvimento de potencialidades individuais biológicas, implicando essencialmente na expressão histórica e no crescimento da cultura humana da qual o indivíduo procede. O ambiente formativo, neste contexto, configura-se como um importante espaço social de exploração e desenvolvimento da cultura e de registro e manutenção do conhecimento historicamente acumulado pela sociedade.

A experiência sociocultural se incorpora à vivência desde antes de ingressar à faculdade e envolve o aluno numa filosofia de vida, de práticas e de organização social, dentro das expectativas da sociedade na qual ele está inserido. Tal estruturação faz parte do que envolve o desenvolvimento mental superior do indivíduo, explicado por Vigotski (2007) e da formação social da consciência proposta por Leontiev (1978) levando-nos a uma apreensão de ciência enquanto prática engajada com um compromisso social, aceitando a produção de conhecimento superada pela reflexão política com base nos pressupostos da Teoria Histórico-Cultural a partir do aprofundamento e diálogo sobre o desenvolvimento da consciência na sociedade de classes.

Adentra-se ao conceito a atividade enquanto categoria central no materialismo histórico-dialético, na qual Marx (1978) aponta a atividade prática sensorial como o que dá origem ao desenvolvimento histórico-social dos homens, e, assim, também ao desenvolvimento individual.

Dessa forma, as categorias consciência e atividade formam uma unidade dialética. O estudo da consciência requer estudar as relações vitais dos indivíduos, as formas como estes produziram e produzem sua existência por meio de suas atividades, ou seja, demanda analisar como a estrutura da consciência do ser humano se transforma com a estrutura da sua atividade (LEONTIEV, 1978).

Já a relação entre a significação social, o sentido pessoal e o conteúdo sensível, emocional, é o principal componente da estrutura interna da consciência. As significações são fenômenos da consciência social, mas quando são apropriadas pelos indivíduos passam a fazer parte da consciência individual. Ao nascer, o ser humano encontra um sistema de significações pronto; apropriar-se ou não dessas significações depende do sentido pessoal que tenham para o sujeito. O sentido pessoal é engendrado, produzido na vida do sujeito, em sua atividade. Sentido pessoal e motivo estão intimamente relacionados, e para que possamos encontrar o sentido, devemos descobrir seu motivo correspondente. O sentido pessoal indica, portanto, a relação do sujeito com os fenômenos objetivos conscientizados.

A partir da concepção marxista, Leontiev (1978) descreve a formação da consciência dentro da sociedade de classes, que se caracteriza pela propriedade privada dos meios de produção e pela separação entre trabalho manual e intelectual, a consciência humana padece de uma alteração radical: significações e sentidos não se tornam contraditórios. Para o trabalhador, ainda que o significado social de seu trabalho seja produzir determinados produtos, o sentido de trabalhar é de obter um salário para sobrevivência. O psicólogo soviético denomina como alienação essa contraposição entre significado e sentido.

Ao observar e conviver com seus mentores também médicos, esse aluno passa a ter um monte de "certezas" próprias da cultura médica, como: ser especialista dá mais prestígio; que certas especialidades gozam entre a população e entre os médicos de maior reconhecimento que outras; que a "boa medicina" é a que se faz com o paciente hospitalizado; que a atenção ambulatorial não é gratificante; que o trabalho mais importante do médico é fazer o diagnóstico; e que a solução do problema do paciente escapa de certa forma de sua responsabilidade, uma vez que nele interferem muitos fatores, inclusive a "falta de colaboração" dos clientes; que os doentes crônicos são "chatos"; e que o trabalho médico é essencialmente tratar das situações agudas.

Dessa forma, o processo de escolha do indivíduo vinculado à vontade é originado pela consciência que, por sua vez, decorre das interações entre as pessoas de maneira que o desenvolvimento dessa consciência seria constantemente mediado e transformado pelas relações entre o indivíduo e o ambiente social.

Recentemente, Machado e Schroeder (2021) escreveram o artigo "O aprender a aprender na Educação Médica: reflexões a partir de aportes da Teoria Histórico-Cultural". Neste estudo, os autores discorrem que o termo aprender a aprender, inicialmente desenvolvido como contraponto à Escola Tradicional, visando uma maior emancipação dos estudantes em relação à construção do conhecimento em sala de aula, assim como um incentivo à democracia e autonomia civil destes, passou a ser utilizado de forma recorrente, como slogan neoliberal nas escolas médicas. Incorporado pelo mercado como sinônimo do termo norte-americano "*do it yourself*" (faça você mesmo), o conceito de aprender a aprender tornou-se significado de um construtivismo naturalista, partindo do princípio de que os estudantes constroem seus próprios conceitos, habilidades e valores de forma adequada e satisfatória.

Machado e Schroeder (2021) discutem e analisam criticamente o lema do O aprender a aprender neoliberal e o esvaziamento do sujeito dentro da formação médica, esclarecendo que, em especial, o termo aprender a aprender figura como proposta pedagógico-metodológica de forma recorrente. Há, portanto, conforme os autores, um esvaziamento do papel docente, enquanto regulador da relação estabelecida entre o estudante e o mundo.

A unidade "criação de significado/aprendizagem conduzindo ao desenvolvimento" contribui para pensarmos o papel do médico-docente na formação profissional e humana dos estudantes de Medicina, via atividade de ensino. Sinalizamos para o conceito de atividade prática como a relação mediada entre sujeitos e estes consigo mesmos e com o mundo, para compreendermos a dialética "ensino/estudo", que insere o estudante em formas desenvolvidas de consciência social (como a cultura).

No contexto argumentativo dos autores, a expressão histórico-cultural da consciência diz respeito à formação profissional/humana dos estudantes de Medicina, e concordamos com os autores ao considerarem que as atividades — ensinar e estudar —, aqui concebidas como unidade dialética, são imperativas à formação humana.

Contudo, se fazendo assimilar os processos de contradição desse cenário, a prática educacional neoliberal se apropria do lema a fim de exercer domínio e controle sobre aquilo que os estudantes devem ou não aprender, sempre guiados por uma perspectiva unilateral (individualista) e que segue lógicas de mercado. Essa apropriação é juntamente e associada ao fenômeno do currículo oculto — meios de disseminação do ideário neoliberal de que para saber, basta saber fazer.

À GUISA DE CONCLUSÃO

Na pesquisa de mestrado, um dos limites que mais esteve presente em nossa pesquisa foi a própria complexidade existente na Teoria das Representações Sociais, pois para apreender uma representação em sua totalidade, necessitaríamos de um aprofundamento maior, não possível nos limites do mestrado. Tivemos, então, que trabalhar com uma apreensão parcial, o que nos deixa com uma sensação de incompletude, pois, ao nosso ver, seria necessário consultarmos também os docentes das disciplinas específicas, pois aí teríamos à representação social das Ciências Sociais na Odontologia.

Em virtude de a Psicologia ter como um dos seus focos de estudo a psique humana, entendemos que esta seria a melhor área a nos fornecer instrumentos para resgatar os significados atribuídos por estes alunos, como também, por meio deles, delimitar estratégias de intervenção e melhorar a prática pedagógica dos docentes universitários, levando em conta a compreensão de como o aluno se "sentia" frente a esta disciplina.

Por outro lado, ao trabalharmos com a Teoria das Representações Sociais, pudemos refletir a respeito da aproximação entre estas duas áreas Psicologia e Sociologia. A Psicologia serviu como uma ciência mediadora entre as Ciências Sociais e a Odontologia, este dado já é uma contribuição. Essa mediação foi possível por optarmos por uma das teorias da Psicologia Social, a Teoria das Representações Sociais. A Teoria das Representações Sociais nos possibilitou caminhar junto destas áreas distintas para reconhecer, mesmo que ainda de forma parcial (em virtude do tempo) as representações sociais que as ligam e sustentam no processo de formação profissional do odontólogo.

Ao nosso ver, esta pesquisa vem confirmar a atuação que a Psicologia, e mais especificamente, o ramo da Psicologia Social, tem oferecido à educação superior, enquanto um instrumento de análise e intervenção, deixando cada vez mais os estigmas criados no seu início, como aconteceu com a própria Sociologia de ser uma ciência exclusivamente a favor da burguesia.

Como perspectivas, estávamos em um estudo exploratório, a partir de agora já temos ideias de quais caminhos seguir para aprofundar nossa pesquisa. Já foi constatado mediante os dados trabalhados e interpretados, que as Ciências Sociais não é uma disciplina a que os alunos resistem, mas visualizada apenas como um complemento à formação, dado que não anula totalmente nossa hipótese inicial, pois demonstra que os alunos estão aptos a iniciar uma mudança na representação social que criaram da disciplina.

Observamos também a mudança de paradigmas que vivencia a Odontologia, este novo paradigma necessita de uma boa compreensão social para ser implantado, que vem ao encontro de uma nova interpretação para as Ciências Sociais, que começa agora a tornar-se necessária para a formação e não apenas um complemento. Levamos duas perguntas que consideramos importante. Primeira, em relação ao que deve ser trabalhado junto desses estudantes e como deve ser trabalhado, para que as Ciências Sociais deixem de ser um complemento. A segunda é como as Ciências Sociais veem formando os seus futuros profissionais para o exercício da docência.

Na pesquisa de doutorado, a experiência sociocultural da formação em Medicina se incorpora à vivência desde antes de ingressar à faculdade e envolve o aluno numa filosofia de vida, de práticas e de organização social dentro das expectativas da sociedade na qual ele está inserido. Tal estruturação faz parte de um complexo que envolve o desenvolvimento mental superior do indivíduo, e para tanto, partimos de uma apreensão de ciência enquanto prática engajada com um compromisso social, aceitando a produção de conhecimento superada pela reflexão política com base nos pressupostos da Teoria Histórico-Cultural a partir do aprofundamento e diálogo sobre o desenvolvimento da consciência na sociedade de classes.

Todos os problemas de consciência e contradições entre os significados e sentidos da escolha profissional também são pronunciadas na tentativa destes alunos de adotarem a postura de médico a partir da convivência com seus pares e com seus professores médicos. Muitas vezes os professores médicos não atendem às demandas pedagógicas de maneira satisfatória e levam os alunos a entrarem em conflitos e inseguranças em relação à sua vocação e/ou habilidade de ser médico.

Não raro, tais profissionais sentem-se na necessidade de espelharem-se em seus mentores, adotando as mesmas posturas. Essas posturas são adotadas, na maioria das vezes, mediante situações vivenciadas entre a relação professor-aluno e que nem sempre são harmoniosas. Comumente há ainda certo menosprezo pelas disciplinas básicas do curso, ministrado muitas vezes por outros profissionais não médicos especializados nos conteúdos de sua responsabilidade. Mesmo que a didática seja mais coerente e aprazível e o conteúdo seja essencial para o curso, os acadêmicos passam a entender essas disciplinas como menos importantes, ou como atrasos para o início da prática médica, muitas vezes, simplesmente por não serem ofertadas por professores médicos.

Esse fenômeno pode ser analisado à luz das palavras de Leontiev (1978), que esclarece que é o processo de apropriação da experiência acumulada pelo gênero humano no decurso da história social, possível apenas na relação com outras pessoas, que permite a aquisição das qualidades, capacidades e características humanas e a criação contínua de novas aptidões e funções.

O social não apenas interage com o biológico, como é capaz de criar novos sistemas funcionais que engendram novas formas superiores de atividade consciente. Como indica Vigotski (1995), é preciso compreender o desenvolvimento humano como um processo vivo, de permanente contradição entre o natural e o histórico, o orgânico e o social.

As reflexões tomadas em nosso itinerário investigativo nos desvelam o quanto se mantém perpetuado à segmentação de saberes, e como um reflexo desta, percebemos que a formação médica, e até mesmo abrangendo as demais profissões da saúde, se mantém distanciadas da formação crítica e reflexiva e o quanto a percepção da própria humanização se mantém distanciadas das relações políticas e sociais ao qual estamos inseridos.

Assim como iniciamos nossa fala, não poderíamos encerrá-la sem colocar um pouco de nós, nosso trajeto, o compartilhar de nossas experiências, e por certo, também, nosso desenvolvimento. Enquanto narradores e pesquisadores, coube-nos a missão de aproximar o leitor da problemática sistematizada em duas pesquisas investigativas, e enquanto a este se revela o movimento da prática e do método científico, a nós emergiu-nos os rumos tomados, que, por conseguinte, exigiu-nos redefinir rotas e perguntas, o que foi, sem dúvida, um grande aprendizado.

Tratar a dinamicidade da vivência do real nas diferenças dos olhares e interagir com um objeto em movimento não é tarefa fácil e exige cooperação. No caminho da escrita, se confluem as histórias dos sujeitos e incluem-se obviamente as nossas histórias, enquanto seres singulares e enquanto investigadores, face todos os sujeitos envolvidos. Nos entroncamentos, alguns rumos se perdem, mas outros se abrem, com novos conteúdos e novos sentidos.

É com essa bagagem contextual que encerramos: coletivamente e mediante articulação de ideias nós tecemos reflexões, que foram se formulando, moldando, sendo articuladas mediante o compartilhamento de conhecimentos e experiências. Traçar estas linhas em plural é talvez o suprassumo da nossa missão enquanto sujeitos envolvidos com formação e pesquisa, e não deve ser diferente, afinal, o diálogo do olhar humanizado para a formação de outro humano é incumbência que demanda domínios e conhecimentos que só o exercício da escrita e da crítica por um conjunto de mentes pode alcançar.

REFERÊNCIAS

CRAIG, Sienna Radha; SCOTT, Rebekah; BLACKWOOD, Kristy. Orienting to medicine: Scripting professionalism, hierarchy, and social difference at the start of medical school. *Culture, Medicine, and Psychiatry*, v. 42, n. 3, p. 654–683, 2018.

DELEUZE, Gilles. *Dois Regimes de Loucos.* Textos e Entrevistas (1975-1995). Edição preparada por David Lapujade. Tradução de Guilherme Ivo. Revisão técnica de Luiz B. Orlandi. São Paulo: Editora 34, 2016.

FOUCAULT, Michel. *Do Governo dos Vivos.* Curso dado no Collège de France (1979-1980). Edição estabelecida por Michel Senellart sob a direção de Francois Ewald e Alessandro Fontana por Michel Senellart. Tradução de Eduardo Brandão. São Paulo: Editora Martins Fontes, 2014.

FOUCAULT, Michel. *Nascimento da Biopolítica*. Curso dado no Collège de France (1978-1979). Edição estabelecida por Michel Senellart sob a direção de Francois Ewald e Alessando Fontana. Tradução de Eduardo Brandão. Revisão de Claudia Berliner. São Paulo: Editora Martins Fontes, 2008.

GALLI, Amanda Elisa Perez de. Argentina: transformación curricular. *Educ Méd Salud.*, v. 23 n. 4, p. 344-53, 1989.

HEIDEGGER, Martin. *Ser e tempo* – Parte 1. Tradução de Marcia de Sá Cavalcante. Petrópolis-RJ: Editora Vozes, 2001.

LAMPERT, Jadete Barbosa. *Tendências de mudanças na formação médica no Brasil.* 2002. 209 f. Tese (Doutorado em Saúde Pública) – Escola Nacional de Saúde Pública Sérgio Arouca, Fundação Oswaldo Cruz, Rio de Janeiro, 2002.

LEONTIEV, Alexis. *O desenvolvimento do psiquismo*. Lisboa: Horizonte, 1978.

MACHADO, Clarisse Daminelli Borges; SCHROEDER, Edson. O aprender a aprender na Educação Médica: reflexões a partir de aportes da Teoria Histórico-Cultural. *Revista Brasileira de Educação Médica* [online], 2021, v. 45, n. 3, p. e188, 2021. Disponível em: https://doi.org/10.1590/1981-5271v45.3-2021015. Acesso em: 28 mar. 2022.

MARX, Karl. *Manuscritos econômico-filosóficos e outros textos escolhidos*. São Paulo: Abril Cultural. 1978.

MERTON, Robert King. Some preliminaries do a sociology of medical education, appendix A, "Socialization: a terminological note". *In:* MERTON, Robert King. *The student-physician introductory studies in the sociology of medical education.* Cambrigde: Harvard University Press, 1957. p. 289-293.

MIRANDOLA, Giovanni Pico Della. *Discurso sobre a dignidade do homem*: edição bilingue. 2. ed. São Paulo: Grupo Almedina, 2018.

MOSCOVICI, Serge. *A representação social da Psicanálise*. Tradução de Álvaro Cabral. Rio de Janeiro: Editora Jorge Zahar, 1978.

NUNES, Everardo Duarte. *Sobre a Sociologia da Saúde*. São Paulo: Hucitec, 1999.

PRESTES, Zoia. *Quando Não É Quase A Mesma Coisa*: análise de traduções de Lev Semionovitch Vigotski no Brasil. Repercussões no campo educacional. 295 f. Tese (Doutorado em Educação) – Programa de Pós-Graduação em Educação, Universidade de Brasília, Brasília, 2010.

RODRIGUES, Vinícius Santos; BATISTA, Cássia Beatriz; VECCHIA, Marcelo Dalla. Corpos Anatomizados e Educação Médica: identificando intersecções entre cultura, formação e prática médica. *Revista Brasileira de Educação Médica* [online], 2020, v. 44, n. 3. Epub 3 ago. 2020. ISSN 1981-5271. https://doi.org/10.1590/1981-5271v44.3-20190339. Disponível em: https://doi.org/10.1590/1981-5271v44.3-20190339. Acesso em: 29 maio 2022.

SANTOS, Victor Hugo dos. *et al*. Currículo oculto, educação médica e profissionalismo: uma revisão integrativa. *Interface* – Comunicação, Saúde, Educação [online]. 2020, v. 24. Disponível em: https://doi.org/10.1590/Interface.190572. Acesso em: 29 maio 2022.

VALSECHI, Daniel *et al*. Currículo oculto na escola médica: um mecanismo de reprodução do trabalho médico no capitalismo. Anais do XI Seminário Nacional do HISTEDBR, IV Seminário Internacional Desafios do Trabalho e Educação no Século XXI e I Seminário Internacional do HISTEDBR – 2019, 2020.

VIEIRA, Mauro Machado. *A representação social da disciplina de ciências sociais para os estudantes de odontologia*. 2004. Dissertação (Mestrado em Educação) – Programa de Pós-Graduação em Educação, Faculdade de Educação, Universidade Estadual de Campinas, Campinas, 2004.

VYGOTSKI, Lev Semionovitch. *A formação social da mente*. 6. ed. São Paulo: Livraria Martins Fontes, 2007.

VYGOTSKI, Lev Semionovitch. O significado histórico da crise da Psicologia. *In*: VYGOTSKI, Lev Semionovitch. *Teoria e método em psicologia*. São Paulo: Martins Fontes, 1996. p. 203-417.

VYGOTSKI, Lev Semionovitch. *Obras Escogidas III*. Madri: Visor, 1995.

YATES, France A. *Giordano Bruno e a tradição hermética*. Tradução de Yolanda Steidel de Toledo. São Paulo: Editora Cultrix, 1995.

LIVE 10

OLHARES CRÍTICOS SOBRE A EDUCAÇÃO E A ESCOLA[32]

Ruth Meyre M. Rodrigues

INTRODUÇÃO

A discussão proposta nesta produção busca apresentar os limites e as possibilidades postas ao campo da Educação para as Relações Étnico-Raciais, tendo como campo teórico as contribuições da psicologia social, por meio da Teoria das Representações Sociais, e do materialismo histórico e dialético, tendo em vista a sua perspectiva crítica de leitura da realidade.

Parte do conteúdo desse artigo foi apresentado em palestra proferida durante transmissão ao vivo nas redes sociais que recebe o mesmo título, realizada no dia 30 de outubro de 2021, com a participação da pesquisadora Norma Celiane Cosmo e mediação do pesquisador Ronaldo Alexandrino, como parte de uma série de *lives* que culminaram com a publicação deste livro.

A discussão a ser apresentada pauta-se nos resultados encontrados após a coleta de dados provenientes de levantamento de produções acadêmicas — 326 trabalhos, sendo 275 dissertações e 93 teses — sobre a Educação para as Relações Étnico-Raciais (Erer), em que foram identificadas a convivência de avanços e obstáculos no processo de implementação da legislação antirracista na Educação. Esses dados foram objeto de análise de tese de doutoramento pela Faculdade de Educação da Universidade Estadual de Campinas (Unicamp) (RODRIGUES, 2017)[33].

---

[32] Para assistir a *live* que deu origem a este capítulo, basta acessar o link https://youtube.com/live/QidtYgDFZ5k no canal Prof. Ronaldo Alexandrino no YouTube.

[33] A pesquisa foi realizada sob a orientação da Prof.ª Dr.ª Angela Fátima Soligo, na linha de pesquisa Processos de exclusão/inclusão social e escolar: racismo e práticas sociais; dentro da área de concentração Psicologia Educacional, que é vinculada ao grupo Diferenças e subjetividades em Educação (DIS). Parte da pesquisa foi realizada por meio de estágio doutoral na Faculdade de Psicologia e Ciências da Educação da Universidade de Coimbra, sob a orientação da Prof.ª Dr.ª Clara Maria Rodrigues da Cruz Silva Santos.

Adotamos, como pano de fundo da discussão proposta, a inegável negligência do Estado brasileiro no tocante a efetiva implementação de ações e programas de enfrentamento ao racismo nos sistemas de ensino, promovendo a perpetuação das desigualdades por meio da adoção de posturas eugenistas.

OLHARES CRÍTICOS SOBRE A EDUCAÇÃO E A ESCOLA

Tendo como norte a compreensão de que a organização pedagógica das escolas se pauta em um modelo de escolarização que seleciona quais e como determinados temas serão tratados, chamamos a atenção para a reprodução de representações sociais negativas sobre a população negra, ao lado da localização do padrão branco e da naturalização de manifestação racistas. Partindo desse entendimento, a valorização da história e cultura africana e afro-brasileira representa um caminho potente para a revisitação do currículo oficial, que desconsiderou o protagonismo e o ponto de vista desses(as) brasileiros(as), adotando uma visão eurocentrada da história. Para além da garantia legal, contudo, desponta nesse debate o grande desafio posto aos profissionais da Educação no sentido de adotar uma educação antirracista buscando recontar a nossa história, passando pelas estratégias de luta e de resistência do povo negro, sem, com isso, desconsiderar a diversidade que compõe esse grupo social no Brasil. Isso significa dizer que é primordial considerar as especificidades das populações negras em contexto urbano, do campo, das florestas e das águas; das comunidades quilombolas e indígenas. Da mesma forma, é preciso enxergar os deferentes eixos de subalternização como gênero, sexualidade e naturalidade, sobretudo em razão dos recentes ataques xenofóbicos, LGBTfóbicos, racistas e machistas que ganharam notoriedade nos últimos anos, em especial ao longo dos processos eleitorais. É crucial apontar que essas posturas e ações são encorajadas por integrantes do poder público, nos direcionando para a necessidade de reflexões sobre o papel do Estado e de seus limites em contexto capitalista.

Para compreendemos esse contexto marcado por retrocessos, pontuamos, como marco inicial, o Golpe de Estado orquestrado pela extrema direita e materializado em 2016, por meio do impeachment da então presidenta eleita Dilma Rousseff. Trata-se de um golpe político, de cunho midiático, parlamentar e jurídico, perpetrado pela extrema direita, que toma o poder derretendo os preceitos democráticos ainda em construção, que conduziam a formulação de políticas públicas no Brasil. Assistimos estarrecidos(as) às propostas de políticas reformistas voltadas à precarização das condições de trabalho, à perda de direitos nos campos tributário, trabalhista e da previdência. Soma-se a isso, a terceirização ou completa privatização de serviços públicos essenciais como saúde e educação.

No âmbito educacional, foram votados projetos de lei como o Escola sem Partido, que ficou conhecido como a Lei da Mordaça, dada a imposição de propostas autoritárias. Esse é apenas um exemplo dentre diversos projetos de lei promotores de perseguições à docência e de desmontes da educação pública. Nesse "pacote", incluímos a Reforma do Ensino Médio (Lei n.º 13.415/2017), que foi editada por meio de Medida Provisória e imposta sem qualquer diálogo com a sociedade (BRASIL, 2017).

Sob a égide — que é real — de que é preciso reestruturar o ensino médio para o enfrentamento à evasão, ao insucesso, às retenções e ao desinteresse, a proposta chegou com diversas promessas sedutoras, como a possibilidade de escolha pelos estudantes, da área na qual desejam se aprofundar, uma vez que seriam ofertados diferentes itinerários formativos e eletivas nas diferentes áreas — Linguagens, Matemática, Ciências da Natureza ou Ciências Humanas e Sociais; além da formação técnica e profissional; a construção de projetos de vida de acordo com os interesses e necessidades de cada estudante; amplia a carga horária mínima de 2.400 para 3.000 horas e organiza uma forma específica e duvidosa de educação em tempo integral[34]. Nesse processo, os(as) adolescentes são levados(as) a acreditar que teriam um tempo adicional para aprender e se aprofundar em seu campo de interesse com a qualidade esperada. As informações e propagandas disseminadas pelo Ministério da Educação (MEC), e por seus/suas apoiadores/as, camuflam o seu caráter elitista e reprodutor de iniquidades sociais.

Para provocar o interesse e promover a participação dos(as) estudantes, a proposta é recheada de prometimentos como a substituição das aulas expositivas por projetos, oficinas, cursos e/ou por outras atividades práticas (BRASIL, 2017). A defesa é a de que, nesse formato, os direitos de aprendizagem estariam garantidos a todos(as) os(as) estudantes brasileiros(as), fato corroborado pela Base Nacional Comum Curricular (BNCC), que tenta padronizar, nacionalmente, uma orientação curricular retrograda das áreas de conhecimento.

---

[34] Informações sobre o Novo Ensino Médio estão disponíveis no sítio eletrônico do Ministério da Educação (MEC), em: https://www.gov.br/mec/pt-br/novo-ensino-medio. Acesso em: 3 dez. 2022.

Na realidade, esse "novo" é um antigo modelo, na medida em que enfatiza o ensino de Língua Portuguesa e Matemática, que passam a ser as únicas disciplinas obrigatórias nos três anos de ensino médio. Filosofia, Sociologia, Educação Física e Artes tornam-se optativas. A gravidade da proposta ganha vulto quando desobriga as unidades escolares de ofertar os quatro componentes curriculares, permitindo que apenas uma, dentre essas disciplinas, seja ofertada. Para os municípios, a obrigatoriedade é de apenas dois componentes curriculares optativos, o que diminui, ainda mais, as possibilidades dadas às escolas para a oferta. Dessa maneira, não há que se falar em "escolha", como promete o Art.3º e as diversas propagandas governamentais sobre o tema (BRASIL, 2017).

Destacamos ainda que a legislação delineia o perfil dos(as) profissionais da área técnica e profissional, permitindo que aqueles(as) considerados(as) com "notório saber" possam "ministrar conteúdos de áreas afins à sua formação ou experiência profissional, atestados por titulação específica ou prática de ensino em unidades educacionais da rede pública ou privada ou das corporações privadas em que tenham atuado" (BRASIL, 2017, Art. 61).

Como parte dessa marcha autoritária, chamamos a atenção para o recrudescimento do diálogo com segmentos sociais como um todo e, em especial, com os grupos minoritários, com intensas resistências aos debates racial e de gênero/sexualidade. Cresce, cada vez mais, no Congresso e em cargos de gestão pública, a presença, ao lado dos clássicos representantes do campo empresarial, de porta vozes do agronegócio e de segmentos religiosos fundamentalistas. A junção histórica, e por isso já sabidamente catastrófica, entre Estado e Igreja, aliada à uma gestão patrimonialista e personalista, contamina a gestão das políticas sociais com crenças religiosas, posicionamentos morais e conservadorismo. Essa tem sido a receita para a disseminação de notícias falsas e teorias conspiratórias, promotoras do chamado pânico moral que borra a leitura e interpretação da realidade.

O atual contexto compromete ainda mais a leitura acerca da construção e organização histórica das relações sociais e raciais no Brasil com destaque às tentativas de grupos dominantes de manobras como a inversão, o enfraquecimento ou mesmo a ridicularização das pautas sociais ao anunciarem que sofrem ataques e processos discriminatórios por fazerem parte de segmentos religiosos ou pertencimentos raciais e/ou de gênero hegemônicos. Trata-se de uma impossibilidade sociológica maquinada como reação às ações dos movimentos sociais que ameaçam privilégios estabelecidos.

Na esfera das políticas públicas educacionais, adotamos o conceito de "racismo educacional", que envolve as diversas camadas e âmbitos de manifestações do racismo — individual, institucional e cultural — compreendendo o conjunto de preconceitos e processos discriminatórios que habitam o âmbito escolar, motivados por racismo, mas que também estão presentes nos processos de gestão e no seio da sociedade, impactando, juntos, a vida escolar de pessoas negras ao estruturar processos excludentes que desenham o percurso escolar, transformando a sua trajetória de escolarização em algo bastante inóspito, complexo e, por vezes, aligeirada e com pouca qualidade. O racismo educacional é o retrato da omissão do Estado (RODRIGUES, 2010).

Entendemos que se pode, de modo mais específico, utilizar "racismo escolar" quando pretendemos nos referir, estritamente, ao ambiente escolar, ainda que todas as suas faces sejam delineadas. Como nos mostra Rodrigues (2012), há uma relação direta entre a democratização da gestão e a implementação da legislação antirracista, o que chama a atenção para a importância dos mecanismos promotores de participação como o Projeto Político e Pedagógico, os grêmios estudantis, o Conselho Escolar e demais formas de participação conjunta entre todos os segmentos da comunidade escolar. Nesse sentido, ao considerar todas as instâncias dos sistemas de ensino, defendemos o uso do termo "racismo educacional". Chamamos a atenção para a importância de discutirmos o racismo escolar sem desconectá-lo do racismo educacional e, da mesma forma, sempre considerar este como parte da engrenagem neoliberal que pauta a condução das políticas públicas.

Asseveramos que o racismo educacional inviabiliza o sucesso escolar dos grupos racializados como "não brancos", dos quais destacamos as pessoas negras. As diversas formas de violência imprimi-lhes processos de opressão e consequente exclusão dos espaços sociais de prestígio, mando e poder, tendo como importante aporte a transmissão geracional dessa condição. Os impactos do racismo educacional institucionalizado nos Sistemas de Ensino vêm sendo denunciados, historicamente, pelos movimentos sociais, pelas organizações negras e pelos(as) autores(as) como Denise Botelho; Eliane Cavaleiro; Kabengele Munanga; Luciene Ribeiro Gonçalves; Nilma Lino Gomes; Petronilha Silva; Renísia Garcia-Filice; Valter Silvério; só para citar alguns. Mas, apenas nas últimas três décadas, é possível observar avanços no campo das políticas públicas. Insta lembrar, contudo, que cada pequeno passo dado em direção à equidade racial veio acompanhado de muitas oposições, incompreensões e reprodução de ideologias como a "democracia racial"; a lógica da branquitude[35] e as práticas de branqueamento; a mestiçagem como justificativa para a inexistência do racismo; todas elas convergem para uma postura eugênica do Estado, reproduzindo e reanimando a lógica posta pelo racismo científico, termo usado para se referir às teorias iluministas que promoviam hierarquizações sociais. Como resultado da permanência histórica dessas ideologias, merecem destaque as diversas formas de boicote, silenciamentos e/ou ações equivocadas que se repetem ano a ano nas escolas, como a utilização de *"Black face"*, de esponjas de aço para representar o cabelo crespo (RODRIGUES, 2017), ou, como nos mostra Soligo (2001), pela propagação de imagens que retratam a subalternidade e os lugares sociais simbólica e socialmente reservados às pessoas negras, como o samba e o futebol.

Ao nos referirmos à "ideologia", nos amparamos em Marx e Engels (2007) para apontar um arranjo de ideias disseminadas socialmente capazes de direcionar comportamentos e definir papeis a partir de falsas concepções da história e da realidade como instrumento de manipulação e controle. Pensando nisso, compreendemos que o racismo é um recurso utilizado para manter os privilégios dos grupos sociais hegemônicos ao passo que empurra a população negra para a base da pirâmide social, sendo, portanto, necessário ao sistema capitalista que tem como uma de suas bases de sustentação a exploração e o abastecimento do mercado industrial de reserva.

Importa afirmar, contudo, que não desconsideramos o dinamismo das relações sociais no sentido de avistar possibilidades de redefinição das ideologias impostas, como acreditava Lênin (2006), "não como remendos no sistema capitalista, mas por meio da completa desestruturação de suas engrenagens" (RODRIGUES, 2017, p. 20). Pensando nisso, delinearemos os principais elementos obstaculizadores sem perder de vista importantes conquistas.

LIMITES E POSSIBILIDADES NO CAMPO DA ERER

A investigação (RODRIGUES, 2017), base desse artigo, buscou identificar como as alterações na legislação educacional, no tocante a Educação para as Relações Étnico-raciais, reverberaram no Sistema de Ensino. Para compreender o cenário que se apresentava, buscou-se estabelecer um termômetro capaz de mensurar o alcance e a materialidade das orientações legais envolvendo a Erer a partir de 2003. Para isso, foram catalogadas teses

---

[35] Sobre branquitude, recomendamos como leitura introdutória Carone & Bento (2002).

e dissertações defendidas entre 2003 e 2016, disponibilizadas em formato digital, com abordagens sobre a questão racial no campo educacional. A metanálise foi a técnica eleita para a coleta e comparação de dados.

A metanálise permite sistematizar resultados de diversos estudos que abordam temas afins, possibilitando avanços sobre o entendimento a respeito de determinadas problemáticas. Dessa forma, as investigações ganham dimensões capazes de gerar indicadores e afetar decisões políticas (PIGOTT, 2012). É comumente utilizada nas ciências exatas, mas aos poucos vem ganhando espaço nas linhas de pesquisa vinculadas às ciências humanas e sociais. Não se assemelha à tradicional revisão da literatura por ser uma técnica de coleta e análise de dados, diferenciando-se, portanto, do levantamento de trabalhos para a identificação do estado da arte.

A partir da metanálise realizada, criamos um banco de dados para mapear os principais temas, conceitos, considerações e conclusões apresentadas. Por fim, analisamos os dados catalogados visando arquitetar uma radiografia dos avanços e/ou limites da legislação antirracista na educação.

A interpretação desses dados pautou-se no Materialismo Histórico e Dialético em diálogo com a Teoria das Representações Sociais, de Serge Moscovici (2010). Com esses dois aportes teóricos, foi possível identificar mecanismos ideológicos de construção social e manutenção do racismo usados para a manutenção das desigualdades raciais que sustentam as desigualdades de classe, uma vez que a disseminação de Representações Sociais racistas atende aos interesses do grupo economicamente dominante. Um dentre os principais elementos de sustentação da tese é a compreensão de que o Estado é, assim como a escola, um aparelho privado de hegemonia, como nos mostra Gramsci (2007), voltado à reprodução de ideologias racistas, organizando as relações sociais com o propósito de empurrar e manter a população negra nos espaços sociais de subalternidade. É nesse sentido que alertamos para a inseparabilidade das dimensões de raça e de classe.

A partir dessa ótica, buscamos identificar os limites e o alcance da legislação antirracista, aqui considerada como o conjunto de leis, diretrizes e resoluções ligadas ao campo da Erer, das quais destacamos os artigos 3º, 26A e 79B da Lei de Diretrizes e Bases da Educação Nacional (LDB) (BRASIL, 1996) e as Diretrizes Curriculares Nacionais da Educação das Relações Étnico-Raciais e para o Ensino de História e Cultura Afro-Brasileira e Africana (DCNs Erer) (BRASIL, 2004).

Os artigos 26A e 79B da LDB tratam, respectivamente, da inclusão da História e Cultura Afro-Brasileira e dos povos indígenas no currículo da educação básica por meio do resgate das contribuições desses grupos sociais nas áreas social, econômica e política, na constituição da história do Brasil. E inclui, no calendário escolar, o dia 20 de novembro como Dia Nacional da Consciência Negra.

O artigo 3º da LDB institui, entre os princípios da Educação Nacional, a "consideração com a diversidade étnico-racial" (XII), que foi acrescido, em abril de 2013, com a aprovação da Lei n.º 12.796 (BRASIL, 2013, art. 3º). A legislação antirracista tem o intuito de ressignificar a história do Basil no sentido de compreendermos a construção histórica do racismo, o processo de racialização da sociedade e os condicionantes históricos que reverberam na atual organização sociorracial da sociedade brasileira, marcada por exclusão, opressão e injustiça social. Defendemos que mecanismos promotores de subalternização seguem vivos, alimentando uma lógica excludente de cunho eugenista que assume nova roupagem, que são denominados "eugenia pós-moderna", mas representa o ecos da eugenia clássica[36].

Indicadores sociais revelam essa tese. Segundo o *Atlas da Violência* lançado em 2021, uma pessoa negra tem 26% mais chance de ser assassinada no Brasil, pois 77% das vítimas por homicídio são pessoas negras (BRASIL, 2021). No mundo do trabalho, dados divulgados pelo Instituto Brasileiro de Geografia e Estatística (IBGE), provenientes da Pesquisa Nacional por Amostra de Domicílios Contínua (Pnad Contínua)[37], os(as) trabalhadores(as) pretos(as) ganham 40,2% menos do que os(as) brancos(as) por cada hora de trabalho. Para os pardos, esse valor foi 38,4% menor (IBGE, 2022).

Como já sinalizamos, a pesquisa que baliza a discussão apresentada neste trabalho (RODRIGUES, 2017), pauta-se na análise de teses e dissertações para apoiar as conclusões a seguir.

Sustentamos que Representações Sociais (RS) com viés racista direcionam comportamentos e definem papeis sociais. As RS correspondentes são alimentadas por um "sistema de referências" que condicionam a nossa leitura da realidade (MOSCOVICI, 2010), que, em uma sociedade racista, reverbera na hierarquização de grupos sociais e no convencimento das pessoas acerca de ideias como a meritocracia ou a "lei dos mais fortes e dos mais bem preparados". Essa lógica mantém e naturaliza as assimetrias sociais, engendrando uma organização social assimétrica e perversa.

---

[36] Ver Rodrigues (2022).

[37] Dados coletados entre abril e junho de 2022 (IBGE, 2022).

O imaginário social segue habitado por Representações Sociais negativas sobre as pessoas negras. Para reverter essa realidade, acreditamos nos processos educativos, dos quais destacamos a escolarização como caminho para a superação de ideias preconceituosas e atitudes discriminativas, que azeitam as interações sociais, afetam as decisões e balizam a postura omissa do poder público.

Cabe ceder espaço para a meritocracia, que representa um sistema crucial para a manutenção das desigualdades ao reproduzir o Darwinismo Social, ou seja, a lei dos mais aptos e a sobrevivência dos mais esforçados e capazes e saudáveis. É muito comum encontrarmos essa narrativa nos debates sobre ações afirmativas em que se defende que apenas os mais aptos devem galgar determinadas posições sociais. Esse discurso "justifica" a injustiça social e o próprio racismo ao defender que a "vitória" cabe a quem souber aproveitar as oportunidades com empenho, dedicação e insistência (RODRIGUES, 2017).

Não por acaso, o principal elemento obstaculizador evidenciado no conjunto das pesquisas é a negação do racismo de um modo geral; a negação de que somos racistas como sociedade e individualmente e/ou a negação de suas consequências.

O racismo se reproduz por ação ou omissão, passando pelo despreparo dos profissionais da educação e a falta de investimentos e de vontade política. Esse cenário é intensificado pela precariedade do trabalho docente (o que inclui a falta de condições materiais para a implementação da Erer). O resultado disso são as intervenções equivocadas, a negação, a negligência e a omissão, por vezes, fazendo parte de um projeto de fortalecimento de um sistema opressor (RODRIGUES, 2017).

A implementação da legislação antirracista no campo educacional é fundamental para o enfrentamento dos processos preconceituosos e discriminatórios que promovem a exclusão ao negligenciar o acolhimento da diversidade étnico-racial presente na escola.

À GUISA DE CONCLUSÃO

Buscamos apresentar questões que entrelaçam o papel do Estado em tempos de retrocessos sociais e avanços de práticas neoliberais com teor fascista. A investigação evidenciou que, a despeito dos avanços, as ações não se mostraram eficazes contra o racismo educacional no Brasil. Esse entendimento consolida a percepção quanto à inercia do Estado e acende uma luz para o fato de que não podemos ter como fim último a materialização da legislação antirracista. Diferente disso, essa é uma ponte imprescindível para um objetivo maior, ligado à superação do atual modelo de sociedade, em que o racismo e suas consequências perversas sejam suplantados.

Lembramos que afirmar a omissão do Estado enquanto aparato da classe dominante não significa, em absoluto, desconsiderar o protagonismo dos movimentos sociais negros, bem como as conquistas até aqui alcançadas. Reafirmamos que raça e classe são conceitos indissociáveis e que, a despeito das imposições ideológicas geradoras de alienação e repressão, somos sujeitos dos/nos processos históricos.

Como norte para os próximos passos, temos a urgência em caminhar para a materialização da legislação antirracista; a aproximação do que vem sendo discutido e construído no âmbito acadêmico com a realidade das escolas; o incentivo à formação docente no campo da Erer; o fortalecimento dos mecanismos promotores da gestão democrática; a adoção de políticas sólidas, de Estado, que não sejam tão facilmente desmanteladas em cada mudança de governo. Esses representam apenas os primeiros passos rumo à adoção de uma educação antirracista, crítica e libertadora; importa lembrar, contudo, que a superação do racismo na sociedade brasileira e no mundo depende, necessariamente, da reconstrução dos pilares que sustentam o atual formato de organização econômica e social.

REFERÊNCIAS

BRASIL. Diretrizes Curriculares Nacionais para a Educação para as Relações Étnico-raciais e para o Ensino de História e Cultura Africana e Afro-Brasileira Ministério da Educação e Cultura. 2004

BRASIL. *Lei n.º 12.796, de 4 de abril de 2013*. Altera a Lei n.º 9.394, de 20 de dezembro de 1996, que estabelece as diretrizes e bases da educação nacional, para dispor sobre a formação dos profissionais da educação. Presidência da República.

BRASIL. *Lei n.º 9.394, de 20 de dezembro de 1996*. Estabelece as Diretrizes e Bases da Educação Nacional – LDB. Presidência da República.

BRASIL. *Lei n.º 13.415, de 16 de fevereiro de 2017*. Institui a Política de Fomento à Implementação de Escolas de Ensino Médio em Tempo Integral.

CARONE, Iray; BENTO, Maria Aparecida da Silva (org.). *Psicologia social do racismo*: estudos sobre branquitude e branqueamento no Brasil. Petrópolis: Editora Vozes, 2002.

GRAMSCI, Antonio *Cadernos do cárcere*. Rio de Janeiro: Civilização Brasileira, 2007.

INSTITUTO BRASILEIRO DE GEOGRAFIA E ESTATÍSTICA; Instituto de Pesquisa Econômica Aplicada; Fórum Brasileiro de Segurança Pública. *Atlas da violência* – 2021. Rio de Janeiro, 2021. Pesquisa Nacional por Amostra de Domicílios Contínua (PNAD Contínua). 2022.

MARX, Karl; ENGELS, Friedrich. *A Ideologia Alemã*. São Paulo: Boitempo Editorial, 2007.

MOSCOVICI, Serge. *Representações sociais*: investigações em psicologia social. Rio de Janeiro: Vozes, 2010.

PROJETO de Lei 7.180/2014. Inclui entre os princípios do ensino o respeito às convicções do aluno, de seus pais ou responsáveis, dando precedência aos valores de ordem familiar sobre a educação escolar nos aspectos relacionados à educação moral, sexual e religiosa.

PROJETO de Lei 867/2015. Inclui, entre as diretrizes e bases da educação nacional, o "Programa Escola sem Partido".

RODRIGUES, Ruth Meyre M. *Educação das relações étnico-raciais no Distrito Federal*: desafios da gestão. 2010. Dissertação (Mestrado em Educação) – Faculdade de Educação, Universidade de Brasília, Brasília, 2010.

RODRIGUES, Ruth Meyre M. *Educação para as relações étnico-raciais no Brasil*: um termômetro. 2018. Tese (Doutorado em Educação) – Programa de Pós-Graduação em Educação, Universidade Estadual de Campinas, Campinas, 2017.

SOLIGO, Ângela Fátima. *O preconceito racial no Brasil*: análise a partir de atitudes e contextos. 2001. Tese (Doutorado em Psicologia) – Instituto de Psicologia, Pontifícia Católica de Campinas, Campinas, 2001.

LIVE 11

SER PROFESSOR(A) NO CONTEXTO DO NEOLIBERALISMO[38]

Mara Rosana Pedrinho
Vivina Dias Sól Queiróz

INTRODUÇÃO

Neste texto serão apresentadas algumas ideias discutidas na *live* realizada no dia 22 de outubro de 2021 acerca dos desafios da docência no contexto do neoliberalismo. A política neoliberal que vem sendo forjada no interior deste século 21 tem desconsiderado a historicidade, a concretude, a singularidade e a universalidade do professor e da professora como produtores(as) de sentido subjetivo e significado social. Todavia, a constituição da profissão docente ocorre mediada pelas relações de transformações objetivas e subjetivas em consonância com o modelo de sociedade de sua contemporaneidade. Esse movimento ocorre porque a docência pressupõe ao mesmo tempo tanto a objetividade quanto a subjetividade docente, as quais são direcionadas para satisfazer as necessidades coletivas e individuais.

Ser professor(a) nesse cenário tem acarretado implicações na organização do trabalho didático, uma vez que se tem exigido desse(a) profissional o conhecimento de novas formas de ensinar, tendo como panorama a expansão e a naturalização do uso das tecnologias digitais no cotidiano das relações sociais, acirrada ainda mais pela pandemia provocada pela Covid-19. Tais transformações decorrentes dos avanços tecnológicos têm provocado um abismo cada vez maior entre as pessoas que têm acesso aos bens materiais e aquelas que são desprovidas desses bens.

Se no contexto em que as pesquisas realizadas pelas autoras foram evidenciadas novas exigências na constituição do sentido e significado do ser professor(a), no início dos anos 20 do século 21, essas tornaram-se ainda

---

[38] Para assistir a *live* que deu origem a este capítulo, basta acessar o link: https://youtube.com/live/Q-T3fY980rc no canal Prof. Ronaldo Alexandrino no YouTube.

mais imperiosas. Palavras de ordem como "reinventar-se" e "novo normal" incorporaram-se ao vocabulário diário das pessoas e com o(a) professor(a) não foi diferente. Da noite para o dia foi preciso reorganizar o seu trabalho didático e inserir-se nos espaços virtuais como o Classroom (salas de aulas) e o Google Meet (salas de reunião), entre tantos outros e que, de maneira positiva ou não, contribuíram para a internalização de outros signos e símbolos, fazendo com que fossem criadas formas divergentes de interagir no e com o mundo social.

O CONTEXTO DAS PESQUISAS

As pesquisas que embasaram essa *live* foram realizadas nas duas primeiras décadas do século 21. A pesquisa sobre os "Sentidos e significados da docência na sala de tecnologia educacional" resultou na tese de doutorado em Educação defendida no ano de 2009, no Programa de Pós-Graduação em Educação da Universidade Federal de Mato Grosso do Sul (UFMS), sob a orientação da professora doutora Sonia da Cunha Urt.

Partiu-se da problemática sobre as salas de tecnologias educacionais que se tornaram realidade na cidade de Campo Grande/MS para 100% das escolas públicas (municipal e estadual) em um período de cinco anos (1999 – 2004), e demandaram a presença de um(a) profissional da educação para organizar o trabalho didático nessas salas, transformando-as em espaços de aprendizagens, onde o computador fosse utilizado como ferramenta para ensinar e aprender. Para tanto, as redes públicas instituíram uma função que inexistia no grupo do magistério, a de professor(a) instrutor(a) na rede municipal e a de coordenador(a) de laboratório de informática e posteriormente professor(a) em salas de informática na rede estadual.

O(a) docente que demonstrasse interesse em assumir essa nova função recebia cursos de informática orientados à educação ministrados pelos Núcleos de Tecnologia Educacional criados pelo poder executivo estadual e municipal em consonância com a política do Programa Nacional de Informática na Educação (Proinfo) de equipar com computadores as escolas públicas brasileiras.

De natureza qualitativa, a pesquisa foi realizada com docentes de 16 salas de tecnologias da cidade de Campo Grande/MS e utilizou-se da entrevista e completamento de frases como instrumentos de coleta de dados. As entrevistas foram realizadas presencialmente, no período de março a setembro de 2007, e o completamento de frases por meio virtual a partir de e-mail, no mês de outubro de 2008, com o(a)s mesmo(a)s docentes participantes das entrevistas.

Participaram das entrevistas 16 docentes escolhido(a)s intencionalmente, sendo oito homens e oito mulheres que serão caracterizado(a)s na sequência no Quadro 1 e apresentado(a)s com nomes fictícios. As entrevistas acordadas por e-mail e confirmadas por meio de ligações telefônicas tiveram em média 1 hora de duração. Após terem sido gravadas, foram transcritas e enviadas por e-mail a(o)s professore(a)s entrevistado(a)s para conhecimento do seu teor, solicitando a sua devolução também por meio do correio eletrônico em um prazo de 15 dias. Decorrido o prazo, caso o(a) professor(a) não retornasse, era feito novo contato e outro agendamento. Esse procedimento possibilitou a consulta imediata e, em caso de dúvidas, algumas falas puderam ser ampliadas, melhoradas ou retiradas. Como a transcrição foi feita na íntegra, observou-se que a maior parte das correções foram de cunho gramatical.

Quadro 1 – Caracterização dos sujeitos

COUNE	SEXO	GRADUAÇÃO	PÓS-GRADUAÇÃO	DOCENTE	INGRESSO NA STE
1	M	Matemática	Não	Frederico	2004
	M	Ciências	Gestão da Informação	Jacinto	2004
2	M	Filosofia	Não	Joaquim	2004
	F	Geografia	Não	Vera	2003
3	M	Graduação de professores	Não	Joel	1999
	F	Matemática	Desenvolvimento de Software	Valéria	2004
4	M	Ciências	Não	Fabrício	2000
	F	Pedagogia	Informática na Educação	Adelaide	2004

COUNE	SEXO	GRADUAÇÃO	PÓS-GRA-DUAÇÃO	DOCENTE	INGRESSO NA STE
5	F	Pedagogia	Mestranda em Educação	Maura	2004
	F	História	Informática na Educação	Margarida	2001
6	M	Educação Física	Não	Jair	2000
	F	Pedagogia	Formação Docente a Distância	Mafalda	1999
7	F	Letras	Não	Mabel	2003
	M	Geografia	Não	Leandro	2004
8	M	Ciências	Tecnologias Aplicadas à Educação	Camilo	2000
	F	Pedagogia	Não	Jandira	2000

Fonte: Queiroz (2009)

Observe que a primeira coluna da esquerda para a direita no Quadro 1 traz a informação Coune, que significa Conselho das Unidades Escolares. Na época da realização da pesquisa, as escolas campo-grandenses se agrupavam em oito Coune com o seguinte agrupamento: as escolas da região sul estavam distribuídas entre os Coune 1-Lagoa; 2- Guaicuru; 3-Bandeira e 8-Sul. O Coune 4, denominado Central, englobava as escolas localizadas na região central da cidade; o Coune 5-Imbirussu, as escolas da região oeste; o Coune 6-Hércules Maymone, as escolas da região leste e, por fim, o Coune 7-Segredo abrangia as escolas localizadas na região norte da capital sul-mato-grossense.

A pesquisa "O(a) professor(a) no novo capitalismo: representações sociais de professore(a)s do ensino fundamental, formadore(a)s e aluno(a)s de Pedagogia", resultou na tese defendida no ano de 2013, no Programa de Pós-Graduação de Educação da Faculdade de Educação da Universidade Estadual de Campinas (Unicamp), sob a orientação da Prof.ª Ângela de Fátima Soligo, que investigou o sentido de ser professor(a) no contexto das políticas públicas decorrentes do cenário de globalização da economia e mundialização da cultura. Tais políticas são compreendidas não apenas como resultante de fatores econômicos/tecnológicos, mas também como um fenômeno que diz respeito à interação dinâmica entre cultura e economia, caracterizando-se também como um discurso (constituído e constituinte, estrutural e estruturante), bem como pano de fundo para medidas regulatórias presentes nas reformas das políticas públicas do chamado Estado-Avaliador. Além disso, buscou-se compreender como tais discursos engendram subjetividades, formas de pensar, sentir e ser professor(a).

O objetivo, portanto, foi de identificar se as mudanças ocorridas no "novo capitalismo" (Sennet, 2006), bem como as políticas públicas educacionais frutos do chamado Estado-Avaliador — orgânico às demandas da sociedade globalizada e do mundo do trabalho flexível —, estariam presentes nas representações sociais de "bom professor" e "boa professora" expressas em três grupos de sujeitos do sexo feminino: futuras professoras, estudantes do último ano da graduação em Pedagogia, professoras formadoras do mesmo curso, em uma instituição privada de ensino superior e professoras pedagogas no exercício da docência em escolas públicas municipais de uma cidade de porte médio no interior do estado de São Paulo.

De natureza qualitativa, a pesquisa envolveu ao todo 33 sujeitos, assim distribuídos: 10 estudantes do último ano de um curso de Pedagogia, 9 professoras formadoras, todas pedagogas, 9 professoras em exercício com mais de 10 anos de docência e 5 professoras no exercício da profissão com menos de 5 anos. O período de coleta dos dados foi de abril a junho de 2012 e os instrumentos utilizados foram questionários contendo questões diretas e projetivas.

OS ACHADOS DAS PESQUISAS

Ser professor(a) no contexto dos desafios impostos pelo modelo de sociedade na qual o(a) profissional da educação está inserido(a) não significa meramente o domínio técnico das tecnologias digitais, mas, sim, situar-se como pessoa consciente das transformações que estão ocorrendo na sociedade contemporânea, desempenhando suas funções de ensinar pautadas pela ética, pelo compromisso e pela competência técnica, política e pedagógica, rompendo com a linearidade do pensamento, de maneira que possa se ver como sujeito histórico em permanente constituição, além de conseguir desenhar para si outros espaços e cenários que não somente os determinados pela política neoliberal.

Destarte, a pesquisa sobre os "Sentidos e significados da docência na sala de tecnologia educacional", realizada na primeira década do século 21, revelou um(a) docente que se apropriou de um instrumento que requer conhecimentos condizentes à sua funcionalidade. Suas falas elucidaram que a apropriação do conhecimento midiático é possível e necessária e essa apropriação pode ajudar a construir práticas educativas consagradas para serem fios condutores do desenvolvimento humano, da edificação de posturas solidárias e do senso crítico do(a) aluno(a) que, de maneira direta ou indireta, está à mercê das influências das tecnologias digitais.

Na função instituída por atos governamentais, esse(a)s professore(a)s se reconhecerem mediadore(a)s capazes de proporcionar situações significativas de aprendizagens. Ampliaram seus valores e suas capacidades intelectuais, afetivas e motoras. Suas falas expressaram que as salas de tecnologias educacionais são potencializadoras desses processos, para tanto, o(a) professor(a) necessita organizar o seu trabalho didático em que claramente estejam colocadas as ferramentas favoráveis à aprendizagem crítica e construtiva, além de novas formas de interação, novos conteúdos e modos de expressão com ênfase na troca de experiências, projetando para o(a) aluno(a) outra forma de ser, de pensar e de agir perante as contradições existentes nas relações de produção dessa sociedade.

No momento histórico em que a pesquisa "O(a) professor(a) no novo capitalismo: representações sociais de professore(a)s do ensino fundamental, formadore(a)s e aluno(a)s de Pedagogia" foi realizada, merece destaque o que aqui se denomina de Estado-Avaliador que se encontra em conexão com a transnacionalização do capitalismo e com a atuação de instâncias de regulação supranacional. De regulação híbrida, conjuga o controle pelo Estado com estratégias de autonomia e autorregulação das instituições educativas. Segundo Afonso (2001), trata-se de uma radicalização do Estado intervencionista na promoção de um *ethos* competitivo que, por meio de avaliações externas e pelo predomínio de uma racionalidade instrumental e mercantil, sobrevaloriza indicadores e resultados acadêmicos quantificáveis e mensuráveis, não considerando as especificidades dos contextos e processos educativos. A "autonomia", mais retórica que real, se constitui em um pretexto para avaliação e responsabilização dos atores.

Ao se distanciar das funções do Bem-Estar Social, o Estado avaliador reinventa-se como uma "associação quase empresarial" num contexto mundial, ao intervir na promoção da investigação e da inovação para atender às necessidades do tecido produtivo, ao adotar lógicas/mecanismos de mercado na educação e na reprodução de mão de obra especializada. Aguilar (2000) constrói a categoria Estado Desertor, quando este se omite ao subordinar o político ao econômico e passa a se reservar à regulação ou administração da miséria, atuando emergencialmente, assistencialmente, sem uma política concreta. Tal reformulação do Estado (que orienta políticas e suas medidas de implementação) adquire um caráter central na formação de professores: a incorporação da concepção de competência cuja lógica enfatiza a individualização dos processos educativos e da responsabilização pelo aprimoramento profissional, fechando-se para a solidariedade.

A lógica das competências individuais passa a conformar as subjetividades desde cedo — por meio da formação de professore(a)s —, com a finalidade de inserir na educação das novas gerações. Aqui estão presentes a "[...] lógica da competitividade, da adaptação individual aos processos sociais e ao desenvolvimento de suas competências para a empregabilidade ou laboralidade." (FREITAS, 2003, p. 1109).

A penetração da lógica do setor privado somada a crítica ao Estado de Bem-Estar Social (chamado de ineficiente e burocrático) fazem parte, assim, desse "novo paradigma educacional". As reformas "costuram" um conjunto de políticas tecnológicas que relacionam mercados com gestão, com performatividade e com transformações na natureza do próprio Estado. Embora possa, em um primeiro momento, ser entendida como uma estratégia de desregulação, na verdade são processos de rerregulação: representam não propriamente o abandono por parte do Estado dos seus mecanismos de controle, mas sim o estabelecimento de nova forma de controle (BALL, 2001).

Diante da formação desse "novo currículo ético", dissemina-se novos valores na educação ao se celebrar a competição e ao estabelecer uma correspondência moral entre o provimento público e empresarial. Assim, o mercado educacional tanto dessocializa, quanto ressocializa; cria novas identidades e destrói a sociabilidade, encorajando o individualismo competitivo e o instrumentalismo. Os espaços nos quais são possíveis a reflexão e o diálogo sobre os valores são eliminados. Nos sistemas em que o recrutamento está diretamente relacionado ao financiamento, e indicadores de desempenho são publicados como "informações do mercado", os custos educacionais e da reputação do estudante (e não os seus interesses e necessidade) passam a ser centrais na resposta dos produtores aos que exercem o seu direito de escolha. São fornecidas novas maneiras de descrever o que deve ser feito restringindo as possibilidades de ação que, embora possam melhorar e fortalecer alguns, colocam muitos diante do potencial de inautenticidade.

A partir desse "pano de fundo", volta-se o olhar para os sujeitos pesquisados e suas representações de professor(a), seus desdobramentos discursivos e relacionais. Nesse interim, a pesquisa evidenciou que as professoras com mais tempo de exercício na função têm percepção da mudança e, pelo fato de terem experenciado vivências anteriores ao ápice da implantação do Estado-Avaliador, identificam tanto os dilemas como a precarização. As professoras formadoras e as futuras professoras compartilham um espaço interacional e comunicacional formando consensos em vários aspectos. Os dois grupos possuem uma percepção realista e explícita da realidade presente. As estudantes, até pela sua faixa etária e vivência, já nasceram ou muito precocemente foram inseridas no discurso do mundo globalizado, no discurso da lógica privada. Porém, ao mesmo tempo, estão presentes em suas respostas conteúdos que podem dizer respeito ao papel do(a) professor(a) cristalizado no decorrer de tantas décadas na história da educação no país, que também se constitui ainda um discurso comum e faz parte do senso comum (especialmente a postura salvacionista e a ideia da profissão por amor).

Em relação às futuras professoras, foi possível perceber que elas entendem de alguma forma a contradição presente em suas vidas, e, uma parte importante das respondentes, demonstrou ter ocorrido uma internalização da responsabilidade esperada nos moldes atuais. Explicitaram os afetos envolvidos, beirando, às vezes, o deboche ou a melancolia, quando não um discurso ingênuo.

No caso das professoras formadoras, o discurso do novo capitalismo e dos desdobramentos das políticas públicas performativas e gerencialistas apareceu com mais nitidez. Visualiza-se um espaço onde exista a "incerteza moral" e a utilização de um "conhecimento moral", que convive com o discurso performativo e gerencialista do(a) professor(a) solicitado pelo Estado-Avaliador. Trata-se de um grupo que sofre pela precariedade, pelos conflitos, pela ansiedade, pelo acúmulo de trabalho, pela incerteza quanto ao futuro.

Nos três grupos constituídos pelos sujeitos dessa pesquisa (alunas, professoras formadoras e professoras no exercício da docência), a qualificação do bom professor e da boa professora é diferente do(a) professor(a) competente. E diante de uma necessidade de escolha, esta recairá para a do(a) professor(a) competente, e tudo parece se encaminhar para que o reconhecimento e a valorização se deem em direção a ele(a). A interrogação que permanecia à época seria como a maneira que a adesão se daria: se por meio de uma adesão submissa, se por meio de intenso sofrimento (consciência bifurcada ou esquizofrenia de valores).

A marca da performatividade aparece presente em todo(a)s o(a)s professore(a)s pesquisado(a)s, quando vislumbram sua prática em uma perspectiva mais individualizada em que a ansiedade e solidão estão presentes. Naturaliza-se a necessidade de ser um(a) professor(a) com iniciativa, empreendedor(a), flexível e em busca de inovações num mundo em constante mudança. O entendimento que ele(a)s são, ou devem ser, profissionais de resultados está presente, porém com intensidades e níveis de valoração distintos.

ALGUMAS REFLEXÕES FINAIS

A sociedade em constante transformação vem solicitando que a escola e o(a)s professore(a)s acompanhem as mudanças ocorridas do lado de fora de seus muros. Para tanto, é fundamental compreender que a história constrói e reconstrói significados e que, a partir deles, os processos educativos se fundamentam e para um possível enfrentamento das políticas neoliberais se faz necessário à efetivação da docência fundamentada no binômio teoria-prática, consoante com a vivência e a construção de novas práticas, de modo que o(a) professor(a) vincule-se às diferentes realidades, não como mero(a) observador(a), mas como sujeito, corresponsável com os demais sujeitos das práticas em questão.

Nesse sentido, o pensamento de Paulo Freire (1999) que considera toda e qualquer tarefa educativa uma ação cultural, mas devido às contradições sociais entre dominados e dominantes constitui duas práticas distintas: uma educação que visa a dominação, caracterizada por processos antidialógicos, que fala de uma realidade estática, compartimentada, em que a palavra se transforma em palavra oca, e uma outra proposta de educação que liberta, baseada na comunicação e no diálogo, procura conduzir as mudanças sociais por meio das pessoas com pensamento crítico, revolucionário e capaz de superar os desafios e edificarem suas próprias histórias.

Freire (1999) tem a convicção de que a educação libertadora é por si só crítica. Considera o homem, a mulher e o mundo em continuação, "em devir", e deste modo, exige uma educação contínua e transformadora constantemente pela "práxis", por meio de uma teoria e prática crítica que reconhece os homens e as mulheres como seres históricos e de onde tomam como ponto inicial sua ação. Uma educação que seja capaz de propiciar ao indivíduo a possibilidade de se superar, olhar para frente, para o futuro; rejeitar qualquer ação imobilizadora e poder considerar o passado como meio objetivo de construir o futuro com mais consciência e sabedoria.

Por serem sujeitos em permanente constituição, na passagem da segunda para a terceira década do século 21, no contexto da pandemia do Covid-19, o professor e a professora foram o(a)s principais mediadore(a)s entre o que o(a) aluno(a) precisava aprender para conseguir compreender que o momento vivido é histórico e que, por mais que o determinismo seja propagado, sempre haverá espaço para a mediação humana capaz de transformar um objeto em instrumento de aprendizagem a favor da vida em toda a sua plenitude.

As tecnologias digitais aliadas à tecnologia do papel foram os recursos didáticos utilizados pelo(a)s professore(a)s que não mediram esforços para que a relação docente e discente ainda que separado(a)s fisicamente não fosse interrompida, continuasse trazendo benefícios à educação escolarizada intencional, consequente, compromissada, consciente e séria. E a experiência de atravessar uma pandemia certamente aceleraram intensamente vários fatores que são essenciais para a vida em sociedade.

O cenário em que a instabilidade foi além de todas as previsões, intensificou processos e consequentemente seus desdobramentos, especialmente na saúde mental do(a)s professore(a)s. O momento pandêmico e o pós-pandêmico exigem a capacidade de reflexão e estudos que possam articular estratégias de auxílio e busca de espaços solidários e de cuidado a esse(a)s profissionais.

Nesse contexto, novos interesses e valores estão sendo criados, assim como novas subjetividades são forjadas, abrangendo professore(a)s, trabalho e identidade. Ser professor(a) em tempos neoliberais implica na compreensão dialética da sociedade contemporânea e, consequentemente, na capacidade para elaborar e reelaborar conhecimentos que propiciem uma prática pedagógica atuante, articulada e efetiva, capaz de superar as novas situações que estão sendo impostas à docência.

Por fim, cabe pontuar que as discussões levantadas na *live* e neste texto não têm a pretensão de serem finitas, mas de contribuírem com o debate acadêmico acerca dos desafios da docência no atual contexto neoliberal que foca no individualismo em detrimento da coletividade e na privatização dos direitos sociais.

REFERÊNCIAS

AFONSO, Almerindo Janela Gonçalves. Reforma do Estado e políticas educacionais: entre a crise do Estado-nação e a emergência da regulação supranacional. *Educação & Sociedade*, v. 22, n. 75, p. 15-32, 2001. DOI: https://doi.org/10.1590/S0101-73302001000200003

AGUILAR, Luis Enrique. E. *Estado Desertor*: Brasil-Argentina nos anos de 1982-1992. Campinas, SP: FE/Unicamp: R. Vieira, 2000.

BALL, Stephen John. Cidadania Global, consumo e política educacional. *In:* SILVA, Luiz Heron da. (org.). *A escola cidadã no contexto da globalização*. 5. ed. p.121-135, Petrópolis: Vozes, 2001.

FREIRE, Paulo. *Pedagogia do Oprimido*. 27. ed. Rio de Janeiro: Paz e Terra, 1999.

FREITAS, Helena Costa Lopes de. Certificação docente e formação do educador: regulação e desprofissionalização. *Educ. Soc.,* Campinas, v. 24, n. 85, p. 1095-1124. 2003. DOI: https://doi.org/10.1590/S0101-73302003000400002

PEDRINHO, Mara Rosana. *O professor no novo capitalismo*: representações sociais de professores do ensino fundamental, formadores e alunos de pedagogia. 2013. Tese (Doutorado em Educação) – Programa de Pós-Graduação em Educação da Faculdade de Educação, Universidade Estadual de Campinas, Campinas, 2013.

QUEIRÓZ, Vivina Dias Sól. *Sentidos e Significados da Docência na Sala de Tecnologia Educacional.* 2009. Tese (Doutorado em Educação) – Programa de Pós-Graduação em Educação, Universidade Federal de Mato Grosso do Sul, Campos Grande, 2009.

SENNETT. Richard. *A cultura do novo capitalismo*. Rio de Janeiro: Record, 2006.

LIVE 12

ENTRE AS SINGULARIDADES E A DIVERSIDADE: OUTRA ESCOLA É POSSÍVEL?[39]

Marilda Gonçalves Dias Facci

INTRODUÇÃO[40]

O conteúdo apresentado neste capítulo refere-se a nossa exposição em uma *live* da série "Educação & Psicologia: divulgando o conhecimento científico", que deu origem a organização desta coletânea que recebeu este mesmo título. Nessa *live*, abordamos a temática "Entre as singularidades e a diversidade: outra escola é possível?", por meio da exposição sobre o sofrimento/adoecimento de professores readaptados. Relatamos alguns resultados de uma pesquisa de pós-doutoramento realizada no Programa de Pós-Graduação em Educação da Universidade Federal de Mato Grosso do Sul (UFMS), no ano de 2017, com a supervisão da Professora Sonia Urt.

Tratar da singularidade dos professores que estão em sofrimento psíquico, em uma sociedade desigual, que explora a classe trabalhadora, que tem desvalorizado a ciência e feito descaso com a área de ciências humanas, que nos últimos anos, em nível federal, insiste e retirar Direitos Humanos conquistados historicamente, é um desafio para a área de Psicologia Escolar e Educacional, que é nosso campo de pesquisa e atuação. Em nossa atuação teórico-prática no interior das escolas, temos nos deparado com elevado número de professores que estão adoecendo, que estão tendo que fazer uso de medicamentos, que estão readaptados, como constataram Facci, Mezzari, Leonardo e Urt (2017).

A readaptação da função é prevista a funcionários públicos federais por meio da Lei n.º 3.780, de 12 de julho de 1960. No artigo 24 da Lei n.º 8.112, de 11 de dezembro de 1990, que dispõe sobre o regime jurídico dos

---

[39] Para assistir a *live* que deu origem a este capítulo, basta acessar o link: https://youtube.com/live/SG9yT9zists no canal Prof. Ronaldo Alexandrino no YouTube.
[40] Parte deste texto foi publicado nos anais da 38ª Reunião Nacional da Anped, em 2017, com o título "Professor readaptado: o adoecimento nas relações de trabalho".

servidores públicos civis da União, das autarquias e das fundações públicas federais, tem-se a seguinte conceituação: "[...] é a investidura do servidor em cargo de atribuições e responsabilidades compatíveis com a limitação que tenha sofrido em sua capacidade física ou mental verificada em inspeção médica." (BRASIL, 1990, s/p).

No estado do Paraná, no artigo 120 do Estatuto do Servidor Funcionários Civis do Paraná, Lei n.º 6174/70, entre outros pontos, consta que a readaptação ocorrerá "[...] quando ficar comprovada a modificação do estado físico ou das condições de saúde do funcionário, que lhe diminua a eficiência para a função". O professor se afasta da função exercida em sala de aula, devido ao adoecimento físico ou psíquico, e acaba desenvolvendo outras atividades na escola.

Em pesquisa realizada por Feltrin e Silva (2020), no estado do Paraná, no ano de 2015, na Rede Estadual de Ensino de Maringá, 7,4% de professores estavam em situação de readaptação. Em São Paulo, nos últimos anos o número de professores readaptados também tem aumentado. Dados disponibilizados pela Federação dos Professores do Estado de São Paulo (2022), de 24 de agosto de 2022, revelam que na rede pública de ensino de São Paulo, em 2018, 53,1 mil licenças foram fornecidas a professores, cujo diagnóstico vinculavam-se a transtornos mentais.

Percebemos o quanto o professor está adoecendo e ausentando-se do trabalho ou, então, tornando-se readaptado. Em nossa concepção, as condições precárias de trabalho devem ser levadas em consideração no estudo acerca do adoecimento e da readaptação do professor, pois elas acabam interferindo na constituição da personalidade do professor e no sentido que eles dão à prática profissional.

Considerando estes aspectos iniciais, o objetivo deste capítulo é discutir sobre o sofrimento/adoecimento, a partir da Psicologia Histórico-Cultural, e apresentar alguns resultados de uma pesquisa realizada com professores readaptados do estado do Paraná, contemplando esta temática. Iniciaremos o capítulo discorrendo sobre alguns pontos acerca do adoecimento e formação da personalidade para, em segundo momento, apresentarmos alguns resultados das entrevistas realizadas com professores.

ATIVIDADE, FORMAÇÃO DA PERSONALIDADE E SOFRIMENTO / ADOECIMENTO

De acordo com Leontiev (1978), uma categoria importante para a compreensão do psiquismo é a atividade, que tem como finalidade situar o homem na realidade, e, também, transformá-la em subjetividade. Ela tem a função de "[...] situar o homem na realidade objetiva e de transformar esta em uma forma de subjetividade" (LEONTIEV, 1978, p. 69). Por meio da atividade, o homem se orienta no mundo objetivo e a sua constituição depende do lugar que os indivíduos ocupam na sociedade: aquele que detém os meios de produção ou aquele que mantém a força de trabalho.

Desde o nascimento, a criança se relaciona com o mundo por meio de várias atividades, como a brincadeira, na fase pré-escolar; o estudo, na fase escolar, e mesmo a relação com os pares, na adolescência. No caso do adulto, é por meio do trabalho que o sujeito lida com a realidade e poderia desenvolver suas potencialidades, o que quase sempre não acontece na sociedade capitalista, conforme veremos neste texto.

A atividade é realizada a partir da apropriação dos significados. A consciência — reflexo psíquico da realidade — ocorre por meio da linguagem, que possibilita ao homem se apropriar da significação dos objetos e das relações estabelecidas entre os homens, dependendo do sentido subjetivo que tem esses significados para o sujeito.

Embora sejam produzidos socialmente, os significados não são apropriados como reflexo de espelho. Essas relações são decisivas no plano psicológico, mas o indivíduo atua ativamente neste processo de apropriação dos significados, ele busca satisfazer e desenvolver as necessidades materiais e espirituais, objetivadas e transformadas em motivos de sua atividade. Eles adquirem um sentido pessoal para o sujeito. Esses sentidos "[...] refletem os motivos engendrados pelas relações vitais reais do homem" (LEONTIEV, 1978, p. 121). O autor compreende que o indivíduo

> [...] não está simplesmente ante uma "vitrine" de significados entre os quais só cabe fazer uma eleição, senão que penetram com energia em seus vínculos com as pessoas que formam o círculo de suas comunicações reais. (LEONTIEV, 1978, p. 121).

No entanto, essa eleição pode ocorrer diante de posições sociais antagônicas, que se apresentam nos significados. As atividades são mediadas pelos significados e sentidos. Essa atividade possui uma estrutura geral composta de necessidade, motivo e ação. É a necessidade que desencadeia as atividades, e estas são compostas de operações.

Leontiev (1969, p. 341) afirma que a "[...] medida que se complica a estrutura dos organismos, suas necessidades são mais complexas, mais ricas e mais variadas". No homem, portanto, a vida social promove essa complexificação das necessidades. Conforme o homem foi transformando a natureza, no processo histórico, as necessidades foram sendo transformadas. Os homens vão criando objetos para suprir suas necessidades e, também, os meios de produzir tais objetos, em um processo de transformação e não de adaptação à natureza. De uma necessidade básica, passa àquelas mais complexas. Isto significa que aquilo que estava no nível da vida cotidiana (tais como a linguagem, usos e costumes, por exemplo), que garante a produção da vida humana em sociedade, vai sendo superado por novas necessidades, como pelos conhecimentos da Ciência, da Filosofia, da Arte.

Nessa relação entre apropriação dos significados e estabelecimento de sentido, vai se constituindo a personalidade. Leontiev (1978, p. 143) pondera que "[...] a base real da personalidade do homem é o conjunto de suas relações com o mundo — que são sociais por sua natureza". Para o autor, o homem não nasce personalidade. Vygotski (1996) compreende que a personalidade vai se formando no processo de apropriação dos legados culturais e na relação dialética desta apropriação com o desenvolvimento das funções psicológicas superiores, tais como memória lógica, atenção concentrada, abstração, pensamento, criatividade, entre outras funções.

O conceito de atividade está relacionado ao conceito de motivo — aquilo que incita a ação. "Se denomina *motivo da atividade aquilo que refletindo-se no cérebro do homem excita a atuar e dirige esta atuação a satisfazer uma necessidade determinada*" (LEONTIEV, 1969, p. 346, grifos do autor). Este pode ser tanto de caráter material como ideal. Não existe atividade sem um motivo, embora este nem sempre seja conscientizado. Ele estimula a ação que é subordinada a um fim consciente. Uma ação se torna atividade quando o motivo está relacionado com a finalidade proposta.

Na formação da personalidade, existem relações hierárquicas das atividades que a caracterizam e algumas vão se subordinando a outras. Essa hierarquização ocorre em todas as fases do desenvolvimento. Elas são "[...] aquelas que criam as unidades relativamente autônomas da vida da personalidade, que podem ser maiores ou menores, desunidas entre si ou entrar em uma única esfera motivacional" (LEONTIEV, 1978, p. 171).⁴¹ Existem, para o autor, "motivos geradores de sentido" e "motivos-estímulos". Aqueles se referem aos motivos que impulsionam a atividade e tem um sentido pessoal; estes impulsionam a ação, mas não dão origem ao sentido.

Na estrutura de uma atividade, certo motivo pode ser gerador de sentido e, em outra, motivo-estímulo. Porém, os motivos geradores de sentido sempre possuem uma posição hierárquica mais elevada, mas nem sempre se tornam conscientes para o indivíduo.

Tal fato pode estar presente na formação da personalidade do professor, que no processo de readaptação, nem sempre toma consciência dos motivos que estão levando-o a se relacionar com a realidade externa. Pode ocorrer uma transformação no motivo que incita a sua ação de ensinar. Leontiev (1978, p. 164) afirma:

> Como resultado, se opera um deslocamento dos motivos em direção aos fins, a modificação de sua hierarquia e a aparição de novos motivos, ou seja, de novas formas de atividade; os fins anteriores se desprestigiam no aspecto psíquico, enquanto que as ações conseguintes, ou bem deixam de existir por completo, ou bem se convertem em operações impessoais.

O autor está se referindo às atividades-guia dos períodos de desenvolvimento, mas acreditamos que podem ser compreendidas no caso do professor. Os vínculos estabelecidos entre os sujeitos incorporam-se a cada uma das suas ações e a consciência reflete de modo ativo a hierarquia dos motivos, num processo de subordinação e ressubordinação destes.

No decorrer do desenvolvimento, conforme vai ampliando a relação do sujeito com os objetos, com as outras pessoas, com as produções humanas, também vai se desenvolvendo a consciência social do sujeito. No entanto, esta se forma dependente das relações sociais vigentes e do lugar que esse sujeito desempenha nas relações sociais. Nesse aspecto, Vygotski (1930) deixa muito claro que o lugar que os indivíduos ocupam nas relações de classes é um componente que vai influenciar na constituição da personalidade.

Leontiev (1978) afirma que

> A filiação do sujeito à determinada classe condiciona desde o início o desenvolvimento de seus vínculos com o mundo circundante, a maior ou menor amplitude de sua atividade

---

⁴¹ Não é nosso objetivo discorrer nesse momento sobre a periodização do desenvolvimento humano, mas Vygotski (1996) faz um estudo aprofundado sobre o tema.

> prática, de suas comunicações, de seus conhecimentos e das normas de conduta que assimila. Tudo isto é o que constitui essas aquisições com as quais se vai estruturando a personalidade na etapa da sua formação inicial. (LEONTIEV,1978, p. 167).

A primeira base da personalidade são as riquezas dos vínculos que o indivíduo estabelece com o mundo. Desta forma, na sociedade capitalista constatamos que o acesso a essa riqueza nem sempre é possível. Os trabalhadores nem sempre conseguem se apropriar das produções mais elaboradas; a formação dos professores nem sempre consegue instrumentalizá-los com a grande riqueza dos conhecimentos científicos.

Fazendo um resumo sobre a personalidade, Leontiev (1978) diferencia pelo menos três parâmetros básicos: a amplitude dos vínculos do homem com o mundo, o nível de hierarquização e sua estrutura geral.

Martins (2001) expõe que muitas vezes os motivos geradores de sentido são colocados em segundo plano porque os indivíduos têm que garantir sua sobrevivência material. Essa seria a possibilidade que muitos indivíduos têm de se manterem vivos, ficando esses motivos no plano do sonho, da fantasia. A relação entre motivos-estímulos e motivos geradores de sentido na formação da personalidade do sujeito muitas vezes é caracterizada pelo dualismo.

> No plano da fantasia, da ideia, os homens sabem como serem felizes, entretanto, a ideia por si mesma, não transforma, não cria, não altera efetivamente a realidade, e é o sentido da própria vida que se obscurece neste processo. Esta cisão na estrutura motivacional da personalidade advinda de exigências contraditórias, indiscutivelmente promove as condições para a emergência da angústia, da insegurança, do desamparo face à realidade objetiva. (MARTINS, 2001, p. 216).

Nessa linha de raciocínio apresentada por Martins (2001), podemos refletir sobre o processo de adoecimento dos professores readaptados. Zeigarnik (1981) afirma que, no caso do adoecimento, ocorre uma modificação na hierarquização dos motivos; mudam os interesses diante das coisas; a própria atitude do sujeito com ele mesmo se modifica; mudam seus valores. A autora dá grande destaque às modificações que ocorrem nas funções psicológicas superiores, tais como pensamento, memória, atenção, raciocínio abstrato, entre outros pontos. A debilidade das funções transforma a relação do sujeito com a realidade.

Com o exposto, no entanto, a autora não compreende que o adoecimento é decorrente somente da estrutura da personalidade do indivíduo, uma vez que vão se entrelaçando a percepção que o indivíduo tem da realidade com as experiências e as condições sociais na qual está inserido.

Outro aspecto necessário para compreender o sofrimento/adoecimento, segundo Tuleski (2019), é focalizar a atenção no processo de formação de conceitos e sua desagregação. A autora está, em sua produção, abordando a esquizofrenia, mas entendemos que o a formação de conceitos também pode ficar comprometida em um estado de sofrimento/adoecimento dos professores, que, muitas vezes, não conseguem encontrar alternativas para lidar com os obstáculos que as relações de trabalho apresentam no cotidiano da escola.

Compreendemos o sofrimento como a existência de processos no decorrer da vida dos sujeitos, que resultam em obstruções à vida, conforme propõe Almeida (2018). Ocorre a presença de obstáculos nos quais as mediações que os indivíduos realizam não são suficientes para lidar com as atividades que promovem a relação com a sociedade, provocando, consequentemente, transformações na forma como se relacionam consigo mesmos, com os outros e com a realidade vivenciada.

Para Martins (2018, p. 135), baseada em Marx, o sofrimento

> [...] é expressão da capacidade humana de tomada de consciência acerca do vivido, ou por outra, da capacidade para identificar e significar, inclusive, as alterações da referida tonicidade emocional. Assim compreendido, o sofrimento resulta da identificação de obstáculos — que podem ser reais ou imaginários, no atendimento das necessidades que impulsionam a ação, e será sempre proporcional às dimensões dos mesmos.

Para compreender o sofrimento/adoecimento do professor, em nível da sua singularidade, é necessário fazer uma análise qualitativa das distintas formas de desorganização da psique, do contexto social, do processo de alienação presente no trabalho na sociedade capitalista, levando em conta os mecanismos de atividades alterados e as possibilidades de sua recuperação. Implica em levar em conta a categoria de totalidade, na qual objetividade e subjetividade mantém uma relação dialética e na qual consideramos que este sofrimento/adoecimento ocorre como síntese de múltiplas relações e determinações diversas.

Sobre o sofrimento/adoecimento do professor readaptado trataremos no próximo item.

A PESQUISA REALIZADA COM PROFESSORES

Nossa pesquisa foi realizada por meio de entrevistas com 20 professores readaptados de escolas públicas da educação básica do noroeste do Paraná que aceitaram participar do estudo. O projeto foi aprovado pelo Comitê de Ética em Pesquisa com Seres Humanos de uma universidade pública do estado do Paraná.

O grupo de professores foi constituído por 18 mulheres e dois homens, com faixa etária entre 40 e 69 anos, com a maior concentração de professores entre 55 e 59 anos (35%). O tempo de formação em maior percentagem ficou entre 26 e 30 anos (30%) e 16 e 20 anos (20%). Quanto ao tempo de docência, 40% dos professores ministram aulas entre 26 e 30 anos. Somente três professores têm menos de 16 anos de docência e, entre estes, um tem três anos. O tempo de readaptação se concentrou entre 2 e 10 anos, totalizando 70% (40% entre 2 e 5 e 30% entre 6 e 10 anos).

Para a discussão das informações, vamos nos concentrar em dois pontos das entrevistas realizadas: a atividade ou ação realizada e o adoecimento e as relações de trabalho.

Atividade ou ação?

Quando interrogamos os professores sobre as atividades que passaram a executar após o processo de readaptação, obtivemos as seguintes respostas: seis auxiliam nos trabalhos da equipe pedagógica; três trabalham na biblioteca; dois realizam trabalhos burocráticos que envolvem controle dos diários, da presença dos professores e impressão de provas; dois auxiliam os alunos com dificuldades no processo de escolarização; dois ajudam a escola de forma geral; dois auxiliam os professores; um trabalha na secretaria; um fotografa e é redatora de todos os projetos e eventos da escola; e, finalmente, uma afirmou que realiza poucas atividades, sem ter uma função definida.

Observamos que os professores executam várias ações, mas não atividades — o motivo não tem relação com a ação. No caso da readaptação, isso é muito evidente. Eles auxiliam a escola em vários aspectos, desenvolvem várias ações, mas nem sempre relacionadas com o significado social da sua profissão, que seria o ensino, levar o aluno a se apropriar dos conhecimentos, conforme propõe Vigotski (2000) e Saviani (2003).

Nem sempre tem uma intencionalidade de ensinar, porque, de certa forma, não tem mais noção do processo de trabalho. Na sala de aula, com a flexibilização e acirramento das condições de trabalho isso já era difícil de ocorrer, com o processo de readaptação isso se torna ainda mais complexo. São guiados por motivos-estímulos e não motivos geradores de sentido. Significado e sentido estão separados, mas eles precisam trabalhar, obter renda para suprir suas necessidades de sobrevivência. Vivem, desta forma, um processo de alienação no trabalho.

O adoecimento e as relações de trabalho

Conforme constatamos nas entrevistas, o processo de readaptação ocorreu praticamente da mesma forma em todos os casos: uma sequência de apresentação de atestados médicos, passagem pela perícia médica do Estado e, finalmente, readaptação definitiva.

Professores relatam que foram muitas idas e vindas do médico até conseguirem finalizar o processo de readaptação. A maior dificuldade, segundo respostas dos professores, acontece quando ocorre um transtorno psíquico. Nem sempre os peritos tratam com respeito aqueles que estão em sofrimento, como relataram algumas professoras.

Quando o indivíduo está enfermo, segundo Zeigarnik (1981), ocorre modificação em sua estrutura motivacional, altera a hierarquização estabelecida, seus pontos de vista, seus valores.

Os professores entrevistados estão em sofrimento e adoecidos. O transtorno psíquico foi o diagnóstico mais recebido para justificar o processo de readaptação. Os problemas de saúde que conduziram ao processo de readaptação nesse grupo de professores foram os seguintes: depressão (n = 8), síndrome do pânico (n = 1), síndrome do pânico e depressão (n = 3). Além disso, outros problemas orgânicos também levaram ao processo de readaptação, tais como: problemas nas cordas vocais (n = 3), diabete (n = 2), problemas musculares (n = 3); ortopédico (n = 2). Um dos entrevistados teve leucemia e outro câncer de pele.

Quando entrevistamos os professores readaptados, analisamos que na hierarquização dos motivos, aquilo que movia o professor na escola passa a ocupar uma posição diferenciada: agora o desejo é não estar em sala de aula, o desejo é fugir da situação estressante. O convívio da sala de aula, com as dificuldades que as condições de trabalho e a relação com o aluno, se apresenta como muito angustiante para aqueles profissionais que foram readaptados por problemas psíquicos.

Tal fato pode ser observado quando foram questionados sobre o motivo do adoecimento que levou à readaptação. Somente quatro professores (20%) afirmaram que as causas do adoecimento não estavam vinculadas ao trabalho, e sim aos problemas familiares, tais como separação, morte ou doença de algum membro da família. Os demais trouxeram as seguintes justificativas: problemas de voz (três), condições e trabalho (oito), frustração por não conseguirem ensinar (três), indisciplina dos alunos (dois), roubo em casa por alunos da escola (um), um professor menciona as brigas políticas na escola e outro cita o descompromisso do governo. Todos esses fatores levaram os professores ao adoecimento.

Após o afastamento, o retorno ao trabalho também é povoado de sofrimento. Nas entrevistas realizadas, perguntamos aos professores sobre o retorno à escola. Nove entrevistados disseram que foi tranquilo, enquanto sete relataram que no retorno sentiram que os demais professores veem o professor readaptado de uma forma meio pejorativa, há preconceito, discriminação, acham que ele não trabalha, principalmente quando são acometidos de problemas psíquicos. Quatro profissionais manifestaram, ainda, desconforto com a situação, pois nem sempre são considerados como professores; dois foram enfáticos em dizer que sofreram muito; outros dois relataram que os demais colegas duvidam da doença deles. Um professor disse que ainda não sabe o que fazer nesta situação, uma vez que não tem uma função específica. Mesmo aqueles que mencionaram que o retorno foi tranquilo, em determinados pontos das entrevistas se emocionaram, demonstraram sofrimento, sentimento de desvalorização em relação ao trabalho que estavam executando.

Em muitas situações, as respostas dos professores foram muito contraditórias. Ora alegavam que sentiam prazer em dar aula, que gostavam do contato com os alunos, que se sentiam valorizados quando observavam o aprendizado e crescimento dos estudantes, mas pareceria que isto estava no plano do ideal, pois reclamavam da situação vivenciada em sala de aula, das condições de trabalho.

Buscando entender os motivos, os sentidos e significados da prática docente, perguntamos aos professores, também, se mudariam de profissão e 75% afirmaram que não gostariam de mudar de trabalho. Embora muitas vezes sejam guiados por motivos-estímulos, querem permanecer na profissão e o sentido do trabalho se torna bastante contraditório. Ora parece pender para garantia da sobrevivência, ora para cumprir com a tarefa de ensinar.

Toda essa situação traz muito sofrimento ao trabalhador, não possibilita que a atividade docente seja geradora de sentido. No entanto, tal fato não é particular, como afirma Leontiev (2004), pois isso resulta da desigualdade entre os homens, da luta de classes, da desigualdade econômica. Assim, prazer e trabalho estão divorciados. Falar, portanto, de alienação é fundamental na análise que estamos empreendendo. Falar da dificuldade de formar uma consciência social é necessário nestes tempos sombrios.

Antunes e Praun (2015) discutem sobre a relação entre trabalho e adoecimento. Elas afirmam que a flexibilização do trabalho, que fundamenta na forma de organização do capitalismo atual, influencia no adoecimento da classe trabalhadora. Na atualidade, o trabalho invade a vida particular dos indivíduos, sendo possível constatar

> [...] na diminuição drástica das fronteiras entre atividade laboral e espaço da vida privada, no desmonte da legislação trabalhista, nas diferentes formas de contratação da força de trabalho e em sua expressão negada, o desemprego estrutural. (ANTUNES; PRAUN, 2015, p. 423-424).

Com a pandemia do Covid 2019, que vem acometendo o Brasil desde 2020, com o ensino remoto, essa fronteira está sendo cada vez mais tênue, colaborado para o avanço da precarização do trabalho e contribuindo com o adoecimento dos professores.

CONSIDERAÇÕES FINAIS: OUTRA ESCOLA É POSSÍVEL?

Após tratarmos sobre a formação da personalidade e os sentimentos vivenciados pelos professores readaptados, para falar da singularidade do professor que está em sofrimento/adoecimento não poderíamos deixar de trazer para essas considerações finais uma discussão sobre o trabalho. No sentido ontológico, o trabalho é a essência do homem. Markus (2015, p. 26) afirma que o trabalho "[...] é a atividade especificamente humana da vida".

De acordo com Marx (1988, p. 202), o trabalho para o homem é, antes de tudo, "[...] um processo de que participam o homem e a natureza, processo em que o ser humano com sua própria ação, impulsiona, regula e controla seu intercâmbio material com a natureza." Por meio do trabalho o homem transforma a natureza, começa a produzir seus meios de vida, seus alimentos. Transforma a natureza ao mesmo tempo em que transforma a si mesmo.

O trabalho deveria ser a atividade que impulsiona o homem no desenvolvimento das suas potencialidades, mas não é isso o que vem ocorrendo desde o escravismo. Vemos que mudam os sistemas de produção, mas o homem continua sendo entendido como mercadoria, como ocorreu com o Taylorismo, com o Fordismo e com o Toyotismo. Com o Toyotismo, propriamente, começa uma política de trabalho mais flexível, com terceirização, amplia-se a necessidade de horas extras, com trabalhadores cada vez mais desenvolvendo atividades da economia informal (ANTUNES, 2009, 2011). Essas características invadem as escolas e permeiam a atividade dos trabalhadores professores.

Nessa forma de relação com o trabalho, ocorre um estranhamento. Neto e Carvalho (2015), baseados em Marx, falam de quatro formas de estranhamento. O primeiro é o estranhamento em relação à natureza, ao seu objeto; o segundo ponto refere-se ao fato de que o trabalhador também não se reconhece em sua própria atividade produtiva, com o ato de produção. Esse trabalho estranhado, de acordo com Marx (2008), produz, então, o terceiro estranhamento: o estranhamento do gênero humano. Por fim, o quarto estranhamento é do homem pelo próprio homem. Como afirma Marx (2008, p. 86), isto quer dizer que "[...] um homem está estranhado do outro, assim como cada um deles [está estranhado] da essência humana."

De acordo com Marx (2008), há uma exteriorização caracterizada da seguinte forma:

> Primeiro, que o trabalho é *externo (äusserlich)* ao trabalhador, isto é, não pertence ao seu ser, que ele não se afirma, portanto, em seu trabalho, mas nega-se nele, que não se sente bem, mas infeliz, que não desenvolve nenhuma energia física e espiritual livre, mas mortifica sua physis e arruína o seu espírito. O trabalhador só se sente, por conseguinte e em primeiro lugar, junto a si [quando] fora do trabalho e fora de si [quando] no trabalho. Está em casa quando não trabalha e, quando trabalha, não está em casa. O seu trabalho não é, portanto, voluntário, mas forçado, *trabalho obrigatório*. O trabalho não é, por isso, a satisfação de uma carência, mas somente um *meio* para satisfazer necessidades fora dele. [...] Chega-se, por conseguinte, ao resultado de que o homem (o trabalhador) só se sente como [ser] livre e ativo em suas

> funções animais, comer, beber e procriar, quando muito ainda habitação, adornos etc., e em suas funções humanas só [se sente] como animal. O animal se torna humano, e o humano, animal. (MARX, 2008, s/p, grifos do autor).

Parece-nos que os professores, na atualidade, estão estranhados do trabalho, sendo livres somente para suprir as necessidades básicas, perdendo, desta forma o sentido — pessoal — em relação à finalidade do seu trabalho.

As precárias condições de trabalho — que são objetivas, que estão na materialidade das relações estabelecidas — entranham os homens, corroem as suas personalidades, até o limite. Muitos sucumbem, adoecem, tornam-se readaptados na tentativa de enfrentar, muitas vezes, a precarização do trabalho, que foi intensificada com a pandemia.

Conforme análise de Zaidan e Galvão (2020, p. 263), o modo de produção capitalista já tem como característica a exploração do trabalhador; assim, a crise vivida pela pandemia apenas expõe essa exploração, gerando sofrimento entre os professores. Não vamos entrar no mérito de abordar a pandemia neste capítulo, lembrando que a pesquisa aqui relatada foi anterior a esse problema de saúde mundial, mas não poderíamos deixar de mencionar o quanto, nestes últimos dois anos, a saúde mental dos professores foi comprometida.

Entendemos, muitas vezes, que o sofrimento é uma forma de resistência ao processo de alienação que se coloca ao trabalhador professor. Como ensinar se condições objetivas não possibilitam tal feito? Como se sentir partícipe do "processo de produção" do conhecimento, se lhe é retirada a possibilidade de se formar, de se desenvolver por meio do trabalho? O que lhe resta, muitas vezes, é incorporar a culpa por não dar conta das tarefas. O sofrimento acaba sendo individualizado neste ou naquele professor, mas é necessário fazer esse enfrentamento coletivamente, como afirmam Antunes e Pran (2015).

Compreendemos que outra escola é possível e que muito tem sido feito nesta direção, mas muito ainda precisamos construir na transformação da sociedade, muito investimento tem que ser feito na transformação da consciência de professores e alunos, muito precisa ser desenvolvido para se contrapor a uma sociedade excludente para determinada parcela da população.

Como afirma Duarte (2020), temos que compreender o adoecimento do professor como reflexo do adoecimento da sociedade capitalista, uma sociedade permeada pelos seguintes elementos da ideologia neoliberal: 1º. a crença de que não há alternativa social viável ao capitalismo; 2º. a aceitação da competição como necessária e princípio da vida; 3º a defesa de que a concorrência própria à lógica de mercado deveria permear a satisfação das necessidades humanas; e 4º. a compreensão de que o conhecimento só deve ser valorizado quando gera dinheiro. O autor analisa que neste ideário o professor se torna "[...] um mero instrumento do projeto societário neoliberal, com graves resultados deletérios para sua vida profissional e pessoal em consequência da interdição do pensamento crítico e criativo." (DUARTE, 2020, p. 24).

Concordamos com o autor que para contrapor a esse ideário, para fazermos o necessário enfrentamento ao problema do sofrimento/adoecimento dos professores, é necessário darmos sequência às ações voltadas à proposição e efetivação de uma outra possibilidade de escola e de sociedade, direcionadas para a emancipação humana; é necessária uma resistência ativa a essa doutrinação neoliberal. É na coletividade que essas ações e resistência precisam continuar a ocorrer.

Nossa defesa, como psicólogos e educadores, é compreender como a configuração do trabalho na sociedade capitalista e a ideologia posta interferem no psiquismo do professor. Esse seria um caminho inicial, mas a luta deve ser por transformações cruciais nas relações de trabalho, na sociedade, garantindo a todos o acesso aos bens materiais e culturais e promovendo trabalhos docentes que promovam a humanização.

REFERÊNCIAS

ALMEIDA, Melissa Rodrigues. *Formação social dos transtornos do humor*. 2018. 417f. Tese (Doutorado em Saúde Coletiva) – Faculdade de Medicina de Botucatu, Universidade Estadual Paulista "Júlio de Mesquita Filho", Botucatu, 2018.

ANTUNES, Ricardo. *Os sentidos do trabalho*. Ensaios sobre a afirmação e a negação do trabalho. 2. ed. São Paulo: Boitempo, 2009.

ANTUNES, Ricardo. *Adeus ao trabalho:* ensaio sobre as metamorfoses e a centralidade do mundo do trabalho. 15. ed. São Paulo: Cortez; Campinas: Editora da Universidade Estadual de Campinas, 2011.

ANTUNES, Ricardo; PRAUN, Luci. A sociedade dos adoecimentos no trabalho. *Serviço Social,* São Paulo, n. 123, p. 407-427, jul./set. 2015.

BRASIL. Lei Nº 8.112, de 11 de Dezembro de 1990. Disponível em: http://www.planalto.gov.br/ccivil_03/leis/L8112compilado.htm Acesso em: 10 jan. 2016.

DUARTE, Newton. A resistência ativa dos professores à doutrinação obscurantista neoliberal. *In*: FACCI, Marilda Gonçalves Dias; URT, Sonia da Cunha (org.). *Quando os professores adoecem*: demandas para a psicologia e a educação. Campo Grande, MS: Ed. UFMS, 2020. p. 23-44.

FACCI, Marilda Gonçalves Dias; MEZZARI, Diana Priscilla de Souza; LEONARDO, Nilza Sanches Tessaro; URT, Sonia da Cunha. Uso de medicamentos ou medicalização dos professores? Uma discussão sobre as relações de trabalho e adoecimento. *In*: FACCI, Marilda Gonçalves Dias Facci; URT, Sonia da Cunha (org.). *Precarização do trabalho, adoecimento e sofrimento do professor*. Terezinha: EDUFPI, 2017. p. 101-112.

FEDERAÇÃO NACIONAL DOS PROFESSORES DO ESTADO DE SÃO PAULO. Saúde: por que nossos professores estão adoecendo? São Paulo, 2022. Disponível em: http://fepesp.org.br/noticia/saude-por-que-nossos-professores-estao-adoecendo/. Acesso em: 24 ago. 2022.

FELTRIN, Melissa Pinheiros de Matos; SILVA, Guilherme Elias. Readaptação do docente ao trabalho: a experiência de professores de uma escola pública de Maringá-PR. *Conversas em Psicologia,* Paranavaí, v. 1, p. 1-31, jul./ago. 2020

LEONTIEV, Alexis Nikolaevich. *O desenvolvimento do psiquismo*. 2. ed. São Paulo: Centauro, 2004.

LEONTIEV, Alexis Nikolaevich. *Actividad, conciencia e personalidad*. Buenos Aires: Ciencias del Hombre, 1978.

LEONTIEV, Alexis Nikolaevich. Las necesidades y los motivos de la actividade". *In*: SMIRNOV, Anatoliĭ Aleksandrovich *et al*. *Psicologia*. México: Grijalbo, 1969. p. 341-352.

MARKUS, Gyorgy. *Teoria do conhecimento no jovem Marx*. Rio de Janeiro: Paz e Terra, 1974.

MARTINS, Ligia Márcia. *Análise sócio-histórica do processo de personalização de professores*. 2001. 276 f. Tese (Doutorado em Educação) – Programa de Pós-Graduação em Educação da Faculdade de Filosofia e Ciências de Marília, Universidade Estadual Paulista, Marília, 2001.

MARTINS, Ligia Márcia. O sofrimento e /ou adoecimento psíquico do(a) professor(a) em um contexto de fragilização da formação humana. *Cadernos Cemarx*, Campinas, SP, n. 11, p. 127–144, 2018. DOI: 10.20396/cemarx.v0i11.11294. Disponível em: https://econtents.bc.unicamp.br/inpec/index.php/cemarx/article/view/11294. Acesso em: 24 ago. 2022.

MARX, Karl. *Manuscritos econômico-filosóficos*. São Paulo: Boitempo, 2008.

MARX, Karl. *O capital:* crítica a economia política. Traduzido por Reginaldo Sant'Anna. Rio de Janeiro: Bertrand Brasil, 1988.

NETTO, Nilson Berenchtein; CARVALHO, Bruno Peixoto. Trabalho, universidade e suicídio: uma análise da precarização/intensificação do trabalho docente desde o materialismo histórico-dialético. Revista Advir / Associação dos Docentes da Universidade do Estado do Rio de Janeiro, Rio de Janeiro, n. 33, p. 67-85, jul. 2015.

PARANÁ. *Estatuto do Servidor Funcionários Civis do Paraná.* Lei 6174/70 - Texto da Lei. 1970. Disponível em: http://www.portaldoservidor.pr.gov.br/arquivos/File/estatutoservidor.pdf. Acesso em: 20 ago. 2016.

SAVIANI, Dermeval. *Pedagogia histórico-crítica:* primeiras aproximações. 8. ed. Campinas: Autores Associados, 2003.

TULESKI, Silvana Calvo. A Unidade do Psiquismo Humano para Vigotski e a Desagregação desta na Esquizofrenia. *Psicologia: Teoria e Pesquisa*, v. 35, 2019. DOI: https://doi.org/10.1590/0102.3772e35424

VIGOTSKI, Lev Semenovich. *A construção do pensamento e da linguagem*. São Paulo: Martins Fontes, 2000.

VYGOTSKI, Lev Semenovich. *Obras Escogidas IV.* Madrid: Visor Distribuciones, 1996.

ZAIDAN, Junia Claudia Santana de Mattos Zaidan; GALVAO, Ana Carolina. Covid-19 e os abutres do setor educacional: a superexploração da força de trabalho escancarada. *In*: AUGUSTO, Cristiane Brandão; SANTOS, Rogerio Dultra dos Santos (org.). *Pandemias e pandemônio no Brasil*. São Paulo: Tirante lo Blanc, 2020. p. 261-278.

ZEIGARNIK. Bluma Wulfovna. *Psicopatologia*. Madri: Akal Editor, 1981.

LIVE 13

RACISMO, BRANQUITUDE, VIOLÊNCIAS – QUE RELAÇÃO É ESSA?[42]

Maria Isabel Donnabella Orrico
Valquiria Rédua da Silva

INTRODUÇÃO: UMA BREVE CONCEITUAÇÃO

Este capítulo propõe apresentar o tema "Racismo, branquitude, violências – que relação é essa?", discutido na *live* transmitida pelo canal do YouTube do Prof. Dr. Ronaldo Alexandrino, no dia 5 de novembro de 2021, como parte da série "Educação & Psicologia: Divulgando o conhecimento científico". O Prof. Ronaldo conhecia as pesquisas de Valquíria Rédua da Silva, sobre violência, e de Maria Isabel Donnabella Orrico, sobre racismo e branquitude, ambas tendo a escola como lócus, e sugeriu esta articulação.

Para que seja possível um diálogo entre essas pesquisas, faz-se fundamental uma breve explanação sobre como as autoras compreendem e apresentam os conceitos de "violência", "racismo" e "branquitude". Contudo, se reconhece que este não é um caminho fácil, mediante a complexidade dos temas e a necessidade de síntese que envolve escrever um capítulo.

Nessa direção, verifica-se na análise bibliográfica e documental realizada na pesquisa "Violência e preconceito na escola"[43] (CFP, 2018) que há uma dificuldade de conceituação do que é *violência*, chegando até a uma confusão de definições. Para as reflexões aqui apresentadas em relação à violência, adota-se a definição de Chauí (1995, p. 337): "uso da força física e do constrangimento psíquico para obrigar alguém a agir de modo contrário à sua natureza e ao seu ser. A violência é violação da integridade física e psíquica, da dignidade humana de alguém".

---

[42] Para assistir a *live* que deu origem a este capítulo, basta acessar o link: https://youtube.com/live/Xw8GwPkBinM no canal Prof. Ronaldo Alexandrino no YouTube.
[43] Tal pesquisa teve como objetivo pensar as contribuições da Psicologia para os fenômenos do preconceito e da violência na escola, mostrando que, segundo crianças, adolescentes e jovens de escolas públicas de todo o país, o racismo, os preconceitos de gênero e as orientações sexual e de origem estão presentes na vivência escolar e se associam às violências que se praticam na escola.

Com relação ao *racismo*, podemos dizer que é uma forma sistemática de violência, que se manifesta por meio de práticas conscientes e inconscientes que culminam em desvantagens ou privilégios para indivíduos, a depender do grupo racial[44] ao qual pertencem (ALMEIDA, 2019, p. 25). De acordo com Almeida (2019, p. 16), o racismo "fornece o sentido, a lógica e a tecnologia para as formas de desigualdade e violência que moldam a vida social contemporânea". Conforme Gomes (2005), pode se tratar de um comportamento (prática de racismo), mas, também, de um conjunto de ideias e imagens. A questão racial, especialmente o racismo, permeia todas as relações sociais, entendendo que, mesmo quando esse fenômeno não tem uma evidência explícita, operam em nossa cultura negações, omissões deliberadas ou não de manifestações racistas (SOLIGO *et al.*, 2017, p. 183).

Em relação ao termo *branquitude*, entende-se que é um conceito histórico, não homogêneo e que se modifica de acordo com o tempo ou se relativiza de acordo com o contexto local ou global, embora seja, sempre, um lugar de privilégios ou de vantagens raciais, como problematiza Cardoso (2020). Bento (2002, p. 5) definiu em sua tese que branquitude é "um lugar de privilégio racial, econômico e político, no qual a racialidade, não nomeada como tal, carregada de valores, de experiências, de identificações afetivas, acaba por definir a sociedade". Segundo Silva (2017, p. 27-28), "a branquitude é um constructo ideológico, no qual o branco se vê e classifica os não brancos a partir do seu ponto de vista. Ela implica vantagens materiais e simbólicas aos brancos em detrimento dos não brancos". Para a autora, essas vantagens advêm de uma distribuição desigual de poder político, econômico e social. Portanto, considera-se que a branquitude está intrinsecamente relacionada ao racismo.

Isto posto, apresenta-se uma breve explanação sobre as pesquisas desenvolvidas e como foi estabelecida a relação entre elas como discussão do tema da *live*.

AS PESQUISAS

Uma das pesquisas apresentadas aqui é a dissertação de mestrado intitulada "A psicologia escolar e educacional: uma análise da atuação de psicólogas (os) escolares do projeto avanço do jovem na aprendizagem – AJA/MS frente às demandas da violência na escola", desenvolvida por Valquiria

---

[44] Compreende-se "raça" como um termo político-social, conceito necessário ao se discutir o racismo.

Rédua da Silva, na Universidade Federal de Mato Grosso do Sul (UFMS), sob orientação da Prof.ª Dr.ª Sonia da Cunha Urt, defendida em 2022.

Na referida pesquisa discute-se a preocupação de pesquisadores e estudiosos frente ao cenário atual sobre como compreendem e lidam com a questão da violência no ambiente escolar. Pode-se entender, com base nos pressupostos da Psicologia Histórico-Cultural, que a violência, da forma como se apresenta hoje, não é da escola, mas nela se manifesta. Tal manifestação pode atingir a todos que estão na atividade de ensino ou os que trabalham em prol de sua realização. Nesse cenário, a psicologia escolar é chamada a contribuir e a propor alternativas ao seu enfrentamento.

Com base nesse problema, elencou-se como objetivo investigar a prática de psicólogos educacionais que atuam em um projeto de curso específico frente às situações de violência na escola. Os sujeitos participantes da pesquisa foram psicólogos (as) escolares e educacionais que atuam em um projeto de curso específico na Rede Estadual de Ensino de Mato Grosso do Sul, Avanço do Jovem na Aprendizagem (AJA-MS), direcionado à adolescentes e jovens de 15 a 22 anos, em distorção idade-série. Em 2020, o projeto AJA-MS foi desenvolvido em 50 unidades escolares distribuídas em 45 municípios de MS. Do total de 50 profissionais vinculados ao projeto, 27 responderam ao questionário online e 5 participaram da entrevista semiestruturada.

Os dados foram tabulados, transcritos e a análise foi realizada a partir dos pressupostos da Psicologia Histórico-Cultural procedente do materialismo histórico-dialético. Nesta análise, percebe-se, que a Psicologia Escolar e Educacional mantém-se reproduzindo uma conduta individualizante e patologizante frente aos fenômenos, por meio da ênfase em aspectos particulares dos indivíduos, sinalizando assim uma ausência de compromisso com a condição multideterminada das circunstâncias nas quais os indivíduos se humanizam.

No que tange à percepção dos profissionais sobre a violência na escola, os dados apontam para uma generalização de opiniões relacionadas à violência como fenômeno intrafamiliar e de cunho individual, sem considerá-la como fenômeno social de causas coletivas. Muitos relacionaram a violência à desestrutura familiar culpabilizando, dessa forma, as vítimas deste fenômeno que é forjado pela estrutura social e não por indivíduos singulares.

Nota-se nas respostas enquadradas na pesquisa que não compreendem a universalidade do fenômeno violência e desconsideram as múltiplas determinações, permanecendo no entendimento que a violência é fruto de escolhas e vivências individuais.

A outra pesquisa é uma tese de doutorado, intitulada "Branquitude crítica dissimulada: desafios da educação para as relações étnico-raciais", defendida na Faculdade de Educação da Universidade Estadual de Campinas (Unicamp), por Maria Isabel Donnabella Orrico, em 2021. O trabalho foi orientado pela Prof.ª Dr.ª Ângela Soligo e coorientado pelo Prof. Dr. Lourenço Cardoso.

Partindo de indagações a respeito dos obstáculos à efetivação da educação para as relações étnico-raciais nas escolas, mesmo após mais de uma década de promulgação de políticas afirmativas e processo de formação continuada, buscou-se apreender as representações sociais de professoras brancas, referentes à temática das relações étnico-raciais. Para tanto, adotou-se como tema e aporte teórico os estudos sobre branquitude.

Os sujeitos participantes foram professoras que se autodeclararam brancas atuantes em uma escola pública do ensino fundamental I da cidade de Campinas/SP. A coleta de dados foi realizada em duas etapas: dinâmica de grupo e entrevistas individuais. Este material foi gravado, transcrito e separado em núcleos de significação, a partir dos quais foi feita a análise.

Observou-se que os sujeitos brancos não refletem sobre seu pertencimento étnico-racial no cotidiano; veem-se como sujeitos neutros/universais; não problematizam a branquitude e os seus significados; eximem-se das questões raciais ou as abordam superficialmente; não se apropriam de conceitos básicos para a educação das relações étnico-raciais; e atribuem a ausência de trabalho com a temática étnico-racial quase que unicamente à falta de formações. Essas características, marcadas pelo silêncio e pela omissão, contribuem para a manutenção do racismo e das vantagens raciais dos brancos, inclusive no campo da educação.

VIOLÊNCIA, RACISMO E BRANQUITUDE

Ambas as pesquisas visam, de certa forma, contribuir para a compreensão e para a superação da violência na escola. A pesquisa de Silva (2022) apresenta a atuação de psicólogos escolares e educacionais diante de tais situações. A pesquisa de Orrico (2021), por sua vez, tem como tema central a branquitude e educação, e traz dados e reflexões acerca da violência racista na escola a partir da análise das representações sociais de professoras brancas.

A violência que se apresenta no espaço escolar e afeta os processos educativos é um assunto complexo e a análise das causas e das relações que geram condutas violentas impõe alguns desafios aos pesquisadores e aos profissionais da educação. De acordo com Sposito (1998, p. 2),

> [...] os desafios perpassam pela necessidade de reconhecimento das especificidades das situações como pela compreensão de processos mais abrangentes que produzem a violência como um componente da vida social e das instituições, em especial da escola, na sociedade contemporânea.

Sposito (1998) analisa alguns aspectos na tentativa de estabelecer parâmetros para melhor compreensão da relação entre instituição escolar e violência. Nessa direção, a autora apresenta algumas considerações a fim de estabelecer aproximações mais precisas sobre o fenômeno visando deslindar as práticas e processos sociais envoltos no binômio violência-escola. A autora destaca que dois aspectos precisam ser evidenciados: o espaço estrutural como possibilidade geradora de violência escolar e a violência escolar propriamente dita.

No âmbito do espaço estrutural como possibilidade geradora de violência, a autora chama atenção para os elementos explicativos habituais ao fenômeno. Estes incluem os estudos que consideram o conjunto de determinações sociais produzidos por condições históricas. Nesse caminho, a autora adverte para o cuidado na análise da relação entre pobreza e violência e de se responsabilizar a pobreza pela violência social e/ou pela violência que atinge a unidade escolar. Um outro elemento é o reconhecimento dos aspectos históricos, culturais e políticos e sua influência na sociedade brasileira que tende a banalizar a violência "ao estruturar formas diversas de sociabilidade que retiram o caráter eventual ou episódico de determinadas práticas de destruição ou uso de força" (SPOSITO, 1998, p. 4).

Tendo como foco do presente capítulo a violência racista, pode-se afirmar que esse tipo de violência opera em todas as esferas: estruturas, instituições e nas relações entre indivíduos.

O racismo é estrutural por ser decorrente da própria estrutura social e por nela estar presente como um todo. Dessa maneira, ele influencia o modo como se constituem as relações políticas, econômicas, jurídicas e até familiares.

Em nossa história, desde a época da colonização (e da escravização, que durou mais de 300 anos), todas essas relações estão organizadas de forma a concentrar, entre as pessoas brancas, os direitos aos bens sociais, bem como o acesso à riqueza e à posse. Sendo assim, parte-se da premissa de que o fato de os indivíduos produzirem (e reproduzirem) o racismo (e praticarem atitudes racistas), bem como a opção das instituições — que são feitas por pessoas — de privilegiarem a manutenção do status quo (beneficiando os sujeitos brancos) são derivados de uma sociedade que tem o racismo em sua base, em sua estrutura. Logo, além de medidas que coíbam o racismo individual e dentro das instituições, é indispensável refletir sobre mudanças profundas nas relações sociais, políticas e econômicas (ALMEIDA, 2019).

Na concepção de Werneck (2013), o racismo institucional é uma forma de a branquitude garantir os resultados positivos da produção de riquezas, ao mesmo tempo em que garante que a distribuição desses resultados seja fragmentada.

> O racismo institucional ou sistêmico opera de forma a induzir, manter e condicionar a organização e a ação do Estado, suas instituições e políticas públicas — atuando também nas instituições privadas, produzindo e reproduzindo a hierarquia racial (WERNECK, 2013, p. 17).

Portanto, pelo racismo institucional, priorizam-se, nas instituições, os interesses dos detentores do poder social, gerando e legitimando condutas excludentes. A escola, como parte da sociedade, também produz e reproduz o racismo institucional. Inúmeros exemplos desse racismo podem ser observados em pesquisas como as de Cavalleiro (2005), Jango (2017) e Cardoso C. (2018). Almeida (2019) aponta que a escola, como instituição, é capaz de alterar a forma como se configura o racismo, tanto pela ação, quanto pela omissão, havendo a possibilidade de modificar a atuação dos mecanismos discriminatórios e de se pensar novos significados para "raça". O que não quer dizer que isso ocorra sem conflitos, visto que a escola faz parte de uma estrutura racista.

Sposito (1998) argumenta que não se deve deixar de considerar práticas mais sutis e cotidianas observadas na sala de aula que veiculam o racismo, a intolerância e a violência simbólica imbuídas na relação pedagógica.

Por outro lado, o educador deve também estar atento ao fato de que, quando características positivas são coladas à criança branca, é ela que é vista e privilegiada desde o primeiro dia de aula. Então, a possibilidade desse aluno aprender com facilidade poderá ser uma consequência de como ele foi visto e atendido. E, possivelmente, a escola será muito mais atraente para ele, especialmente se, além do tratamento recebido, puder se ver o tempo todo em personagens de livros, filmes e nas paredes da escola, que é o que geralmente acontece, como evidencia Cardoso C. (2018)

Outro aspecto importante a ser destacado, como aponta a pesquisa "Violência e preconceito na escola" (CFP, 2018) e observa-se nas duas pesquisas discutidas neste capítulo (ORRICO, 2021; SILVA, 2022), muitas vezes a violência é relativizada na escola, levando a uma percepção rasteira dos seus efeitos e consequências, e dificultando o seu combate.

Uma das maneiras de se relativizar a violência é compreendê-la de modo pontual, julgando haver sempre uma vítima e um culpado a ser punido. Ao contrário, em uma perspectiva humanizadora, esses fenômenos devem ser vistos como produções sociais refletidas na instituição.

Algo que também não tem contribuído para o enfrentamento da violência é o conceito de *bullying*, já que, na visão dos estudantes pesquisados, a escola — gestores e docentes — é omissa e não dialoga sobre as vivências dos alunos. Além disso, o debate sobre *bullying* pasteuriza a questão do racismo dentro das escolas, como se toda e qualquer violência devesse ser lida da mesma maneira. Aliás, muitas vezes, o termo *bullying* é usado como eufemismo para não se falar sobre racismo.

Na pesquisa de Orrico (2021), analisa-se o desvio das questões raciais equiparando-a a outras violências, como uma fuga, o que, aparentemente, seria uma atitude comum aos brancos, de modo geral, especialmente pelos sentimentos que são mobilizados, como a raiva, o medo e a culpa. Segundo DiAngelo (2020), esses sentimentos têm como resultado a discussão, o silêncio e o abandono, já que o branco busca reestabelecer seu equilíbrio racial. Aliás, Maria Aparecida Silva Bento já defendia a ideia de que falar sobre racismo e sobre as relações raciais "pode provocar reações intensas e contraditórias [...], tais como dor, raiva, tristeza, sentimentos de impotência, culpa, agressividade etc." (BENTO, 2014, p. 148).

Porém, a partir do momento em que o(a) educador(a) branco assume a existência do racismo na escola, e até mesmo o seu desejo de combatê-lo, mas opta pelo silêncio, pela fuga e/ou omissão, está corroborando com a categoria de *branquitude crítica dissimulada*, desenvolvida por Orrico (2021), e contribuindo para a perpetuação do racismo.

Segundo Almeida (2019),

> [...] toda instituição irá tornar-se uma correia de transmissão de privilégios racistas e sexistas. De tal modo que se o racismo é inerente à ordem social, a única forma de uma instituição combater o racismo é por meio da implementação de práticas antirracistas efetivas (ALMEIDA, 2019, p. 37).

Ou seja, é necessário que a escola — e os atores envolvidos — se repense como instituição branca e racista que tem sido e haja no sentido de desconstruir a violência racista em seu cotidiano.

Por isso, Almeida (2019) defende que se mantenha a coesão — o que vai depender da capacidade de lidar com os conflitos, tanto de maneira ideológica, quanto repressiva, se necessário — e que haja uma reforma, com uma revisão de regras, padrões e mecanismos de intervenção, a fim de que possa se efetivar uma adaptação à dinâmica dos conflitos raciais. Assim como Almeida (2019), Werneck (2013) também acredita que é possível que as instituições rompam com essas produções e reproduções racistas. A autora defende a criação de

> [...] medidas e mecanismos capazes de quebrar a invisibilidade do racismo institucional, de romper a cultura institucional, estabelecendo novas proposições e condutas que impeçam a perpetuação das iniquidades (WERNECK, 2013, p. 20).

ALGUMAS CONSIDERAÇÕES

As duas pesquisas brevemente apresentadas aqui (SILVA, 2022; ORRICO, 2021), discutem formas de manifestações da violência no espaço escolar e revelam que a naturalização do fenômeno é presente entre profissionais da educação, incluindo os psicólogos escolares e professores, sujeitos das pesquisas aqui referidas. Outro aspecto observado, é que as explicações dadas à violência esbarram na limitação das considerações individuais e psicologizantes.

Quando se trata da violência racista, intrinsecamente relacionada à branquitude, o desafio é ainda maior. Grande parte dos profissionais brancos não demonstraram interesse real em agir em prol de uma escola mais justa, o que passaria, necessariamente, por repensar suas vantagens e privilégios raciais. Além disso, a discussão sobre o tema ainda é bastante escassa na formação de profissionais da psicologia e da educação, tanto em cursos de graduação como de pós-graduação (SANTOS; SCHUCMAN, 2015; SOLIGO; JANGO; GARNICA; CARDOSO, 2018).

Contudo, pretende-se, por meio das pesquisas discutidas nesse capítulo (SILVA, 2021; ORRICO, 2022), fortalecer novas perspectivas e proposições de programas e práticas de enfrentamento às problemáticas apontadas, por meio da busca de soluções compartilhadas e coletivas que envolvam todos os atores da educação, por entender que é na coletividade que essas questões devem ser ponderadas.

Para que isso ocorra, toma-se como preponderante primeiramente a disposição ao conflito, pois questionar o status quo pode passar pelo questionamento das próprias vantagens pessoais, bem como coloca em xeque as vantagens dos sujeitos que hoje detêm o poder econômico, jurídico, político e social.

Por fim, o reconhecimento de que a violência na escola é decorrente das condições histórico-sociais é um passo inicial para pensarmos em uma sociedade na qual o homem não busque mais subjugar o outro para sobreviver.

REFERÊNCIAS

ALMEIDA, Sílvio Luiz. *O que é racismo estrutural?* Belo Horizonte: Letramento, 2019.

BENTO, Maria Aparecida Silva. Branqueamento e Branquitude no Brasil. *In:* CARONE, Iray; BENTO, Maria Aparecida Silva (org.). *Psicologia social do Racismo*. Petrópolis, RJ: Vozes, 2014.

BENTO, Maria Aparecida Silva. *Pactos narcísicos no racismo*: branquitude e poder nas organizações empresariais e no poder público. 2002. 169 f. Tese (Doutorado em Psicologia) – Instituto de Psicologia, Universidade de São Paulo, São Paulo, 2002.

CARDOSO, Cintia. *Branquitude na educação infantil*: um estudo sobre a educação das relações étnico-raciais em uma unidade educativa do município de Florianópolis. 2018. 178f. Dissertação (Mestrado em Educação) – Unidade Federal do Paraná, Curitiba, 2018.

CARDOSO, Lourenço da Conceição. O branco ante a rebeldia do desejo: um estudo sobre o pesquisador branco que possui o negro como objeto científico tradicional. *A Branquitude Acadêmica*, v. 2. Curitiba: Appris, 2020.

CAVALLEIRO, Eliane. Discriminação racial e pluralismo nas escolas públicas da cidade de São Paulo. *In:* SECRETARIA DE EDUCAÇÃO CONTINUADA, ALFABETIZAÇÃO E DIVERSIDADE. *Educação antirracista*: caminhos abertos pela Lei Federal n.º 10.639/03. Ministério da Educação, Secretaria de Educação Continuada, Alfabetização e Diversidade (MEC-SECAD), 2005. p. 65-104.

CHAUI, Marilena. *Convite à Filosofia*. São Paulo: Editora Ática, 1995.

CONSELHO FEDERAL DE PSICOLOGIA (CFP). Violência e preconceitos na escola: contribuições da Psicologia / Organizadores: Universidade Federal de Mato Grosso (UFMT) e Fórum de Entidades Nacionais da Psicologia Brasileira (Fenpb); Autores: Universidade Federal de Mato Grosso (UFMT) *et al.* – Brasília, DF, 2018.

DIANGELO, Robin. *Não basta não ser racista, sejamos antirracistas*. Tradução de MARCIONILO, Marcos. São Paulo: Faro Editorial, 2020.

GOMES, Nilma Lino. Alguns termos e conceitos presentes no debate sobre relações raciais no Brasil: uma breve discussão. *In:* SECRETARIA DE EDUCAÇÃO CONTINUADA, ALFABETIZAÇÃO E DIVERSIDADE. *Educação antirracista*: caminhos abertos pela Lei Federal n.º 10.639/03. Ministério da Educação, Secretaria de Educação Continuada, Alfabetização e Diversidade (MEC-SECAD), 2005a. p. 39-64.

JANGO, Caroline Feitosa. *Aqui tem racismo!*: um estudo das representações sociais e das identidades das crianças negras na escola. São Paulo: Livraria da Física, 2017.

ORRICO, Maria Isabel Donnabella; SILVA, Valquíria Rédua. *Racismo, Branquitude, Violências – Que Relação É Essa?* YouTube, 5 nov. 2021. Disponível em: https://youtu.be/Xw8GwPkBinM. Acesso em: 1 ago. 2022.

ORRICO, Maria Isabel Donnabella. *Branquitude crítica dissimulada*: desafios da educação para as relações étnico-raciais. 2021. 169 f. Tese (Doutorado em Educação) – Faculdade de Educação, Universidade Estadual de Campinas, Campinas, 2021.

SANTOS, Alessandro de Oliveira; SCHUCMAN, Lia Vainer. Desigualdade, relações raciais e a formação de psicólogos(as). *Revista EPOS*, Rio de Janeiro, v. 6, n. 2, p. 117-140, jul./dez. 2015.

SILVA, Priscila Elisabete da. O conceito de branquitude: reflexões para o campo de estudo. *In:* MÜLLER, Tânia Mara Pedroso; CARDOSO, Lourenço. (org.). *Branquitude*: estudos sobre a identidade branca no Brasil. 1. ed. Curitiba: Appris, 2017.

SILVA, Valquíria Rédua. *A psicologia escolar e educacional*: uma análise da atuação de psicólogas (os) escolares do projeto avanço do jovem na aprendizagem – AJA/MS frente às demandas da violência na escola. 2022. Dissertação (Mestrado em Psicologia) – Universidade Federal de Mato Grosso do Sul, Campo Grande, 2022.

SOLIGO, Ângela Fátima *et al.* A Consolidação da Lei 10.639/03 no Município de Campinas-São Paulo: experiências e desafios. *Revista da ABPN*, v. 10, ed. Especial - Caderno Temático: História e Cultura Africana e Afrobrasileira, p. 265-294, maio 2018. Disponível em: https://abpnrevista.org.br/site/article/view/433. Acesso em: 1 ago. 2022.

SOLIGO, Ângela Fátima; GONÇALVES, Luciane Ribeiro Dias; JANGO, Caroline Felipe. Psicologia, Educação e Relações Racializadas. *In:* BORUCHOVITH, Evely; SOLIGO, Ângela Fátima (org.). *Temas em psicologia educacional*: contribuição para a formação de professores. Campinas: Mercado das Letras, 2017. p. 183-208.

SPOSITO, Marília Pontes. A instituição escolar e a violência. *Cadernos de Pesquisa*, São Paulo: Fundação Carlos Chagas, n. 104, p. 58-75, jul. 1998.

WERNECK, Jurema. *Racismo Institucional, uma abordagem conceitual*. São Paulo: Geledés – Instituto da Mulher Negra, 2013.

LIVE 14

CAMINHOS QUE CONTAM HISTÓRIAS: CONTRIBUIÇÕES DE PESQUISADORAS DA EDUCAÇÃO[45]

Ângela Fátima Soligo
Sonia da Cunha Urt

CAMINHOS APRESENTADOS PELA PROF.ª DR.ª ÂNGELA FÁTIMA SOLIGO

Primeiro, quero agradecer muito ao Ronaldo, e dizer que eu tenho por você não só carinho, mas muita admiração e orgulho de fazer parte da minha vida e eu poder fazer da sua. Também é uma honra hoje estar aqui junto de Sonia. Nos conhecemos na Pontifícia Universidade Católica (PUC) de São Paulo, já fizemos muita coisa juntas e somos grandes amigas. Então, esse é um momento de encontro, e um encontro que me agrada muito. Obrigada por me apresentar, mas eu queria dizer que eu sou uma mulher branca, sou professora, sou mãe de duas moças, e tudo isso me constitui.

Quando eu fui pensar nessa coisa dos caminhos, confesso que é difícil resumir tudo em 20 minutos, então eu tive que escolher um início. Eu queria começar dizendo que eu venho de uma família que não é muito típica da época em que eu nasci. Eu sou uma mulher de 65 anos, então vivi minha infância e juventude no período da ditadura. Sou filha de uma mulher de esquerda e de um pai de esquerda — uma família de esquerda de uma mãe que foi estudar além daquilo que era previsto para a sua época, de um pai que não era machista. Então eu tive uma formação com um olhar de esquerda e um olhar humanista, e eu estou dizendo isso para depois explicar algumas coisas para vocês.

---

[45] O texto aqui publicado foi editado, retirando-se apenas excessos de traços de linguagem oral, a partir de transcrição das palestras da *live 14* do projeto "Educação & Psicologia: divulgando o conhecimento científico", realizada em 12 de novembro de 2021. Para assistir a *live* que deu origem a este capítulo, basta acessar o link: https://youtube.com/live/xFKK6jYL7NY no canal Prof. Ronaldo Alexandrino no YouTube.

Acho que sou uma privilegiada. Meu pai era operário, minha mãe era contadora, que era uma profissão super masculina; eu tive uma formação muito diferente das meninas da minha época. Minha irmã e eu fomos criadas muito livres, e de cabeça boa. Quando eu estava no ensino médio estudava Filosofia e resolvi que ia fazer Psicologia. Devo dizer que acho que acertei na escolha, não é? Entrei no curso de Psicologia e estou na Psicologia até hoje, junto à Educação, e gosto do que faço.

Mas, quando fui fazer Psicologia, descobri que não gostava muito da clínica e não gostava muito de ser cobrada — do tipo: "Você é Freud ou Skinner?" Eu não era nem Freud nem Skinner. Apesar de gostar muito do Freud, eu fui descobrindo Piaget. Era o lugar em que eu me identificava, alguém que não falava da patologia, alguém que falava do pleno desenvolvimento para todo o tipo de ser humano. Eu gostei do Piaget, na graduação, me descobri na Psicologia Escolar e na Psicologia Social. São caminhos que eu trilho até hoje.

Nesse período de estudante eu também fui do movimento estudantil, e isso foi importante na minha formação. Fui do movimento estudantil na época da ditadura, então convivi com a repressão, convivi com o medo, convivi com as perdas que tivemos de professores, de estudantes, de trabalhadores. Convivi com a ditadura militar, e não era fácil.

Quando terminei meu curso, fui fazer uma especialização em Psicologia Comunitária, na Universidade Federal da Paraíba (UFPB). Isso era 1978, e Psicologia Comunitária era uma novidade. Inclusive, eles tinham aberto o mestrado. Eu acabei fazendo só a especialização, e convivi com realidades que eram diferentes das que conhecia. Eu, mocinha branca, classe média, morando em Campinas, conheci a realidade do Nordeste, dos povos ribeirinhos, povos camponeses e povos indígenas. Isso abriu o meu universo. Abriu a minha percepção sobre a realidade brasileira.

Falando da Paraíba, onde iniciei a minha carreira acadêmica, que começou muito cedo, devo dizer que o que me levou para a carreira acadêmica, desde quando eu fui para a Paraíba, não foi um projeto de vida, não foi um plano, foi uma escolha afetiva, foi uma escolha de amor. Eu me casei e fui para a Paraíba, mas ali eu fui me descobrindo.

A minha carreira docente começou quando eu tinha 24 anos. Fui professora — já comecei professora em faculdade, em curso de Psicologia, ensinando na área de Psicologia Escolar. Já em 1980, trabalhando com as referências de Maria Helena Souza Patto, de Sérgio Leite, de pessoas que trazem uma postura crítica na Psicologia Escolar. Participei, nos anos de 1980, de um movimento pela implantação de Psicologia Escolar no sistema público de São Paulo. Não deu certo, porque o governador era o Paulo Maluf.

Bom, aos 25 anos, eu prestei concurso na Universidade Estadual de Maringá (UEM), então me tornei uma professora efetiva. Na UEM, ajudei a construir o curso na área escolar, já em relação com a comunidade, com a cidade, com as cidades do entorno. Fui chefe de departamento, coordenadora de curso e, junto de outros docentes, construí um curso. O grupo que estava lá vinha de uma inspiração da Psicologia Social da PUC-São Paulo, da formação com a Silvia Lane. A gente construiu um curso com bases críticas e com experiências inovadoras. Não vai dar tempo de falar aqui, mas um dia eu vou contar. Nós queríamos um curso que olhasse para a realidade, que dialogasse com a realidade, que pensasse em transformação social, que olhasse interdisciplinarmente. Tínhamos uma disciplina que se chamava Psicologia Institucional, que discutia a escola, o hospital, o sistema de saúde. Acho que essa experiência me tornou a professora de Psicologia que eu sou.

Vou fazer um recorte: Maringá é uma cidade nova, com uma população bastante conservadora, todos os anos, no Dia Internacional da Mulher, a imprensa local buscava uma feminista, e eu era a feminista de plantão, logo, todos os anos eu dava entrevista. Então também assumi a esquerda feminista muito cedo, e muito consciente do que estava assumindo.

Deixei um pouco Maringá e fui fazer mestrado na PUC-São Paulo. Fui procurar Fúlvia Rosemberg, que é uma referência em estudos de gênero, e disse para Fúlvia que queria estudar a escola olhando com a Psicologia Social, e ela me perguntou: "Mas você quer estudar o quê?" Eu falei: "Não sei". Era 1987, um ano antes do Centenário da Abolição, e a Fúlvia me disse: "Olha, vai começar meu seminário. É sobre relações raciais, vou trazer convidados. Faz uma pesquisa de levantamento nas bibliotecas sobre a criança negra na escola, o que tem na nossa área e nas áreas afins sobre a criança negra na escola".

Então, participei do seminário e pude conhecer Kabengele Munanga, Carlos Hasenbalg e outras pessoas importantes dos movimentos negros, que falavam do sofrimento da criança na escola. Quando eu fui para as bibliotecas — e não era no computador, viu, gente! Era físico — eu descobri que na nossa área e nas afins, não tinha nada ou quase nada sobre a criança negra na escola.

Fiz a pesquisa e achei estudos nos Estados Unidos, na Inglaterra, na Holanda, até no Japão, mas no Brasil, silêncio. E aí eu cheguei e falei: "Fúlvia, eu já sei o que eu quero pesquisar: eu quero entender esse silêncio. Eu quero entender o sofrimento da criança negra na escola".

Isso porque eu já era uma pessoa de esquerda, então via a classe, o gênero, mas não via a raça. Eu queria entender isso, porque o silêncio estava ali escancarado, e eu nunca tinha visto. Aí, tive que estudar muito Sociologia, Antropologia e História, para entender o que era a ideologia da democracia racial, o que era a ideologia do branqueamento, para entender essa invisibilidade do racismo que nos torna todos racistas. Além de entender o racismo estrutural e o racismo institucional.

Bom, não terminei o mestrado na PUC-São Paulo. Voltei para Maringá e tive duas filhas. Depois fui para Campinas terminar o meu mestrado na PUC-Campinas, onde não havia ninguém na Psicologia que estudasse as relações raciais, mas a Solange Wechsler disse: *"Eu não sei nada disso, mas eu gosto do seu projeto. Eu vou estudar com você"*.

Eu devo dizer que, se a PUC-São Paulo me deu os fundamentos, a PUC-Campinas e a Solange me deram o método, e pude construir instrumentos que me permitiram estudar preconceito e racismo num país marcado pela ideologia da democracia racial. Fui estudar professoras brancas e as perspectivas dessas professoras, olhar as representações sociais sobre imagens de crianças brancas e negras, meninos e meninas, e fazer observações em sala de aula.

Tive que construir um instrumento projetivo. Não tinha nada pronto. Tive que construir um roteiro de observação que era coisa de maluco, porque eu queria observar a interação, então eu tinha códigos para quando era professora, para quando eram alunos, para quando era aluno branco, negro, menino, menina. O que eu pude trazer dessa pesquisa foi a presença do preconceito, de representações positivas em relação a crianças brancas, negativas em relação a crianças negras. Entre os brancos, mais positivas para meninos que para meninas; entre os negros, a invisibilidade do menino negro.

Quando defendi minha pesquisa, ela acabou sendo publicada em um jornal, comentada no rádio. Foi muito legal perceber que aquela pesquisa não era importante só para mim, que era importante para muita gente. Em um programa de rádio na faixa AM, muito popular, as pessoas ligavam dando depoimento e diziam: "Puxa, alguém falou de nós, alguém falou algo que nos toca!". Essa repercussão me deu a certeza de um caminho, um caminho que trilho até hoje.

Depois também fiz o doutorado com a Solange, na PUC-Campinas, e ampliei a minha pesquisa com um estudo de representações sociais a respeito de mulheres e homens, negras e negros, trabalhando com adjetivos e contextos. As pesquisas com adjetivos são tradicionais nos Estados Unidos, com adjetivo e contexto não. Foi uma invenção nossa, minha e da Solange. Eu pedia: "Escreva cinco adjetivos que você acha que caracterizam a mulher negra, depois o homem negro e, para cada adjetivo, um contexto".

Percebi então que os adjetivos até traziam dimensões positivas, mas o contexto derrubava. Tinha assim: "inteligente" — aí víamos o contexto: "quando aceita a educação do branco, quando sabe o seu lugar". Ou "competente" — contexto: "no trabalho doméstico", para as mulheres, na cozinha; para os homens, "no trabalho braçal". No esporte, não era qualquer esporte, era futebol, atletismo. Então, o que eu percebi é que o modo como as pessoas respondiam revelava a ambivalência do nosso racismo — morde e sopra —, mas no caso era sopra e morde. Então, o racismo se revelava nessa incongruência entre o adjetivo e o contexto. Pude perceber que se no Brasil não existem guetos, guetos como na África do Sul, nós temos guetos simbólicos, os guetos estão dentro de nós. Pessoas negras são identificadas positivamente apenas em certos lugares sociais; no trabalho braçal, no trabalho doméstico, mas em muitos outros são identificadas com a marginalidade, com a sexualidade exacerbada, com o que há de negativo na sociedade.

Essa pesquisa também foi bastante reveladora para mim. Devo dizer que a pesquisa nacional e essas representações não aparecem só no Sul e no Sudeste, mas se revelam também no Norte, Nordeste e no Centro-Oeste. A pesquisa teve muita repercussão, porque eu defendi a minha tese exatamente no dia do início do encontro de Durban. Então, de novo, teve bastante repercussão, e a repercussão era a mesma: alguém está falando de algo que é preciso falar, que é importante para toda uma comunidade.

Lembro aqui que entrei na Unicamp em 1998, na Faculdade de Educação, e o primeiro sentimento que eu tive foi de que a minha temática, que são as relações raciais, não tinha lugar. Não tinha ninguém pesquisando isso, não tinha interlocução. Então, vou construindo interlocução com orientandos e orientandas que eu passo a receber, e essa interlocução melhora quando a gente funda o DiS, que é grupo ao qual eu pertenço até hoje, que explicita que vamos estudar o racismo e gênero.

Eu passo a estudar a partir das Representações Sociais, que tem sido meu eixo teórico tradicional. Estudo políticas de cotas, fiz pesquisas sobre implantação de consolidação do ensino de História da África em Campinas —com a Carol Jango e com a Edna Lourenço, que é uma mulher negra, dos movimentos. Fiz a pesquisa "Violência e preconceitos na escola", com a Abrapee, o CFP, a Fenapsi e universidades federais. Essa pesquisa, muito mais recente que a minha tese, mostra a presença constante do racismo, da LGBTQIA+ fobia na escola e a relação entre preconceitos e violência.

Eu tenho um conjunto de orientações em algumas temáticas, na teoria das Representações Sociais, com relação à área de saúde; à formação, identidade de professores e escola; Representações Sociais e relações raciais; políticas e relações raciais; livro didático e relações raciais; capoeira como ferramenta de educação branca; mulheres negras e pertença, em um coletivo muito particular e especial; Psicologia Africana; formação em Psicologia no ensino superior, trazendo a questão das relações raciais; e atuação em Psicologia Escolar.

No encontro com o Ronaldo, e aí eu vou destacar o encontro com o Ronaldo, que está aqui. O Ronaldo me procurou, ele era professor e disse: "Eu vim falar com você porque me incomoda ser procurado por professoras e professores dizendo 'Olha, eu tenho um aluno que tem um jeitinho assim, e eu acho que esse aluno vai ser gay'". Então, a gente começa com a ideia da suposta homossexualidade. Com essa ideia de que eu olho para o aluno e imagino que ele seja ou será gay. Mas, no aprofundamento do estudo das Representações Sociais, a gente também aprofunda o conceito de suposto — na perspectiva de que o suposto vem com a nomeação — que é ao nomear e, portanto, distinguir, e tirar do espectro da "normalidade", que você cria a categoria.

Trabalhamos com isso no mestrado, no doutorado e acabei estudando, e orientando, outras pesquisas relacionadas ao gênero em Trabalho de Conclusão de Curso (TCC). Hoje oriento também na discussão das masculinidades, na questão da violência contra mulheres e da violência doméstica. Então, com Ronaldo eu abri ainda mais o leque, e temos uma parceria que não acabou quando Ronaldo defendeu a tese. Ela continua, e é muito inspiradora.

Para ir encerrando, eu queria dizer que não sou aquela pesquisadora que está fechada na bolha chamada universidade. A pesquisa me levou também para as ações políticas. Aliás, eu sempre estive nelas. No âmbito da formação em Psicologia, eu fui presidente da Abep, fui presidente da Alfepsi, que é a Associação Latino-Americana de formação em Psicologia, atuei na discussão das diretrizes curriculares, levo para a formação a discussão de relações raciais e tenho trabalhado em defesa da Psicologia no sistema educativo. Especificamente no que diz respeito às relações raciais, hoje tenho vínculo com os movimentos negros. Já fui chamada para dialogar em encontro do movimento negro unificado, eu tenho vínculo com o Machadinho, com a Fazenda Roseira, com o pessoal do Força da Raça[46]. Estou à disposição desses grupos, disponibilizo aquilo que eu aprendo e aprendo com eles.

A pesquisa "História da África" foi realizada em atenção a um pedido da Câmara dos Vereadores, um pedido de um vereador negro. Aliás, na época, o único na Câmara de Campinas. Atuei na luta pelas cotas étnico-raciais na Unicamp. Atuo em ações pontuais, quando me pedem, quando há um caso de racismo em escola, por exemplo, que sempre acontece. Hoje sou membro da Cader, que é a Comissão Assessora de Relações Étnico-raciais da Diretoria de Direitos Humanos da Unicamp.

Então, não dá para pesquisar racismo e gênero e dormir achando que essas temáticas são objetos de pesquisa e que as pessoas são objetos da minha pesquisa. Não dá para fazer isso. Você entra e entra inteira. Como diria Gramsci, "só é possível a pesquisa com relações raciais e de gênero sendo um intelectual orgânico". E, como diria Paulo Freire, "o professor, o cientista, é um ser político". Eu sou um ser político, e assumo isso. Quero terminar dizendo que a ciência não é do cientista, não é da universidade, nem é dos governos. Muito menos de um governo fascista. A ciência é da humanidade. É para isso que nós estamos aqui.

CAMINHOS APRESENTADOS PELA PROF.ª DR.ª SONIA DA CUNHA URT

Nossa, é uma noite realmente muito festiva! Porque finalizar esse movimento todo, de 13 *lives*, é uma responsabilidade grande. Estar aqui nessa noite de fechamento e, principalmente, eu e a Ângela nos encontrando aqui com Ronaldo, é uma coisa muito, muito forte nessa questão dos vínculos.

Como Ângela já disse, nos conhecemos há muito tempo, na época da PUC-São Paulo, nos anos 1980 — meados da década de 1980 do século

---

[46] Machadinho é um clube negro que se constitui como quilombo urbano; Fazenda Roseira é uma fazenda gerida por membros da comunidade Jongo Dito Ribeiro, espaço de preservação e transmissão da cultura negra africana e afro-brasileira; Força da Raça é um movimento de defesa dos direitos e trabalho do povo negro. Todos situam-se na cidade de Campinas-SP.

passado, quando fazíamos mestrado — eu na Educação e Ângela na Psicologia Social. Mas já nos encontrávamos, com proximidades de situações mesmo e em relação à Psicologia e à Educação.

Então vem o Ronaldo, por meio da Ângela. Nos encontramos em um evento em Brasília, pela primeira vez — e a gente recordou disso há pouco tempo. Acho que foi um evento de Representações Sociais, em que o Moscovici estava presente. Por meio dessa parceria com a Ângela essa amizade se estendeu, e podemos continuar com essas trocas e estar hoje aqui, quando você veio até mim para esse momento da sua vida acadêmica, de um pós-doutorado.

Bom, como disse a Ângela, é complicado a gente fazer um recorte na nossa fala com um título desse: "Caminhos que contam histórias...". São muitas histórias. Mas eu vou tentar fazer um enxugamento aqui, baseado em uma questão que eu acho muito importante e que desde o início perpassou, e ainda perpassa, a minha história de professora e de pesquisadora — que é essa relação com os vínculos, com os afetos, com a cognição, que também tem a ver com a minha opção teórica em relação à Psicologia, que é o lugar da minha fala. Uma articulação teórica não somente com a Psicologia Histórico-Cultural, mas é a partir dela que eu avanço.

Quem me conhece sabe que, nessa minha trajetória de professora, gosto muito de estar recorrendo a alguns outros diálogos presentes na nossa cultura, seja da literatura, da poesia, da música. Para sustentar essa nossa conversa, resgatei um pouco do que utilizei tanto do meu memorial de professora titular, que fiz para a Universidade Federal aqui de Mato Grosso do Sul, quanto do meu relatório de pós-doutoramento. Em ambas as situações, começo falando de duas pessoas muito significativas para mim, o Guimarães Rosa e o Manoel de Barros.

Guimarães Rosa é uma referência bastante importante nessa caminhada de professora e pesquisadora, e tem duas falas dele que são muito marcantes para mim. Uma é a questão da busca, que é constante. Ele disse exatamente assim: "Quem elegeu a busca não pode recusar a travessia". Então, acho que essa travessia não é esse real. Não está no início e nem na chegada, está na travessia. É nessa construção. Eu posso falar um pouco do início sim, mas penso que esse fazer da pesquisadora se faz nessa caminhada. Que não está realmente em nenhuma dessas pontas, não é nem no início e nem na chegada, e sim nessa constituição.

Eu, diferentemente da Ângela — são as histórias que nós construímos —, eu começo como professora desde muito cedo. Comecei a dar aula com 14 anos de idade. Fui trabalhar com crianças pequenas, em uma escola particular na cidade de Corumbá, eu sou corumbaense, uma cidade aqui em Mato Grosso do Sul, no coração do Pantanal. Eu fazia o magistério, antiga Escola Normal, e trabalhava numa escola particular. Trabalhei em várias escolas particulares, do maternal até o prézinho.

Aos 17 anos, comecei a fazer meu curso de Psicologia na UFMS, no campus de Corumbá, e, ao mesmo tempo, ingressei como professora na escola pública, no colégio Salesiano Santa Teresa, também em Corumbá, professora de educação infantil. Esse foi o meu início. Começo com o meu pé no chão da escola, e é isso que vai me sustentando e me direcionando durante toda a minha trajetória. A minha vida profissional — me aposentei com 37 anos de Universidade Federal de Mato Grosso do Sul e, durante esse tempo, fiquei uns quatro anos e meio na Federal de Pernambuco e alguns anos afastada, fazendo mestrado, doutorado e depois o pós-doutorado —, mas a minha história se passa em sala de aula.

Meu período de formação aconteceu com a atuação profissional, desde a educação infantil, educação pré-escolar na época, que me deu uma força tão grande de lidar com as crianças. Alguns anos depois que eu estava como professora de educação infantil no Colégio Salesiano Santa Teresa, fui passada à categoria de Coordenadora da educação pré-escolar nesse colégio. Fui indicada por Terezinha Baruki, que foi a minha chefe durante todo esse período. Durante 10 anos de minha vida profissional, ou quase 10 anos, eu trabalhei e estudei. Eu sempre fiz isso em toda a minha vida profissional.

Desde os 14 anos, eu não parei, e acho que isso me deu uma experiência muito, muito interessante. Passei por todos os níveis de ensino. Na escola pública eu dei aula na pré-escola, trabalhei com crianças surdas, trabalhei com ensino médio, ensino médio profissionalizante e depois trabalhei na Secretaria de Educação aqui em Campo Grande. Aliás, antes na Agência Regional de Educação, que era esse nome que tinha, em Corumbá. Representando a Coordenadoria de Educação Pré-Escolar na Agência Regional de Corumbá. Depois vim trabalhar na Secretaria de Educação do Estado de Mato Grosso do Sul, e ingressei na Universidade Federal em 1982.

O curso de Psicologia não existia na Universidade Federal. Eu fiz concurso público para entrar como professora de educação pré-escolar no curso de Pedagogia, que iniciou em 1981. No segundo semestre de

1981 eu ingressei, mas por concurso foi em 1982. Esse foi meu caminho de ingresso na Universidade, mas eu já tinha uma jornada de trabalho na escola pública de mais de 10 anos. Naquele tempo nós ingressávamos nas instituições, mas mestrado era uma coisa raríssima; doutorado nem pensar ainda. Imagina nas universidades distantes dos grandes centros. A nossa universidade aqui tinha se federalizado há pouco tempo, separada do Mato Grosso pela divisão do estado.

Eu tinha cursos de especialização, mas não tinha mestrado, por isso entrei para trabalhar com os cursos de licenciatura, com as disciplinas de Psicologia nos cursos de licenciatura. Ingressei junto de uma colega, Prof.ª Elsy, que depois foi trabalhar com a Psicologia nos cursos de Administração. Esse foi nosso ingresso na universidade pública, na Universidade Federal de Mato Grosso do Sul.

Essa experiência me levou então a buscar um caminho no mestrado, na qualificação relacionada à Psicologia da Educação. Eu não abandonei a educação pré-escolar, a infância, ela continua, porque o desenvolvimento humano, que faz parte da Psicologia e da Psicologia Educacional, continua rondando todo esse meu interesse de investigação.

Mas no meu mestrado fui em busca de uma compreensão desse espaço, que é a Psicologia, se estava ocupando ou não na formação de professores, porque os meus alunos da licenciatura diziam para mim que Psicologia era meio que perfumaria: "Para que servia a Psicologia para quem ia estudar para ser professor de Matemática ou para ser biólogo?" Então, eu fui para PUC de São Paulo e busquei o mestrado em Psicologia da Educação, para encontrar as respostas para esse questionamento. Afinal, qual é o papel ou a identidade da Psicologia da Educação? A que interesses ela atende? Como é que pode contribuir na formação de professores? E essa foi a minha caminhada.

Eu tenho muito orgulho de ter tido como orientadora a Prof.ª Marli André! Uma coisa de muita honra! Ela me deixou bastante à vontade em relação ao que era da Psicologia, mas deu uma contribuição muito grande em relação à questão da formação de professores. Essa foi a grande contribuição que ela deu à Educação desse país, em relação à pesquisa, a formação de professores. Eu aprendi muito com ela na PUC de São Paulo. Ela estava recém chegando do Rio de Janeiro, e foi bastante significativa essa relação com a minha formação e com a minha temática.

Meu caminho foi um pouco diferente, eu emendei o mestrado como doutorado, por isso fui procurar a Unicamp. Eu tenho muito essa coisa, quero buscar outros caminhos. Enfim, apesar de sempre ter um foco, eu não abandonei a questão da infância, a questão do desenvolvimento humano, e aí no doutorado eu continuei com a Psicologia da Educação, mas fui para a questão da adolescência, dentro do mesmo olhar, da Psicologia Histórico--Cultural. Porque, gente, eu quero deixar isso para vocês: no meu mestrado eu fiz um trabalho em que entrevistei todos os professores de Psicologia que trabalhavam com Psicologia da Educação no Brasil, nos vários cantos do Brasil — Norte, Sul, Centro-Oeste — e que tinham uma visão mais crítica de Psicologia.

Vou abrir um parêntese. Na década de 1980, as ideias de Vigotski estavam chegando ao Brasil. Em 1982, 1984, até a minha defesa do mestrado, isso era tudo muito novo ainda. E essas ideias chegaram aqui via PUC de São Paulo. Então, o que eu fiz no meu mestrado foi essa identificação, de quem estava trabalhando com a Psicologia da Educação de uma forma mais avançada. Encontrei Ana Luiza Smolka, em São Paulo, em Campinas, que tinha acabado de voltar de uma formação nos Estados Unidos, mas com esse olhar da Psicologia Histórico-Cultural. Fui encontrando outras pessoas também, em outros lugares do Brasil. Uma pena que não publiquei essas entrevistas, porque ainda acho que elas fazem parte dessa história.

É, mas voltei ao meu mestrado para dizer que no doutorado eu continuei com esse mesmo olhar, só que eu queria buscar, o foco de compreensão, na adolescência. Procurei investigar, então, mais o desenvolvimento humano, não entendendo como se dava essa concepção de adolescente — cuja compreensão não era mais aquela visão de um adolescente abstrato, a-histórico, único — mas de um adolescente concreto, que se constituía de forma diferente, porque vivia, também, numa sociedade que dava a ele oportunidades e condições objetivas de vida diferentes.

Caminhei por aí no doutorado, me aprofundando mais na Psicologia Histórico-Cultural. Fiz disciplinas com Angel Pino. Participei da tese dele, de livre docência, que foi a base do livro *As Marcas do Humano*. Enfim, vivi e convivi muito. Eu digo sempre isso para os meus alunos: para o meu mestrado e o meu doutorado, mais do que o resultado de um trabalho de pesquisa, eu vejo que foi o esforço de estabelecer vínculos afetivos, trocas, relações e várias possibilidades do que o conhecimento poderia me trazer. Fiz disciplinas com Joel Martins. Que coisa maravilhosa! Joel Martins não era da minha perspectiva teórica, mas, gente, não tinha quem não pudesse saborear aquela maravilha! Aquelas coisas maravilhosas que ele dizia em suas aulas sobre pesquisa. Além disso, fui buscar disciplinas na Universidade de São Paulo (USP). Aproveitei muito, como alguém que sai de Campo Grande/MS para viver em Campinas e em São Paulo. Realmente busquei muito. E isso tudo faz parte da minha formação acadêmica.

Hoje eu digo muito isso para os meus alunos: um mestrado e um doutorado são muito mais do que uma titulação, é todo esse contexto, tudo o que acontece nos bastidores. Eu penso que isso que faz a nossa formação de pesquisadores. Isso sempre me incomodou — acho que agora menos, mas eu sempre me incomodava quando a gente ia assistir as defesas aqui em Campo Grande e via poucas pessoas participando daqueles momentos. Eu falava: "Lembro que lá em São Paulo a gente 'brigava' para ter espaços nas defesas, nas palestras, porque isso é que faz, na minha compreensão, a evolução, o nosso desenvolvimento como pesquisador, como professor".

Ainda me incomodava quando eu ia convidar alguns colegas e dizia: "Olha, hoje vem um convidado para um seminário que estamos promovendo", e eu ouvia algum professor dizer assim: "Ah, desculpa, mas eu não posso liberar meus alunos, porque o conteúdo hoje tem que ser trabalhado." Eu pensava: "Nossa, mas tantas outras coisas que poderiam ser trabalhadas, pensadas, refletidas com uma outra possibilidade, ouvindo um outro profissional!" Isso em épocas que não tínhamos esse acesso que a gente tem hoje, com as *lives*, a tecnologia e tal.

O tempo corre, e eu tenho tanta coisa para dizer para vocês, mas quero continuar dizendo que depois dessa minha formação, quando eu chego para trabalhar na pós-graduação também vou trabalhar com pesquisa, porque tudo sempre está articulado, gente. Eu estava olhando aqui no meu memorial e aparecem os temas das minhas orientações, das minhas pesquisas: formação de professores, professor readaptado, adoecimento, violência na escola, identidade, cultura regional. E fico pensando que para quem vê parece que é um amontoado de temas, mas não, eles estão articulados.

É isso que eu penso que é bastante importante e interessante. Que há desde aquela historiazinha, que começa com uma professora que dava aula para criança pequena, até esse momento, em que a gente já quase que se retira da vida acadêmica formal, não é? Há toda uma articulação. A gente vai percebendo isso nessa construção, nessa constituição de pesquisadora, de professora. Assim que esses caminhos são construídos, por meio desses processos que a gente vai se permitindo estar aberto a eles.

Vigotski defende muito isso, de a gente estar muito mais preocupado com os processos do que com os produtos, porque é no caminho, nos processos, que vamos nos constituindo pesquisadores. Não nascemos pesquisadores, não nascemos feitos professores, como dizia Paulo Freire. A gente se constitui. Eu também acho que é isso. A gente busca a gênese, a origem, mas é durante esses processos que a constituição acontece. E a explicação desses processos é que a gente vai entendendo nesse movimento, nesse movimento dialético, como é que foi se dando a costura desses vínculos.

Agora, o que eu queria dizer algo importante para vocês, que é sobre os bastidores da experiência de pesquisa. Eles são muito importantes, muito. É uma pena que a gente não tem espaço para falar dos não ditos, dos não publicáveis, porque é isso que faz de verdade, como diz o Ronaldo, a delícia, de ser pesquisadora, de ser professora. É o que acontece nos bastidores. Para mim, o que fica muito, de toda essa experiência, que não dá para contar tudo para vocês, é que eu continuo sendo uma pesquisadora da Psicologia, da Educação, que faz a interface da Psicologia com a Educação. A minha formação é em Psicologia e em Educação. Eu sou psicóloga e pedagoga, e eu sempre fiz essa interface.

Continuo com esse olhar, nessa perspectiva teórica, mas bastante aberta para diálogos possíveis e buscando as temáticas que estão aí, que estão na atualidade, que a gente não pode se negar a compreendê-las. Nesse momento, eu tenho estudado muito essa questão do adoecimento, da violência, da formação de professores, mas no sentido da atuação. Como disse a Ângela, hoje não dá para ser pesquisador só na academia. A gente tem que atuar, a gente tem que intervir — no melhor sentido dessa palavra.

Bom, já para ir concluindo, quero dizer que há palavrinhas que, para mim, reúnem muito do que é ser pesquisadora e professora. São duas coisas importantes. E aí eu tenho um agradecimento à Ângela e ao Ronaldo, que garantiram, que materializaram essa possibilidade. Quem me conhece sabe o quanto eu valorizo a socialização, o partilhamento do conhecimento. A nossa secretária eterna, Olívia, lá do nosso departamento, na Universidade Federal, dizia: "Lá vem Sonia Urt com a sua socialização". Na época, a gente usava muito o termo "vamos socializar o conhecimento". Então, eu penso que é isso, sabe, gente? Isso não é uma questão de generosidade. Não, não é isso. Acho que é questão de compromisso com o conhecimento. Ele tem que ser partilhado. Ele não pode ficar nas quatro paredes.

Eu sempre fui uma professora, desde o início, com essa marca. De ter vindo da escola pública e sentir essa responsabilidade. De ter esse compromisso de levar para a escola aquilo que a gente estuda na academia. O que eu acho importante, e que eu preciso de alguma forma, é partilhar o que está lá no mundo acadêmico. Inclusive, hoje estou tentando construir um site, com todas as publicações e produções, minhas e de meus alunos, para que as pessoas possam ter esse acesso mais fácil. Essa então é a primeira questão importantíssima para mim.

A segunda é a questão do coletivo. A gente realmente não constrói nada sozinho. Não se faz pesquisa individualmente. Por isso, temos grupos de pesquisa, por isso eu tenho o Geppe, a Ângela também tem o grupo DiS e participa de grupo. O meu grupo, na verdade, não é o meu grupo, porque ele sempre funcionou na universidade, mas sempre acolheu pessoas das secretarias de educação, pessoas de outras universidades, do Estado em geral. Essa articulação é necessária. Porque a gente sempre escuta falar: "A universidade fica lá, muito longe da realidade, entre quatro paredes...".

Eu posso dizer, com bastante tranquilidade, que fiz muito, ou tentei fazer muito, para que pudéssemos fazer chegar esse conhecimento a quem, de fato, poderia saborear. Que aquilo que a gente é consegue fazer naquele espaço privilegiado, porque a universidade é um espaço privilegiado, sim. Só quem tem acesso ao mundo acadêmico, gente, pode ter essa percepção. O espaço acadêmico é um espaço privilegiado. Lá podemos estudar, podemos produzir conhecimento, logo devemos ter o compromisso de partilhar com quem nos dá a oportunidade de produzir esse conhecimento. É o que eu tenho feito. É essa tentativa de socializar, partilhar o conhecimento, e entendendo que só se faz isso em grupo. Por isso, os grupos de pesquisa.

Eu quero dizer que fiquei muito feliz com esse projeto! Do tamanho desses estudos! E Ronaldo não tem ideia disto. Só quem me conhece há mais tempo mesmo sabe o quanto significou esse projeto "Divulgando o conhecimento científico", com essas *lives*, e ainda junto de Ângela e o Ronaldo articulando — duas pesquisadoras, dois grupos de pesquisa, duas pesquisadoras amigas e ele coordenando este trabalho, sendo, nesse momento, meu aluno, meu supervisionando em um pós-doutorado. E ele chegou até mim via Ângela.

É muito interessante isso para mim, porque tem a ver com vínculo, tem a ver com isso que o Vigotski fala, que é essa articulação da cognição com a afetividade. Não se pode produzir, não se produz conhecimento de forma estanque, separada. Se essas coisas aconteceram é porque existem vínculos, é porque existe afetividade, porque existe, sim, busca pelo conhecimento. Mas essa busca pelo conhecimento é algo que se faz, que se mantém pelos afetos. Senão, gente, ela não tem continuidade. É claro que a gente pode dizer aqui que nem tudo, infelizmente, nem tudo que se produziu, que se pensou, chega a dar crias, vamos dizer assim. Mas, quando dá, é dessa forma que vocês estão vendo aqui.

Então, eu só tenho a agradecer mesmo, e muito. À Ângela, primeiramente, por ter me dado a oportunidade de conhecer o Ronaldo, a partir da amizade com ela, por meio das inúmeras trocas que fizemos e continuamos fazendo, da admiração que eu tenho por ela (e acho que ela sabe disso), pelas bandeiras e pelas lutas que vamos continuar defendendo, não é? Acredito que eu sou mais "formiguinha", talvez, mas tento fazer também a minha parte. Mas sem ela, a gente não estaria aqui nesse momento.

E ao Ronaldo, porque essa pessoa maravilhosa que vocês conhecem que é responsável por tudo isso! Quando ele chegou até mim, eu alimentei a ideia, mas nunca pensei que fosse acontecer dessa forma como aconteceu. Então, o mérito é todo dele. Ele é esse menino que, enfim, tem toda essa história maravilhosa. E que eu estou aqui na torcida, porque ele tem muito a contribuir ainda para a escola pública, sim, nesse país, para a Educação, mas eu penso também para academia, para a universidade pública. Em breve eu penso que ele estará com a gente.

Obrigada por esse momento. Obrigada, Ângela! Extrapolei um pouco o tempo, Ronaldo, mas vamos em frente, vamos continuar tentando!

SOBRE AS AUTORAS... SOBRE OS AUTORES...

Adaline Franco Rodrigues
Graduada em Fisioterapia pela Faculdade Morgana Potrich (FAMP), 2013, e mestra em Ciências Aplicadas à Saúde pela Universidade Federal de Goiás (UFG) (2017). Atualmente é doutoranda em Educação pela Universidade Federal do Mato Grosso do Sul (UFMS). Tem experiência na área de Fisioterapia, com ênfase em Fisioterapia Intensiva, com atuação direta no combate e cuidados ao Covid-19 em pacientes de alta complexidade. Também tem experiência em clínica geral, atuando principalmente nos seguintes temas: cuidados paliativos, saúde pública, atenção domiciliar de média e alta complexidade, reabilitação cardiorrespiratória em pacientes com Doença Pulmonar Obstrutiva Crônica (DPOC) e Pós Infarto Agudo do Miocárdio (IAM), ventilação mecânica invasiva e não invasiva, reabilitação neurológica e reabilitação geral em pacientes com alterações psiquiátricas. Na docência, tem experiência em Metodologias Ativas para o curso de Medicina, com ênfase nos eixos de Anatomia Humana geral, Fisiologia Geral, Tutoria e Team Based Learning (TBL).
Lattes: 3726944751768968
Orcid: 0000-0003-1605-5391
E-mail: adalinefranco@gmail.com

Alcione Ribeiro Dias
Mestra e doutoranda em Educação pela Fundação Universidade Federal de Mato Grosso do Sul (UFMS). Psicóloga e psicodramatista didata-supervisora. Professora de Pedagogia Psicodramática e Métodos Socionômicos. Vice-presidente e coordenadora pedagógica da ONG Entre Nós, com atuação no campo socioeducacional. Membro do Grupo de Estudos em Psicologia e Educação (Geppe/UFMS).
Lattes: 8857485701713286
Orcid: 0000-0002-1897-2137
E-mail: alcioneribeirodias@gmail.com

Ângela Soligo

Doutora em Psicologia pela Pontifícia Universidade Católica de Campinas (PUC-Campinas). É docente/pesquisadora da Faculdade de Educação da Universidade Estadual de Campinas (Unicamp), Departamento de Psicologia Educacional; membro do Grupo de Pesquisa de Estudos e Pesquisas Diferenças e Subjetividades em Educação: estudos surdos, do racismo, gênero e infância (DiS). Ex-presidente da Associação Brasileira de Ensino de Psicologia (Abep), ex-presidente da Associação Latino-americana de Formação e Ensino de Psicologia (Alfepsi).

Lattes: 4843595011450111

Orcid: 0000-0001-7056-6649

E-mail: angelasoligo@gmail.com

Celia Beatriz Piatti

Graduada em Pedagogia, licenciatura plena, pela Faculdade de Filosofia, Ciências e Letras de Ituverava (FFCL), com especialização em Administração Escolar e Orientação Educacional. Mestra em Educação pela Universidade Católica Dom Bosco (UCDB) (2006) e doutora em Educação pela Universidade Federal de Mato Grosso do Sul (UFMS) (2013). Coordenadora do grupo de estudos e pesquisa em formação de professores (GEPFORP). Professora da UFMS, lotada na Faculdade de Educação (Faed), atuando como docente no curso de Licenciatura em Educação do Campo-LeduCampo, do curso de Pedagogia e no mestrado e doutorado do Programa de Pós-Graduação em Educação da UFMS. Atualmente é coordenadora da linha de pesquisa processos formativos, práticas educativas, diferenças. É membro do Comitê Interno de Iniciação Científica da UFMS/Pibic/Pibic-AF/CNPq. Tem experiência na área de educação, atuando em ensino, pesquisa e extensão com os seguintes temas: Educação do Campo; Formação de Professores e Práticas Educativas.

Lattes: 8574153185322729

Orcid: 0000-0002-2733-8218

E-mail: celia.piatti@ufms.br

Eder Ahmad Charaf Eddine

Graduado em Psicologia pela Universidade Federal de Mato Grosso do Sul (UFMS) (2007), licenciado em Psicologia pela Pontifícia Universidade Católica de Minas Gerais (PUC Minas) (2021), mestre em Educação pela

UFMS (2011), doutor em Educação, área de concentração Psicologia e Educação, pela Universidade de São Paulo (USP) (2018) com pós-doutorado em Comunicação e Sociedade pelo Programa de Pós- Graduação em Comunicação e Sociedade da Universidade Federal do Tocantins (PPGCOMS/UFT). Atualmente é professor e pesquisador em regime de Dedicação Exclusiva da Universidade Federal do Tocantins (UFT) e associado na Associação Brasileira de Ensino de Psicologia (Abep) e na Associação Brasileira de Psicologia Escolar e Educacional (Abrapee). É pesquisador nos grupos Trabalho e Emancipação: coletivo de pesquisa e extensão (UFT) e Grupo de Estudos e Pesquisa em Psicologia e Educação (GEPPE) da UFMS. Tem experiência na área de Psicologia, com ênfase na interface entre Psicologia e Educação, atuando principalmente nos seguintes temas: História da Psicologia Educacional Brasileira, Homossexualidades, Formação e Trabalho Docente.

Lattes: 8713421966157493

Orcid: 0000-0003-1882-8503

E-mail: ederahmad@uft.edu.br

Eloisa Hilsdorf Rocha Gimenez

Graduada em Psicologia pela Pontifícia Universidade Católica de Campinas (PUC-Campinas) (1999), e mestra (2003) em Psicologia Escolar pela mesma instituição. Doutora em Educação pela Universidade Estadual de Campinas (Unicamp) (2011). Foi coordenadora e professora do curso de Psicologia da Anhanguera. Concluiu a especialização em Psicologia Clínica pela Universidade de Araraquara (Uniara) (2016) e atualmente é psicóloga clínica infantil.

Lattes: 9304069272999715

Orcid: 0009-0007-0047-7238

E-mail: ehrgimenez@gmail.com

Fauston Negreiros

Psicólogo, mestre e doutor em Educação pela Universidade Federal do Paraná (UFC). Pós-doutor em Psicologia Escolar e Desenvolvimento Humano pela Universidade de São Paulo (USP). Professor associado II do Departamento de Psicologia Escolar e do Desenvolvimento Humano da Universidade de Brasília (UnB). Compõe a diretoria da Associação Brasileira de Psicologia Escolar e Educacional (Abrapee) (Gestão 2022-2024). Membro do GT Psicologia e Política Educacional da Associação Nacional de Pesquisa e

Pós-graduação em Psicologia (Anpepp). Coordena o Grupo de Pesquisas em Psicologia Escolar Crítica e Políticas (PECPol).
Lattes: 6286677749065869
Orcid: 0000-0003-2046-8463
E-mail: fnegreiros@unb.br

Fernanda de Lourdes de Freitas
Doutora e mestra em Educação pela Universidade Estadual de Campinas (Unicamp). Graduada em Psicologia pela Pontifícia Universidade Católica de Campinas (Puccamp) e Pedagogia pela Faculdade de Ciências de Wenceslau Bras (FACIBRA). Foi docente do curso de Psicologia na Pontifícia Universidade Católica (PUC) Campinas e na Universidade Paulista (Unip) Jundiaí. Atuou por 12 anos no Centro de Formação dos Profissionais em Educação Paulo Freire, na cidade de Hortolândia, ministrando cursos de formação continuada para professores de educação infantil, ensino fundamental e educação de jovens e adultos, bem como seus gestores. foi coordenadora pedagógica na educação infantil e ensino fundamental. teve experiência como supervisora educacional na Secretaria de Educação de Hortolândia. Atualmente está como docente na educação infantil e faz parte da diretoria da Associação Brasileira de Ensino de Psicologia gestão 2017-2019. A ênfase de seu trabalho é nas áreas de Educação e Psicologia, com destaque para a Psicologia Educacional e Social, atuando principalmente nos seguintes temas: Formação Inicial e Continuada de Professores, Formação de Psicólogos, Psicologia Social, Psicologia do Desenvolvimento, Psicologia da Aprendizagem, Relação Escola e Família, Identidade, Sexualidade e Representação Social.
Lattes: 0897590598854287
Orcid: 0009-0004-4337-4165
E-mail: psifernandafreitas@gmail.com

Isabel Passos de Oliveira Santos
Mestra em Educação pela Universidade Estadual de Campinas (Unicamp), departamento de Psicologia. Graduada em Pedagogia pela Pontifícia Universidade Católica (PUC) Campinas. Diretora Educacional da Rede Municipal de Ensino de Campinas
Lattes: 0377205183975025
Orcid: 0009-0009-6013-0986
E-mail: isabel.passos@educa.campinas.sp.gov.br

Ivonete Aparecida Alves

Artista plástica, Agbá do Mocambo Nzinga Afrobrasil em Presidente Prudente, São Paulo, e doutora em Educação pela Faculdade de Educação da Universidade Estadual de Campinas (Unicamp). Atua numa perspectiva afrocentrada produzindo e materializando a cultura e a arte afro-ameríndia que compõe o acervo do Museu Afroperiférico.

Lattes: 8424817281717174

Orcid: 0000-0002-9137-933X

E-mail: ivoneteambiente@gmail.com

Maisa Elena Ribeiro

Psicóloga, doutoranda do grupo de pesquisa Diferenças e Subjetividades em Educação (DIS) da Universidade Estadual de Campinas (Unicamp); mestra em Psicologia; especialista em Desenvolvimento Humano e Docência do Ensino Superior; professora do Ensino Superior; coordenadora do Núcleo Campinas da Associação Brasileira de Ensino de Psicologia (Abep) e do Núcleo de Educação das Relações Étnico-Raciais do Centro Universitário Salesiano de São Paulo (Unisal) – Unidade Campinas.

Lattes: 6295942614659435

Orcid: 0009-0004-4650-4594

E-mail: maisapocos@gmail.com

Mara Rosana Pedrinho

Graduada em Psicologia (Unesp), mestra em Fundamentos da Educação (UFSCar) e doutora em Educação pela Universidade Estadual de Campias (Unicamp). Professora e coordenadora do curso de Psicologia do Centro Universitário Rio Preto (Unirp).

Lattes: 9891141054452647

Orcid: 0009-0008-2897-0179

E-mail: mara.pedrinho@gmail.com

Maria Isabel Donnabella Orrico

Graduada em Pedagogia pela Universidade Estadual de Campinas (Unicamp) (2004). Especialista em Psicopedagogia (2008), é mestra (2012) e doutora (2021) em Educação, pelo Programa de Pós-Graduação da Faculdade de Educação/Unicamp. Atua desde 2006 ministrando aulas na rede pública de ensino (ensino fundamental). Suas produções e pesquisas possuem ênfase nos seguintes temas: branquitude, relações étnico raciais, racismo na educação, vulnerabilidade e exclusão social, afetividade, leitura e escrita. Coordena o Grupo Livre de Estudos Pensando Branquitude (GLEPeB) desde 2018.

Lattes: 2364257103925399

Orcid: 0000-0002-6462-3333

E-mail: bebel_vm@hotmail.com

Marilda Gonçalves Dias Facci

Doutora em Educação Escolar pela Faculdade de Ciências e Letras de Araraquara (Unesp) (2003); pós-doutora pelo Instituto de Psicologia da Universidade de São Paulo (USP) e pela Universidade Federal do Mato Grosso do Sul (UFMS). É professora voluntária do Programa de Pós-Graduação em Psicologia da Universidade Estadual de Maringá (UEM) e professora sênior da Universidade Federal de Mato Grosso do Sul (UFMS). É bolsista de Produtividade em Pesquisa do CNPq.

Lattes: 2222738235813129

Orcid: 0000-0001-7443-490X

E-mail: marildafacci@gmail.com

Mauro Machado Vieira

Graduado em Ciências Sociais pela Universidade Estadual Paulista Júlio de Mesquita Filho (Unesp) (1995), mestre em Educação pela Universidade Estadual de Campinas (Unicamp) (2004), doutor em História Social no Programa de Pós-Graduação em História (Linha: Política e Imaginário), Instituto de História/UFU (2017). Atualmente é professor efetivo da Universidade Federal de Uberlância (UFU), no Campus do Pontal. Tem experiência na área de Educação, com ênfase em Educação, atuando principalmente nos seguintes temas: Formação Docente, História e Memória, Trabalho, Ensino Público Superior, representação social.

Lattes: 2137108363632573

Orcid: 0000-0001-7702-501X

E-mail: mauro.vieira@ufu.br

Paola Nogueira Lopes

Graduada em Psicologia pela Universidade Católica Dom Bosco (UCDB) (2003). Atualmente é psicóloga educacional e escolar na Secretaria de Estado de Educação Mato Grosso do Sul. Tem experiência na área de Psicologia, com ênfase em Psicologia Escolar e Educacional e Neuropsicologia. Mestra em Educação pela Universidade Federal de Mato Grosso do Sul (UFMS).

Lattes: 8337368984580015

Orcid: 0000-0001-6566-4543

E-mail: lopespaola14@gmail.com

Raquel Pondiam Tizzei

Graduada em Psicologia pela Pontifícia Universidade Católica de Campinas (PUC-Campinas) (2001), mestra (2004) e doutora (2014) em Psicologia Escolar pela mesma universidade, sob orientação da Prof.ª Dr.ª Raquel S. L. Guzzo. Foi professora horista da Uniararas.

Lattes: 1303985855188732

Orcid: 0000-0003-4621-4680

E-mail: raquel.tizzei@uftm.edu.br

Ronaldo Alexandrino

Doutor e mestre em Educação na área de Psicologia Educacional pela Universidade Estadual de Campinas (Unicamp), vinculado ao grupo de pesquisa Diferenças e Subjetividades em Educação (DiS) como professor colaborador. Pós-doutorado em Psicologia pela Universidade Federal do Mato Grosso do Sul (UFMS). É graduado em Letras (Português/Inglês – Tradutor/Intérprete) pela Universidade Paulista (Unip), especialista em Psicopedagogia (Clínica e Institucional) pelo Centro Universitário Salesiano (Unisal) de São Paulo. Atuou como coordenador pedagógico do Centro de Formação dos Profissionais em Educação Paulo Freire no município de Hortolândia, trabalhando na área de formação de professores. Foi também coordenador do curso de Pedagogia da Faculdade de Vinhedo (FV). Atua na função de diretor escolar, bem como em cursos de pós-graduação em faculdades de algumas cidades do estado de São Paulo, também atua como palestrante, presta assessoria e trabalha com formação de professores em Secretarias de Educação, quando convidado. Participou como coorganizador em três obras, *O coordenador pedagógico: práticas, saberes e produção de conhecimentos*, *Histórias de professoras: (re)construções em memoriais de formação*, *Psicologia*

Escolar e Educacional & População LGBTQIA+, além de capítulos publicados em livros na área de educação. É autor do livro *A Suposta Homossexualidade*.
Lattes: 6277001922923936
Orcid: 0000-0003-2851-1331
E-mail: ronaldoalexandrino@uol.com.br

Ruth Meyre M. Rodrigues
Doutora em Educação pela Universidade Estadual de Campinas (Unicamp), professora de Língua Portuguesa da educação básica. No ensino superior, atua no campo das Políticas Públicas Educacionais, discutindo, sobretudo, temas como Inclusão Social; Gestão Democrática; Relações Étnico-Raciais, de Gênero e Sexualidade.
Lattes: 2708711554690058
Orcid: 0000-0002-3353-1663
E-mail: profruthmeyre@gmail.com

Silvia Segovia Araujo Freire
Graduada em Psicologia pela Universidade Federal de Mato Grosso do Sul – Campus Pantanal (UFMS/CPAN) (2004). Especialização em Dependência Química pela Uniderp (2009). Mestra em Saúde e Desenvolvimento na Região Centro-Oeste pela UFMS (2012). Especialização em Processos Educacionais na Saúde (EPES) com ênfase em Avaliação de Competência pelo Instituto Sírio Libanês de Ensino e Pesquisa (2017). Doutora em Educação pelo Programa de Pós-Graduação da Universidade Federal do Mato Grosso do Sul (PPGEdu/UFMS), Campo Grande, MS.
Lattes: 7170128323967125
Orcid: 0000-0002-0196-6945
E-mail: ssafsm@gmail.com

Sonia da Cunha Urt
Pós-doutorado pela Universidade Estadual de Campinas (Unicamp) e pela Universidad de Alcalá de Henares, Espanha, e Universidade de Lisboa, Portugal. Doutora em Educação com ênfase em Psicologia Educacional pela Unicamp (1992). Mestra em Educação (Psicologia da Educação) pela Pontifícia Universidade Católica (PUC) de São Paulo (1989). Graduada em Psicologia, Pedagogia e Administração de Empresas. Professora titular aposentada da Universidade Federal de Mato Grosso do Sul (UFMS). Professora

Pesquisadora Sênior dos Programas de Pós-Graduação em Educação e em Psicologia da UFMS. Coordenadora do Grupo de Estudos e Pesquisa em Educação e Psicologia (Geppe/UFMS).

Lattes: 5338193871900977

Orcid: 0000-0002-0309-3498

E-mail: sonia.urt@gmail.com

Soraya Cunha Couto Vital

Pós-doutoranda em Educação, doutora em Educação e mestra em Psicologia pela Universidade Federal de Mato Grosso do Sul (UFMS). Membro do Grupo de Estudos e Pesquisas em Psicologia e Educação (Geppe/UFMS). Graduada em Letras e Pedagogia.

Lattes: 9148635320968031

Orcid: 0000-0001-5716-5605

E-mail: sorayavital@hotmail.com

Tamyris Proença Bonilha Garnica

Doutora e mestra em Educação pela Universidade Estadual de Campinas, graduada em Pedagogia na Universidade Estadual de Campinas (Unicamp). Atuou no ensino superior como pesquisadora, professora e assessora pedagógica. Atua como professora do ensino básico técnico e tecnológico, área de Educação, no Instituto Federal de São Paulo (IFSP), Campus Avaré.

Lattes: 9257946096715734

Orcid: 0000-0003-2993-1776

E-mail: tamyrisbonilha@gmail.com

Thalita Ortiz Neves Dagher

Mestra em Psicologia pela Universidade Federal de Mato Grosso do Sul (UFMS). Graduada em Psicologia e Pedagogia pela UFMG. Professora da Rede Municipal de Ensino de Campo Grande, MS. Atua em Psicologia Clínica e Escolar.

Lattes: 6358541190316466

Orcid: 0000-0002-0908-6360

E-mail: thalita.neves@hotmail.com

Thiago de Brito Ribeiro
Psicólogo clínico de orientação psicanalítica de adolescentes e adultos. Mestrando pelo Programa de Pós-Graduação em Psicologia da Universidade Federal de Mato Grosso do Sul (UFMS). Perito judicial nomeado pela Vara da Infância, da Juventude e do Idoso da Comarca de Campo Grande/MS. Servidor público efetivo na função de psicólogo pela Prefeitura Municipal de Campo Grande, lotado na Secretaria Municipal de Assistência Social, no Centro de Referência Especializado de Assistência Social (CREAS), no Serviço de Proteção Social a Adolescentes em cumprimento de Medidas Socioeducativas em Meio Aberto, desde agosto/2017. Conselheiro municipal de assistência social de Campo Grande/MS. Membro da Comissão Intersetorial de Acompanhamento e Execução das Ações do Plano Decenal Municipal de Atendimento Socioeducativo. Membro do Fórum Permanente Intersetorial de Saúde Mental Infantojuvenil (Fopismi), Campo Grande/MS. Formado em Psicologia pela UFMS, Campo Grande/MS (2017). Pós-graduado em Psicologia Clínica pela Faculdade Venda Nova do Imigrante (FAVENI), Campo Grande/MS (2020). Pós-graduado em Psicologia Jurídica pela Universidade Cândido Mendes (Ucam) (2022). Pós-graduando em Avaliação Psicológica e Psicodiagnóstico pela Facuminas (2022). Membro associado da Associação Brasileira de Ensino de Psicologia (Abep). Membro do Programa Recomeçar para homens autores de violência doméstica e família contra mulheres da Prefeitura Municipal de Campo Grande/MS.
Lattes: 7861802129785880
Orcid: 0000-0003-1621-791X
E-mail: thiago_satelis@hotmail.com

Valquiria Rédua da Silva
Mestra em Psicologia pela Universidade Federal do Mato Grosso do Sul (UFMS), Especialista em Psicologia Escolar e Educacional pelo Conselho Federal de Psicologia (CFP), graduada e licenciada em Psicologia pela Universidade para o Desenvolvimento do Estado e da Região do Pantanal (Uniderp) (2008). Atualmente é psicóloga escolar e educacional na Secretaria de Estado de Educação, lotada na Coordenadoria de Psicologia Educacional (Coped/Suped/SED). É pesquisadora nas áreas de Psicologia, Educação, Trabalho e Prática docente, história e pressupostos teóricos da Psicologia Histórico-cultural do Grupo de Estudos e Pesquisa em Psicologia e Educação/Geppe do Programa de Pós-graduação em Psicologia e Educação da

UFMS. É membro associado da Associação Nacional de Pós-Graduação e Pesquisa em Educação (Anped), da Associação Brasileira de Ensino de Psicologia (Abep) e representante discente da Associação Nacional de Pesquisa e Pós-Graduação em Psicologia (Anpepp). É conselheira do Conselho Estadual de Políticas sobre Drogas (Cead/MS) e do Conselho Estadual dos Direitos da Criança e do Adolescentes de Mato Grosso do Sul (Cedca). Membro da comissão de Educação do Conselho Regional de Psicologia (CRP) 14° Região. Membro da Comissão de Medidas Socioeducativa em Meio Aberto de Mato Grosso do Sul e da Comissão de Saúde Mental da Secretaria Estadual de Saúde (SES).

Lattes: 5271078571514432

Orcid: 0000-0002-4122-8576

E-mail: valredua@gmail.com

Vivina Dias Sól Queiróz

Graduada em Estudos Sociais, História e Pedagogia, mestra e doutora em Educação pela Universidade Federal de Mato Grosso do Sul. Na educação básica, foi professora na educação infantil, nos anos iniciais e finais do ensino fundamental, no ensino médio, na educação de jovens e adultos. Também foi diretora do Centro de Informática Educacional de Mato Grosso do Sul e do Núcleo de Tecnologia Educacional de Campo Grande/MS. No ensino superior foi professora da Universidade Anhanguera-Uniderp, onde trabalhou como docente nos cursos de Administração, Educação Física, Serviço Social, Pedagogia e Turismo, na Coordenação Adjunta do curso de Pedagogia na Modalidade Presencial e como coordenadora do curso de Pedagogia na modalidade EaD. Atualmente é professora associada da Universidade Federal de Mato Grosso do Sul (UFMS), diretora da Faculdade de Ciências Humanas nas gestões 2017-2021 e 2021-2025. É membro do Grupo de Estudos e Pesquisas em Educação (Geppe).

Lattes: 4328871824168174

E-mail: vivina.queiroz@ufms.br